Der
Landwirthschaftliche Kredit
und
seine Befriedigung.

Der Landwirthschaftliche Kredit und seine Befriedigung

von

Gamp,
Regierungsrath, z. Z. im Ministerium für Handel und Gewerbe.

Berlin.
Druck und Verlag von G. Reimer.
1883.

Vorwort.

Von allen Fragen, welche auf landwirthschaftlichem Gebiet der Lösung harren, ist vielleicht keine für die vitalsten Interessen des Grundbesitzes von so weittragender Bedeutung als die Kreditfrage. So mannigfach die Faktoren auch sind, die die Lage des Grundbesitzes ungünstig beeinflussen, die akuten Krisen, denen derselbe von Zeit zu Zeit ausgesetzt ist, finden fast ausnahmslos in der Kreditnoth ihre alleinige oder wenigstens ihre vornehmlichste Ursache. Wenn gleichwol die Hoffnungen des Grundbesitzes auf eine befriedigende Regelung des landwirthschaftlichen Kreditwesens bis jetzt unerfüllt geblieben sind, so liegt die Schuld nicht zum geringsten Theil an ihm selbst. Trotz der einheitlichen, über das ganze Staatsgebiet sich erstreckenden Organisation für die Vertretung seiner Interessen hat der Grundbesitz bisher von allen Erwerbsgruppen am wenigsten vermocht, seinen berechtigten Forderungen Gehör und Anerkennung zu verschaffen, weil ihm die nöthige Energie, diese Forderungen an geeigneter Stelle mit Nachdruck zu vertreten, sowie das Bewußtsein seiner Stärke und Kraft in dem vielfach unvermeidlichen Interessenstreit fehlen. Auch die neuere agrarische Bewegung hat bis jetzt große praktische Erfolge nicht aufzuweisen; die „eisenbeschlagenen“ Schuhe der Agrarier haben noch keine Spuren hinterlassen.

Wenn der Grundbesitz in der Kreditfrage ebenso wie in den meisten andern seine Interessen berührenden Fragen Alles von der staatlichen Initiative und Fürsorge erhofft, so thut er Unrecht. Vieles ist bereits durch die genossenschaftlichen Vereinigungen der kreditbedürftigen Grundbesitzer erreicht worden, und noch mehr kann durch dieselben erreicht werden.

Ebenso Unrecht ist es jedoch, den Grundbesitz hinsichtlich der Befriedigung seiner Kreditbedürfnisse ausschließlich auf den Weg der Selbsthilfe zu verweisen. Der Grundbesitz hat den gleichen Anspruch auf staatlichen Schutz und staatliche Förderung wie die andern Produktionszweige; sein Verlangen auf paritätische Behandlung durch die Gesetzgebung ist ein berechtigtes, das ohne schwere Schädigung der nationalen Wohlfahrt nicht länger unberücksichtigt bleiben darf.

Müssen sich also Staatshilfe und Selbsthilfe auf dem Gebiet des landwirthschaftlichen Kreditwesens gegenseitig ergänzen, so ist das Bestreben des Verfassers darauf gerichtet gewesen, die Grenze zwischen beiden genau zu ermitteln und durch Ausscheidung aller unberechtigten und unerfüllbaren Forderungen des Grundbesitzes den Weg anzugeben, auf welchem die den Interessen desselben entsprechende Lösung der Kreditfrage erreicht werden kann.

Der Verfasser.

Inhalts-Angabe.

Der hypothekarische Kredit.

Der landwirthschaftliche Personalkredit.

Der hypothekarische Kredit.

Die für den Grundbesitz bei weitem wichtigste Art der Befriedigung seines Kreditbedürfnisses ist die Aufnahme von Darlehnen unter gleichzeitiger hypothekarischer Verpfändung des Grundstücks (Real-Kredit). Die Bedingungen für die Aufnahme solcher Darlehne werden von einer großen Anzahl von Faktoren beeinflußt, die dem steten Wechsel unterworfen sind. Allgemeine Veränderungen des Geldmarkts, allgemeine Erhöhungen oder Ermäßigungen des Zinsfußes üben ebenso sehr ihre Wirkungen auf den Realkredit aus, als die größere oder geringere Neigung des Kapitals, eine verhältnismäßig sichere Anlage gewagten Spekulationen vorzuziehn, und die demselben mehr oder minder gebotene Gelegenheit zu einer solchen Anlage oder zu andern Gewinn versprechenden Unternehmungen.

Daß die Entwickelung des Kreditwesens in den letzten Decennien eine dem Realkredit höchst ungünstige gewesen, wird im Ernst von Niemandem mehr in Zweifel gezogen werden können. Nachdem Jahre lang die Klagen des Grundbesitzes hierüber unbeachtet geblieben, ja sogar von den einer Kräftigung und Erstarkung desselben aus politischen und wirthschaftlichen Gründen principiell abgeneigten Parteien als bei weitem übertrieben hingestellt, und die auf eine staatliche Intervention und Unterstützung gerichteten Bestrebungen der betheiligten Kreise in der öffentlichen Meinung als verwerflichste Interessenpolitik gebrandmarkt worden sind, hat sich jetzt, abgesehen von diesen Parteien, die Ueberzeugung allgemein Bahn gebrochen, daß die Frage der Erleichterung und Kräftigung des

Realkredits und der Befreiung des Grundbesitzes von den drückenden Hypothekenlasten eine über das Interesse der betheiligten Privatpersonen weit hinausgehende, die gesammte wirthschaftliche Entwickelung des Staats direkt beeinflussende ist.

Daß dieses geschehen, ist nicht zum geringsten Theil dem Interesse, welches die Wissenschaft in letzter Zeit dieser Frage zugewandt und der Unterstützung, welche die Klagen und Beschwerden des Grundbesitzes seitens derselben gefunden haben, zu verdanken. Den Untersuchungen und Ausführungen von Lorenz v. Stein, Schmoller und andern gegenüber kann der Vorwurf agrarischer Sonderbestrebungen und einseitiger Interessenpolitik nicht mehr verfangen. In solchem Ton kann gegenwärtig nur noch die dem Grundbesitz feindliche Parteipresse diese Frage besprechen, die unter dem Schutz der Anonymität auf die Parteileidenschaft und die Unkenntnis ihrer Leser glaubt rechnen zu dürfen. Mit seinem Namen wird Niemand mehr die Meinung vertreten, daß die Regelung der landwirthschaftlichen Kreditverhältnisse nur die betheiligten Grundbesitzer angeht, und der Staat der sich aus denselben entwickelnden Krisis gegenüber sich passiv verhalten und auf ein Eingreifen verzichten muß.

Forscht man nach den Ursachen, aus denen die Grundkreditfrage gerade in der letzten Zeit einen besonders akuten Charakter angenommen hat, so liegen dieselben sowohl in der allgemeinen Umgestaltung der Kreditverhältnisse als in der besondern Lage, in der sich der Grundbesitz gegenwärtig befindet.

Die Zeiten, in denen die große Masse des Kapitals, das eine relativ sichere Anlage wenngleich mit geringern Zinsen suchte, fast ausschließlich auf die Beleihung des Grundbesitzes angewiesen war, sind vorüber. Die schnelle und zum großen Theil günstige Entwickelung der Industrie hat große Kapitalien in Unternehmungen hineingezogen, die reichlichen Gewinn in Aussicht stellten, ohne deshalb den Charakter eines gewagten Geschäfts anzunehmen. Allerdings handelte es sich hierbei vorzugsweise um das eine produktive Verwerthung suchende Kapital, allein die sich darbietende Gelegenheit zur Gewinn bringenden Anlage in industriellen Unternehmungen steigerte die Neigung, das Kapital zum eigenen Vortheil auszunutzen, anstatt sich mit der einfachen Verzinsung zu begnügen. Dazu kam, daß die aufblühende, schnell erstarkende Industrie selbst naturgemäß in erheblichem Umfange des Kredits bedurfte, und daß die Erweiterung und Verbesserung der ursprünglichen Anlagen vielfach beträchtliche Kapitalien beanspruchte.

Die durchgreifendste Aenderung der Kreditverhältnisse zum Nachtheil des Grundbesitzes trat jedoch erst durch die Entwickelung des Aktienwesens ein. Nachdem der Staat dem Drängen des Kapitals auf Beseitigung der die Errichtung von Aktiengesellschaften hemmenden gesetzlichen Bestimmungen nachgegeben, nahm die Gründung gewerblicher und industrieller Aktiengesellschaften, unter denen die zum Bau und Betrieb von Eisenbahnen errichteten eine hervorragende Rolle einnahmen, einen nie geahnten Aufschwung an. Waren auch vieles Treibhauspflanzen, die nur bei der schwülen Atmosphäre der damaligen Zeit bestehn konnten, so ist doch der ungünstige Einfluß des Aktienwesens auf den Realkredit unverändert geblieben. Eine Wiederbeseitigung desselben muß auch als vollständig ausgeschlossen erachtet werden, da es sich hier nicht um eine dem Realkredit ungünstige Laune des Kapitals, nicht um vorübergehende wirthschaftliche Erscheinungen, sondern um die Schaffung und Ausnutzung eines Rechtsinstituts handelt, das trotz der zu Tage getretenen Mißstände und Auswüchse, deren möglichste Bekämpfung durch die Gesetzgebung endlich in Aussicht genommen zu sein scheint, sich zu einem wichtigen und nicht mehr zu entbehrenden Faktor des heutigen Wirthschaftslebens ausgebildet hat.

Ohne hier auf die Frage näher eingehen zu wollen, ob die auf dem wirthschaftlich nicht unbedenklichen Princip der beschränkten Haftbarkeit beruhende Aktiengesellschaft in der That die geeignete Geschäftsform für die Verwaltung und den Betrieb der meisten industriellen und gewerblichen Unternehmungen ist*), für das mobile Kapital hat dieselbe jedenfalls den Vortheil gehabt, daß ihm die Betheiligung an derartigen Unternehmungen erleichtert beziehungsweise ermöglicht ist. Diese dem Kapital gebotene neue Gelegenheit zur Verwerthung mußte die Neigung desselben zur Anlage in Hypotheken um so mehr beeinträchtigen, als dieselbe im Vergleich zu letzterer auch sonst mannichfache Vortheile bot.

*) Vergl. „die wirthschaftlich-socialen Aufgaben unserer Zeit auf industriellem und landwirthschaftlichem Gebiet", Berlin 1880 von demselben Verfasser S. 92 ff.

Aus naheliegenden Gründen hat der Grundbesitz das Interesse, das bedürftige Kapital möglichst ungetheilt zu erhalten und zieht deshalb Hypotheken in hohen Summen einer Verzettelung derselben in viele kleine Beträge vor. Hieraus folgt, daß Hypotheken auf größere Güter, die im Allgemeinen auch eine höhere Sicherheit besitzen, vorzugsweise nur in verhältnismäßig hohen Beträgen aufgenommen zu werden pflegen. Der Regel nach entspricht dieses auch insofern dem Interesse des Kapitalisten, als die Verwaltung für ihn eine einfachere ist, wenn er nur einen Schuldner und nicht deren mehrere hat. Schwierigkeiten entstehen für ihn jedoch vielfach dann, wenn er kleinerer Summen benöthigt ist. Da der Grundbesitz sich nur selten in der Lage befindet, dieselben aus seinen Erträgnissen ohne die Aufnahme einer neuen Hypothek abzahlen zu können, so bleibt dem Gläubiger häufig keine andere Wahl, als das ganze Kapital zu kündigen, womit für ihn die Unbequemlichkeit einer anderweiten Vergebung des nicht benöthigten Theils desselben verbunden ist. Bei der Anlage in Aktien bestehen derartige Schwierigkeiten nicht, da der Eigenthümer jeden Augenblick einen beliebigen Theil derselben veräußern und sich so in den Besitz der jeweilig nöthigen Baarmittel setzen kann.

Allerdings besteht ja zwischen Aktien und Aktien ein großer Unterschied, aber die dem kreditbedürftigen Grundbesitz durch die Entwickelung des Aktienwesens bereitete Konkurrenz beschränkt sich nicht allein auf die soliden, eine sichere Rente versprechenden Unternehmungen. Auch jene auf eine Ausbeutung des Privatkapitals von vorn herein berechneten Schwindelunternehmungen beeinträchtigten die Befriedigung des Realkredits in gleicher Weise. Was den letztern an der soliden Unterlage und reellen Werthobjekten fehlte, wurde durch glänzende Versprechungen ersetzt, und der Krach mit seinem Gefolge von Ruinen und werthlosen Aktien beweist zur Genüge, welches Vertrauen das leichtgläubige Kapital in dieselben setzte.

Die Kapitalien, welche hierbei zu Grunde gegangen, sind aber zum großen Theil dem Grundbesitz entzogen worden, und die Kapitalisten haben leider zu spät die für sie traurige Erfahrung machen müssen, daß Versprechen und Erfüllen zwei sehr verschiedene Dinge sind, und daß die dem Stande des Geldmarkts angemessenen

Zinsen, welche der Grundbesitz gewährte und auch nur gewähren konnte, der Betheiligung an jenen Schwindelunternehmungen doch vorzuziehen gewesen wäre.

Ob die Erfahrungen, welche in jenen Gründerjahren das Privatkapital gemacht, und die großen Verluste, welche es betroffen, demselben auf die Dauer zur Lehre dienen und es darüber aufklären werden, daß hohe Zinsen und sichere Anlage zwei sich vollständig ausschließende Gegensätze sind, und ob in Zukunft das Kapital die sichere Anlage wieder vorziehn und zum Erwerb von Hypotheken in erheblicherem Umfange zurückkehren wird, müssen wir bezweifeln, zumal viele der in der neueren Zeit stattgefundenen Gründungen beweisen, daß weder die Neigung der Gründer zur betrügerischen Ausbeutung des Privatkapitals, noch die Vertrauensseligkeit des letztern in die glänzenden Versprechungen der Gründer eine wesentliche Einbuße erfahren haben. Der Grundbesitz wird also mit dieser Thatsache rechnen müssen und nicht darauf hoffen dürfen, daß allmählich die bessere Erkenntnis wieder Platz greifen und ihm die größere Heranziehung dieses Privatkapitals zur Befriedigung seines Kreditbedürfnisses gelingen wird.

Aber auch selbst wenn bezüglich der Kapitalsanlage wiederum solidere Grundsätze die Oberhand gewinnen sollten, kann dem Grundbesitz ein wesentlicher und dauernder Vortheil hieraus nicht erwachsen, weil nicht mehr wie früher das Kapital, das eine sichere Anlage sucht, im wesentlichen auf den Erwerb von Hypotheken angewiesen ist, sondern eine große Anzahl von gut fundirten und rationell verwalteten industriellen und gewerblichen Unternehmungen die Möglichkeit einer solchen bietet und außerdem noch Vortheile gewährt, auf die das in Hypotheken angelegte Kapital verzichten muß.

Diese Unternehmungen, zu denen wir vor Allem die soliden Eisenbahnen, Versicherungsgesellschaften, Hypothekenbanken rechnen, bieten dem Privatkapital, sei es in ihren Aktien und Prioritätsaktien, sei es in den von ihnen ausgegebenen Schuldverschreibungen (Obligationen, Pfandbriefen), eine sichere Anlage zu einem Zinsfuß, der im Allgemeinen hinter dem für sichere Hypotheken erhältlichen nicht zurücksteht. Das Gleiche ist bezüglich der Aktien und Schuldverschreibungen vieler industrieller Unternehmungen der Fall. Bei der Anlage in solchen Aktien und Schuldverschreibungen erhält der Gläubiger einen dem jeweiligen Stande des Geldmarkts entsprechenden Zinssatz, ohne auf den Vortheil der beliebigen freien Disposition über das Kapital oder eines Theils desselben verzichten zu müssen. Eine derartige Anlage verbindet also die Sicherheit des Realkredits mit den Vortheilen des persönlichen Kredits.

Die hierdurch den Hypotheken auf dem Geldmarkt bereitete Konkurrenz mußte noch durch die von Gemeinden, Kreisen und Provinzen ausgegebenen Schuldverschreibungen verschärft werden. Die rapide Zunahme der Bevölkerung der Mehrzahl der großen und mittleren Städte legte denselben erhebliche Ausgaben für den Bau von Schulen, Krankenhäusern, sowie für andere produktive und sittliche Zwecke auf, die nur durch Aufnahme von Darlehnen bestritten werden konnten. Auf denselben Weg waren Kreise und Provinzen angewiesen, um sich die zur Ausführung von Chausseen und andern produktiven Anlagen nothwendigen sehr erheblichen Mittel zu verschaffen.

Dazu kam, daß das Kreditbedürfnis des Staats und des Reichs sich von Jahr zu Jahr steigerte, je mehr sich dieselben ihrer Pflicht, durch den Bau von Eisenbahnen und Kanälen, durch Verbesserung der Hafenanlagen u. s. w. die wirthschaftlichen Interessen des Landes zu fördern und zu heben, bewußt wurden. Die erheblich größere Inanspruchnahme des landschaftlichen Kredits hatte eine Vermehrung der von den Landschaften ausgegebenen Pfandbriefen zur Folge. Endlich suchte auch noch das Ausland die Befriedigung seines Kreditbedürfnisses auf dem inländischen Geldmarkt, und boten insbesondere die großen Anleihen Rußlands und Oesterreichs sowie der ausländischen Eisenbahngesellschaften dem inländischen Kapital vielfach Gelegenheit zu einer verhältnismäßig sichern und eine angemessene Verzinsung versprechenden Anlage.

In diesen den Realkredit ungünstig beeinflussenden Verhältnissen wird voraussichtlich für lange Zeit eine Aenderung nicht eintreten. Noch harren große wirthschaftliche Aufgaben ihrer Lösung durch Staat oder Reich. Die Verbesserung der vorhandenen Wasserstraßen, der Ausbau des Kanalnetzes wird ohne Schädigung wirthschaftlicher Interessen nicht mehr hinausgeschoben werden dürfen. Die sich immer häufiger wiederholenden Ueberschwemmungen und die durch die Abholzung der Wälder eingetretene Verschlechterung der klimatischen Verhältnisse fordern gebieterisch eine energischere

Wiederaufforstung der öden Flächen. Die berechtigten Ansprüche der Landwirthschaft auf staatliche Unterstützung der Landesmeliorationen, der Be- und Entwässerungsanlagen u. s. w. werden auf die Dauer nicht unbefriedigt bleiben können.

Alle diese Ausgaben können nur durch neue Anleihen bestritten werden, so daß an eine Verminderung der Staats- und Reichsschulden für lange Zeit nicht zu denken ist. Ebensowenig befinden sich die Gemeinden, Kreise und Provinzen in der Lage, die ihnen obliegenden Pflichten ohne Vermehrung ihrer Schuldenlast zu erfüllen. Unterliegen auch die bisher aufgenommenen Anleihen nach den Koncessionsbedingungen einer regelmäßigen Amortisation, so treten diesen doch zur Bestreitung der nöthigen Ausgaben immer neue hinzu. Für die Gemeinden sind es vorzugsweise die Ausgaben für Schulbauten und die im sanitären Interesse ausgeführten Anlagen, für die Kreise und Provinzen die zur Erweiterung und Verbesserung der Kommunikationsmittel nöthigen Ausgaben, welche die Aufnahme neuer Anleihen bedingen.

Muß aber dieser voraussichtlich noch auf lange Zeit andauernde Geldbedarf es hindern, daß das Privatkapital sich wiederum in wesentlich erhöhtem Maße dem Erwerb von Hypotheken zuwendet, so tritt noch ein anderes nicht zu unterschätzendes Moment hinzu, was dem Realkredit höchst nachtheilig ist. Während früher das Privatkapital die Spekulation den gewerbsmäßigen Börsenjobbern überließ, haben die soliden Grundsätze desselben durch die Gründerjahre einen schweren Stoß erlitten. Die von Einzelnen mühelos erworbenen Reichthümer entfesselten die Spekulationswuth der großen Masse der Bevölkerung. Jeder wollte eine günstigere Verwerthung seines Kapitals und fand in diesem Bestreben durch gewerbsmäßige Vermitteler solcher Geschäfte, welche sich überall als „Banquiers" niedergelassen hatten, sowie die zum Theil käufliche Finanz-Presse, welche ihm über den Stand des Geldmarkts sowie angeblich günstige Anlagen Aufschluß gab, die kräftigste Unterstützung. In Folge dessen legten Viele ihre Kapitalien in jenen Schwindelunternehmungen an, die blos die Bereicherung der Gründer und im übrigen die Ausbeutung des Privatkapitals bezweckten, welcher Zweck auch in den meisten Fällen vortrefflich erreicht wurde.

Aber auch diejenigen, welche sich von diesem Treiben fern

hielten und die Anlage ihres Kapitals in Hypotheken der größeren Sicherheit sowie der leichteren Verwaltung wegen nach wie vor vorzogen, blieben in ihren Auffassungen durch das Treiben der Gründerjahre nicht unbeeinflußt. Sie hatten zu oft von einer „Ausnutzung der Konjunktur“ von der Regelung des Zinssatzes durch Angebot und Nachfrage gelesen und gehört, als daß sie nicht versuchen sollten, diese Lehren praktisch zu ihren Gunsten zu verwerthen. Die Folge davon war, daß sie, häufig mit dem Ausdruck des Bedauerns, unter Berufung auf die allgemeine Lage des Geldmarkts an den Grundbesitz mit erhöhten Zinsforderungen herantraten, die vielfach in der Noth bewilligt werden mußten.

Während früher ein gewisses persönliches Verhältnis zwischen dem Real-Gläubiger und Schuldner bestand, das eine gegenseitige Rücksichtnahme zur Folge hatte, erlangten allmählich auch hier die Gesetze von Angebot und Nachfrage Geltung. Jeder ließ sich lediglich von den Rücksichten auf sein Interesse leiten, und war es das eine Mal der Gläubiger, der unter Berufung auf die Konjunktur ¼ oder ½ % Zinsen mehr herausgeschlagen, so benutzte das andere Mal der Grundbesitz die erste ihm günstige Gelegenheit, um einen solchen Gläubiger los zu werden. Hieraus entstand an Stelle des früheren freundlichen Verhältnisses ein gewisser Gegensatz. Waren früher die Hypotheken 10 und 20 Jahre in dem Besitz eines Gläubigers geblieben, ja kam es nicht selten vor, daß die Erben dieses Verhältnis fortsetzten, so gingen jetzt die Hypotheken von Hand zu Hand, und jede Veränderung des Geldmarkts hatte in erheblichem Umfange einen Wechsel in dem Besitz derselben zur Folge.

Dieser Besitzwechsel vollzog sich nicht immer zu Gunsten des Gläubigers. Vielfach mußte er den Vortheil, einige Jahre ¼ oder ½ % Zinsen mehr bezogen zu haben, mit einer dauernden Verminderung seines Rentenbezuges erkaufen, weil der Schuldner einen Gläubiger, bei dem er jeden Augenblick der Gefahr ausgesetzt war, eine Kündigung oder die Forderung erhöhter Zinsen zu gewärtigen, los sein wollte, sofern die veränderten Verhältnisse ihm die anderweite Beschaffung eines Kapitals ermöglichten. Im Allgemeinen war allerdings die Störung des früheren Verhältnisses dem Schuldner nachtheilig, weil die Geldbeschaffung stets schwieriger ist als die Geldanlage. Während dem Gläubiger, wie oben dargelegt, die sichere Anlage seines Kapitals stets möglich war, und es sich für ihn nur um eine Verringerung seines Zinsenbezuges handelte, stand für den Schuldner im Falle der Aufkündigung seitens des Gläubigers in kritischen Zeiten stets seine wirthschaftliche Existenz auf dem Spiele, weil er mit völliger Sicherheit auf eine anderweite Beschaffung des Kapitals nicht rechnen konnte. In jedem Falle entstanden dem Schuldner durch jede Aufkündigung besondere Kosten an Provisionen für die Beschaffung des Kapitals, an Notariats- und Gerichtsgebühren.

Neben dieser zu Ungunsten des Realkredits sich vollzogenen Umgestaltung der Kreditverhältnisse ist es die ungünstige wirthschaftliche Lage des Grundbesitzes überhaupt, die ihm die Befriedigung seines Kreditbedürfnisses erschwert. Die Abhängigkeit von der ausländischen Produktion haben den vaterländischen Landbau, der in früheren Zeiten die solideste und sicherste Grundlage der Wohlhabenheit bildete, zu einem mehr oder minder gewagten Geschäft gemacht. Die Zeiten, in denen der Grundbesitz darauf rechnen konnte, bei schlechten Erndten durch eine entsprechende Steigerung der Preise für seine Erzeugnisse entschädigt zu werden, sind vorüber. Gegenüber Rußland, Ungarn und Amerika vermag die deutsche Produktion einen die Preise des Weltmarkts bestimmenden Einfluß nicht auszuüben. Mehr noch wie von Wind und Wetter im eigenen Lande ist der deutsche Grundbesitz abhängig von der Wirkung der Naturkräfte im Auslande.

Während sich durch die Erweiterung und Vervollkommnung der Verkehrsmittel des Auslandes das Risiko des Kaufmanns und des Fabrikanten vermindert, erhöht sich das des Grundbesitzes. Dieselben Eisenbahnen, die dem einheimischen Handel und der Industrie neue Absatzgebiete im Auslande erschließen, machen bisher die von dem Weltmarkt mit ihren landwirthschaftlichen Erzeugnissen ausgeschlossenen Produktionsgebiete demselben zugänglich. Die Industrie kann ihre Produktionskosten sowie die für ihre Erzeugnisse zu erzielenden Preise mit annähernder Sicherheit bestimmen, beim Grundbesitz hört eine jede Berechnung auf. Alle Mühen und Anstrengungen, aller Fleiß sichern ihm keinen Erfolg; er ist und bleibt abhängig von der Produktion des Auslandes. Während sich der Preis der industriellen Erzeugnisse nach den Produktionskosten richtet, entscheiden die Witterungsverhältnisse in Amerika und Rußland den Preis der landwirthschaftlichen. Mit einem Worte: der Landbau hat den Charakter eines gewagten Geschäfts angenommen und zwar eines solchen, bei dem die Aussicht auf Gewinn eine sehr geringe, dagegen das Risiko ein großes ist.

Daß an diesem Risiko auch derjenige Theil nimmt, welcher sein Kapital in Hypotheken anlegt, bedarf keiner weiteren Erläuterung. Der Hypothekengläubiger ist in dem Verhältnis, in dem der Betrag der Hypothek sich zum Werth des Grundstücks stellt, gewissermaßen ideeller Eigenthümer desselben und als solcher an dem Niedergang der Erträgnisse und des Werths des Grundbesitzes in demselben Verhältnis mitbetheiligt.

Neben dieser Abhängigkeit von der Produktion des Auslandes sind es noch eine Reihe anderer Faktoren, die die ungünstige Lage, in der die deutsche Landwirthschaft im Allgemeinen sich befindet, mitverschuldet. Ein näheres Eingehen hierauf, sowie, welchen Antheil die die landwirthschaftliche Produktion im Verhältnis zu andern Erwerbszweigen übermäßig belastende staatliche Gesetzgebung und die der Hebung und Förderung der Interessen des Grundbesitzes nicht in gleicher Weise zugewandte Fürsorge des Staates an diesem Rückgang der deutschen Landwirthschaft haben, müssen wir uns hier versagen. Die Thatsache, daß ein solcher Rückgang vorhanden ist, und daß die sich noch immer steigernde Konkurrenz des Auslandes eine energischere Fürsorge für die Interessen des Grundbesitzes zur Nothwendigkeit macht, wird von den dabei betheiligten sachverständigen Kreisen so allgemein anerkannt, und ist auch in der letzten Zeit von Schmoller, v. Stein u. a. so eingehend und sachgemäß klargelegt und erörtert, daß die Richtigkeit derselben von Niemandem, der ein Urtheil über die einschläglichen Verhältnisse hat, wird in Zweifel gezogen werden können.

Unter diesen Verhältnissen ist die Kreditfrage für den Grundbesitz von besonders hervorragender Bedeutung. Je mehr seine Lage abhängig ist von Faktoren, die sich einer jeden Voraussicht und Berechnung entziehen, ein desto dringenderes Interesse hat der Grundbesitz daran, sein Kreditbedürfnis zu einem angemessenen Zinssatz befriedigt und sich vor der Ausbeutung durch das Kapital geschützt zu sehen. Denn die Schwankungen der Erträgnisse und des Werths des Grundbesitzes machen auch die Anlage des Kapitals in Hypotheken zu einem mehr oder minder gewagten Geschäft und erwecken und fördern in demselben das Bestreben, für dieses Risiko eine möglichst hohe Prämie vom Grundbesitz zu erhalten.

I. Die Forderungen des Grundbesitzes.

Geht schon aus den obigen Darlegungen hervor, welchen Werth der Grundbesitz auf die Unkündbarkeit seiner Hypotheken legen muß, so haben die tief eingreifenden Untersuchungen von Rodbertus klar gelegt, daß und aus welchen Gründen dieselbe für den Grundbesitz geradezu eine Lebensfrage ist, und wenn die Annahme auch zu weit geht, daß die Umwandlung der kündbaren Hypotheken in unkündbare Rententitel allein schon den Grundbesitz aller Sorge überhebt und somit die für ihn befriedigende Lösung der ganzen Grundkreditfrage darstellt, so ist diese Umwandlung doch ein wesentlicher Inhalt derselben.

Liegt das Charakteristische des Darlehnsvertrages in dem Erwerb einer Geldsumme zum vorübergehenden Gebrauch, so fehlt in den weitaus meisten Fällen bei der Aufnahme einer Hypothek eine hierauf gerichtete Absicht des Schuldners. Während bei den von dem Handel und der Industrie zur Fortführung ihres Geschäftsbetriebes aufgenommenen Darlehnen die durch die Veräußerung der Waaren und Fabrikate gewonnenen Summen die Mittel zur Deckung derselben bieten, weiß der Grundbesitz von vorn herein, daß es ihm innerhalb einer mit annähernder Sicherheit voraus zu bestimmenden Zeit nicht möglich sein wird, die aufgenommene Hypothek aus den Erträgnissen des Grund und Bodens zurückzuzahlen. Die Tilgung der ganzen Hypothek ist demgemäß der Regel nach nur möglich durch die Aufnahme einer andern. Die Beendigung des Schuldverhältnisses, die im Begriff und Wesen aller persönlichen Schuldverbindlichkeiten liegt, ist bei der Hypothek kein nothwendiges Kriterium; im Gegentheil entspricht letztere der Absicht des Schuldners bei ihrer Aufnahme um so mehr, je länger die Verbindlichkeit zur Tilgung ausgeschlossen ist. Bei der Hypothek tritt der persönliche Schuldner in den Hintergrund, und ist die durch die Verpfändung des Grundstücks gebotene Sicherheit das vorzugsweise entscheidende. Aus diesem Grunde scheidet fast regelmäßig der Eigenthümer des Grundstücks bei der Veräußerung desselben aus der persönlichen Haftverbindlichkeit aus und die Hypothek geht auf den neuen Erwerber über, wie auch anderseits der Gläubiger dieselbe weiter vererbt.

Hieraus folgt das Interesse des Schuldners an der Unkündbarkeit der von ihm aufgenommenen Hypotheken. Kann die gekündigte Hypothek nur durch die Wiederaufnahme einer andern bezahlt werden, so hat eine jede Kündigung für den Schuldner erhebliche Kosten zur Folge, weil die entstehenden Notariats- und Gerichtsgebühren ihm zur Last fallen.

Ungleich schwerer als diese Kosten empfindet der Schuldner jedoch die durch die Kündbarkeit der Hypotheken bewirkte Gefährdung seiner wirthschaftlichen Existenz. Wie wir oben dargethan, hängt die wirthschaftliche Lage des Grundbesitzes schon ohnehin von einer so großen Anzahl sich einer jeden Voraussicht und Berechnung entziehender Faktoren ab, daß die möglichste Verminderung des Risikos für denselben ein absolutes Bedürfnis ist. Eine solche Verminderung liegt in der Unkündbarkeit der Hypotheken. Nur bei unkündbaren Hypotheken kann der Schuldner die Höhe der auf dem Grundbesitz ruhenden Lasten und der ihm obliegenden Verpflichtungen ermessen, während er bei kündbaren Hypotheken jeden Augenblick gewärtigen muß, daß sich dieselben beträchtlich erhöhen, weil es ihm nicht möglich ist, zu dem bisherigen Zinssatz eine neue Hypothek zu erhalten. Letzteres wird um so weniger der Fall sein, als die Aufkündigung meistens in solchen Zeiten geschieht, in denen der Stand des Geldmarkts ein für den Kredit suchenden Grundbesitz ungünstiger ist, sei es weil überhaupt die Nachfrage nach Geld das Angebot übersteigt, sei es weil besondere Verhältnisse gerade den Realkredit ungünstig beeinflussen. Letzteres ist insbesondere der Fall bei einer aus Mißerndten oder ähnlichen Ursachen entspringenden vorübergehenden Nothlage des Grundbesitzes. In beiden Fällen werden durch die Kündigung dem Grundbesitz neue Lasten aufgebürdet. Denn hat der Zinsfuß allgemein eine steigende Tendenz, so kann sich auch der Realkredit derselben nicht entziehen; erleidet aber die Lage des Grundbesitzes eine Verschlechterung, so muß der Gläubiger für das größere Risiko durch eine angemessene

Prämie entschädigt werden. Im erstern Falle muß das Bestreben des Kapitals, eine dem veränderten Geldmarkt mehr entsprechende Rente zu erhalten, zahlreiche Aufkündigungen zur Folge haben, die den Zinsfuß noch mehr in die Höhe treiben, im letztern befindet sich der Schuldner vielfach vollständig in der Hand seines Gläubigers und muß die Bedingungen desselben ohne Weiteres acceptiren.

Dieser Sorgen wird der Grundbesitz nur durch die Unkündbarkeit seiner Hypotheken überhoben. Sie giebt ihm erst die Ruhe und relative Sicherheit, um die ohnehin schweren Pflichten seines Berufs überhaupt erträglich zu finden. Arbeitslust und Arbeitskraft sind dagegen dahin, jede Energie des Wollens und des Schaffens ist gelähmt, so lange es nicht gelungen, für eine gekündigte Hypothek Ersatz zu schaffen. Denn es droht dem Schuldner nichts geringeres als der Zwangsverkauf seines Grundstücks und damit der Verlust seines vielleicht durch decennienlange mühsame Arbeit sauer erworbenen Vermögens. Wenn auch der Werth des Grundstücks den Betrag der Hypothek erheblich übersteigt, das die Interessen des Kapitals vorzugsweise berücksichtigende Gesetz kennt keinen Aufschub, sondern hat im Gegentheil für möglichste Abkürzung der betreffenden Fristen Sorge getragen. Nur die Unkündbarkeit der Hypothek schützt den Schuldner vor einer Erhöhung des Zinssatzes bei eintretenden Schwankungen des Geldmarkts und vor einer Ausbeutung seiner vorübergehenden Nothlage seitens des Gläubigers. Diese Unkündbarkeit ist also das dringendste Erfordernis einer dem Interesse des Grundbesitzes entsprechenden Umgestaltung des Realkreditwesens.

Abgesehn von der Unkündbarkeit der Hypothek verlangt das Interesse des Grundbesitzes vorzugsweise die Erlangung derselben zu einem verhältnismäßig niedrigen Zinsfuß. Wenn insbesondere in neuerer Zeit die Nothwendigkeit betont ist, dem Grundbesitz einen absolut niedrigen Zinsfuß zu verschaffen, weil seine Erträgnisse nicht ausreichten, um den nach dem Stande des Geldmarkts bisher für Hypotheken angemessen gewesenen fernerhin zu entrichten, so können wir bei aller Geneigtheit zur Förderung der auf die Entlastung des Grundbesitzes gerichteten Bestrebungen derartige Forderungen einfach schon aus dem Grunde nicht unterstützen, weil wir dieselben für durchaus unrealisirbar halten. Solche Vorschläge wie die, der Staat solle alle Hypotheken tilgen und an Stelle derselben etwa 3procentige Rententitel ausgeben, sind einfach Utopien, an deren Ausführung kein verständiger Mensch denken kann. Diejenigen, welche dieselben machen, sollten bedenken, wie wenig mit derartigen unerfüllbaren Forderungen den Interessen des Grundbesitzes gedient ist, und wie sehr dieselben das allgemeine Mißtrauen gegen die ganze agrarische Bewegung erwecken und dazu geeignet sind, von derjenigen Presse, welche dieselbe à tout prix bekämpfen zu müssen glaubt, zur Diskreditirung dieser Bewegung in der öffentlichen Meinung verwerthet zu werden.

Außerdem liegt ein praktisches Bedürfnis, zu derartigen Radikalkuren seine Zuflucht zu nehmen, noch nicht vor. Dieselben dürfen in jedem Falle nur als die ultima ratio in ernstere Erwägung gezogen werden und so weit sind wir noch nicht. Gelingt es, dem Grundbesitz einen relativ billigen Zinsfuß zu verschaffen, so darf die Hoffnung auf eine wesentliche Besserung seiner Lage und Sicherung seiner wirthschaftlichen Existenz nicht aufgegeben werden.

Ein jeder Darlehnsvertrag enthält, sofern die Rückzahlung des Darlehns nicht absolut gesichert ist, was im Grunde genommen niemals der Fall ist, vom wirthschaftlichen Standpunkt aus zwei Rechtsgeschäfte, nämlich außer dem eigentlichen Darlehnsvertrage noch gleichzeitig einen Versicherungsvertrag, dem zu Folge der Gläubiger gegen eine vom Schuldner zu zahlende fest normirte Prämie das für die Rückzahlung des Kapitals nach Maßgabe aller in Betracht kommenden Verhältnisse bestehende Risiko übernimmt. Daß die Höhe der Prämie nicht besonders vereinbart, sondern dieselbe zusammen mit den Zinsen in einer Summe festgesetzt wird, ändert ebensowenig etwas an der eigentlichen Natur des Darlehnsvertrages als der Umstand, daß Gläubiger und Schuldner in den seltensten Fällen sich des Inhalts des Versicherungsvertrages klar bewußt sind. Thatsächlich kann kein Zweifel darüber bestehn, daß die größere oder geringere Realsicherheit, die der Schuldner zu bieten vermag, für die Höhe des von ihm zu zahlenden Zinssatzes bestimmend ist, daß also bei einer nach der allgemeinen Auffassung nicht unbedingt sichern Hypothek ein Theil der Zinsen als Entschädigung für das von dem Gläubiger übernommene Risiko angesehen werden muß.

Wenn übrigens in neuerer Zeit Aktiengesellschaften entstanden, deren Geschäftsbetrieb die gewerbsmäßige Uebernahme von Versicherungen für hypothekarische Forderungen bildet, bei denen also der Gläubiger durch Zahlung einer festen Prämie sich gegen den ihm durch Ausfall seiner Hypothek entstehenden Schaden versichern kann*), so beweist die Inanspruchnahme dieser Gesellschaften seitens der Gläubiger, daß sich dieselben des durch die Hingabe des Darlehns gleichzeitig übernommenen Risikos durchaus bewußt und dasselbe durch eine derartige Versicherung ganz oder zum Theil von sich abzuwenden bestrebt sind. Die Form, in der letzteres zu geschehen pflegt, ist allerdings die, daß die Versicherungsgesellschaft für die Erfüllung der in der hypothekarischen Schuldverschreibung von dem Schuldner übernommenen Verbindlichkeiten sowohl dem Gläubiger als dessen Rechtsnachfolger gegenüber Bürgschaft leistet; in der That hat jedoch ein derartiger Vertrag alle wesentlichen Kriterien eines Versicherungsvertrages und charakterisirt sich auch als solcher.

Wenngleich die Prämie, welche die Versicherungsgesellschaft für das übernommene Risiko erhebt, sich nicht nach allgemeinen Grundsätzen bemessen, sondern nur unter Berücksichtigung der konkreten Verhältnisse und insbesondere des größeren oder geringeren Risikos angemessen normiren läßt, so ist es doch zweifellos, daß dieselbe hinter demjenigen Betrage zurückbleiben muß, welchen der Gläubiger selbst von dem Schuldner dafür erhält, daß das verpfändete Grundstück eine völlige Sicherheit für die Hypothek nicht bietet. Denn nur unter dieser Voraussetzung wird der Gläubiger sich dazu verstehen, den Erwerb einer weniger sichern Hypothek der Anlage seines Kapitals in völlig sichern Schuldverschreibungen des Staats, der Gemeinden oder auch eines Privatschuldners vorzuziehen und gleichzeitig die erworbene Hypothek gegen Ausfall zu versichern.

Wenn also, wie es gegenwärtig der Fall ist, der Zinsfuß für sichere Kapitalsanlagen, als welche nach allgemeiner Ansicht die Schuldverschreibungen des Staats, der Kreise, der landschaftlichen Kreditinstitute und der Hypothekenbanken (Pfandbriefe) sowie endlich

---

*) Z. B. die Preußische Hypotheken-Versicherungs-Aktien-Gesellschaft in Berlin.

der ersten Hypotheken auf Grundbesitz gehören, 4 % beträgt und der Gläubiger erhält für zweite Hypotheken 5 %, so ist dieses mehr, als er mit Rücksicht auf ihre geringere Sicherheit als Entschädigung für das übernommene Risiko zu beanspruchen berechtigt sein würde. Ueberträgt der Gläubiger nun dieses Risiko auf die erwähnten Versicherungsgesellschaften, so verbleibt ihm, da die dafür zu zahlende Prämie nothwendiger Weise hinter dem Betrage von 1 % zurückbleiben muß — andernfalls würde er überhaupt die sichere Anlage zu 4 % vorgezogen haben — ein Vortheil, dem eine Gegenleistung seinerseits nicht gegenüber steht.

Der Grundbesitz zahlt also gegenwärtig für die nach der allgemeinen Auffassung des Kapitals nicht völlig sichere Hypotheken mehr, als er mit Rücksicht auf das mit einer solchen Anlage für den Gläubiger verbundene Risiko zahlen sollte. Die Gründe, aus denen es dem Kapital möglich ist, vom Grundbesitz für das übernommene Risiko eine höhere Prämie zu erhalten, als mit Rücksicht auf dasselbe angemessen ist, also sich auf Kosten des Grundbesitzes zu bereichern, liegen im Allgemeinen in der wirthschaftlich ungleichen Lage, in der sich der um eine sichere Kapitalsanlage nie verlegene Darlehnsgeber gegenüber dem Darlehnsnehmer, dessen Existenz von der Erlangung des Kapitals abhängt, befindet.

Der Umstand, daß der Grundbesitz in der That für seine zweiten und dritten Hypotheken höhere Zinsen zahlen muß, als durch die verminderte Sicherheit derselben bedingt ist, genügt, um die Nothwendigkeit und Berechtigung einer Entlastung desselben nach dieser Richtung darzuthun. Wer eine geringere Sicherheit zu bieten vermag, muß eine Prämie an den Gläubiger für sein Risiko zahlen; dieses ist ein wirthschaftlicher Grundsatz, dessen Berechtigung sich ebensowenig für den Realkredit wie für den Personalkredit in Frage stellen läßt. Den Konsequenzen desselben kann sich der Grundbesitz nicht entziehen, auch nicht durch eine Mitwirkung und Unterstützung des Staats. Sein Bestreben darf vielmehr nur darauf gerichtet sein, daß die Prämie nicht höher ist, als das vom Gläubiger thatsächlich übernommene Risiko. Hat dieses Bestreben Erfolg, so erhält er einen angemessenen Zinssatz, d. h. den relativ niedrigsten, den er nach den im Geldverkehr allgemein geltenden Grundsätzen zu beanspruchen berechtigt ist.

Die Erreichung dieses Zieles darf dadurch nicht erschwert oder gar ausgeschlossen werden, daß dem Grundbesitz die Möglichkeit genommen wird, von einer allgemeinen Ermäßigung des Zinsfußes in Folge einer veränderten Lage des Geldmarktes Vortheil zu ziehen und eine Herabsetzung der für die aufgenommenen Hypotheken zu zahlenden Zinsen ebenfalls zu erlangen. Berücksichtigt man, welche Schwankungen gerade in den letzten Jahren der Zinssatz erfahren, wie derselbe in etwa 15 Jahren um 20 % — von 5 % auf 4 % — für sichere Anlagen zurückgegangen ist, so wird man das Interesse, welches der Grundbesitz daran hat, an dieser Zinsermäßigung ebenfalls Theil zu nehmen, nicht unterschätzen dürfen. Ob der Rückgang des Zinsfußes wenigstens für längere Zeit zum Stillstand gekommen, oder ob wir nicht vielmehr noch eine weitere Ermäßigung desselben zu gewärtigen haben, läßt sich ja nicht, auch nur mit annähernder Sicherheit voraus bestimmen. Wir möchten jedoch glauben, daß dieser Stillstand noch nicht eingetreten, daß uns vielmehr noch ein weiterer erheblicher Rückgang des Zinsfußes bevorsteht, sofern die natürliche wirthschaftliche Entwickelung des Landes nicht durch besondere Ereignisse gestört und gehindert werden sollte.

Der allgemeine Zinsfuß in Deutschland ist im Vergleich zu dem anderer Länder, die auf derselben Stufe der Entwickelung stehen, noch ein überaus hoher. In Deutschland hat der Bankdiskont im Jahre 1880 durchschnittlich 4,24 %, im Jahre 1881 sogar 4,42 % und in den letzten drei Jahren 4,17 %, dagegen in demselben Zeitraum in Frankreich 2,50 %, in England 3,07 %, in Belgien 3,22 % und in Holland 3,22 % betragen. Allerdings kehrt sich ja das Privatkapital in Deutschland nicht immer an den officiellen Bankdiskont, sondern begnügt sich, je nach der allgemeinen Lage des Geldmarktes mit einem erheblich niedrigeren Zinssatz, ja die Reichsbank selbst sieht sich da, wo ihr durch das einer Anlage bedürftige Privatkapital eine wirksame Konkurrenz bereitet wird, vielfach genöthigt, unter den von ihr öffentlich bekannt gemachten Discontosatz herunter zu gehen. Aber im Allgemeinen bildet doch der officielle Diskontosatz der Reichsbank schon durch den Einfluß, den er auf eine große Anzahl von Kreditgeschäften auch außerhalb des eigenen Geschäftskreises ausübt, einen zuverlässigen Maßstab für den Stand des Geldmarktes und des Zinssatzes.

Daß die erheblichen Differenzen, welche zwischen dem Zinssatz für Deutschland und dem der andern erwähnten Länder bestehen, in der That in dauernden wirthschaftlichen und financiellen Verschiedenheiten ihre Ursache haben, müssen wir bezweifeln. Im Gegentheil halten wir es für sehr wahrscheinlich, daß die allgemeine Entwerthung des Geldes auch in Deutschland den Zinsfuß noch weiter herabdrücken und dem der andern Länder nähern wird. Erscheint aber diese Annahme berechtigt, so muß diesem Umstand bei der Umgestaltung des Realkreditwesens Rechnung getragen werden, d. h. es muß dem Grundbesitz die Möglichkeit gewahrt bleiben, sei es durch Kündigung der aufgenommenen Kapitalien, sei es auf andere Weise sich jede Veränderung des Geldmarktes zu Gunsten des Darlehnssuchers zu Nutze machen zu können.

Die Bedeutung dieser Frage für den Realkredit und die anzustrebende Entlastung des Grundbesitzes ist bisher noch von keiner Seite genügend gewürdigt worden. Insbesondere wird dieselbe von Denjenigen verkannt, für die die ganze Grundkreditfrage lediglich in der Umwandlung der kündbaren Hypotheken in unkündbare Rententitel besteht, und die diese allein für genügend und ausreichend erachten, um gesunde Kreditverhältnisse für den Grundbesitz zu schaffen.

Wenn Rodbertus die Rente gerade auch aus dem Grunde für die vortheilhafteste Art der Kreditbeschaffung erachtet, weil sie die aus dem Schwanken des Zinsfußes herrührenden Wechselfälle nicht auf den Grundbesitzer sondern auf den Grundgläubiger überträgt, so ist es ja gewiß zutreffend, daß der Grundbesitzer an sich Kapitalist nicht ist und auch nicht sein soll. Niemand wird jedoch in Abrede stellen können, daß die Belastung mit unkündbaren Renten an Stelle kündbarer Hypotheken für den Grundbesitz bei einem wesentlichen Rückgang des Zinsfußes eine schwere Last, eine direkte Schädigung ist, da sie ihm die Möglichkeit nimmt, sich diesen Rückgang zu Nutze zu machen und eine Ermäßigung des Zinssatzes zu erlangen.

Setzen wir z. B. den Fall, diese Umwandlung der Hypotheken in Renten wäre in den Jahren 1867 und 1868 erfolgt, in denen der Zinsfuß für erste Kapitalsanlagen 5 % betrug und alle Gemeinden und Landschaften demgemäß sich zur Ausgabe 5procentiger

Schuldverschreibungen genöthigt sahen, so hätte dieselbe doch ebenfalls nur in 5procentige Renten geschehen können. Denn alle Schuldverschreibungen mit geringerer Verzinsung hatten einen derart niedrigen Kurs auf dem Geldmarkt, daß die Ausgabe solcher Rententitel eine erhebliche Einbuße am Kapital zur Folge gehabt hätte, die, wie die Erfahrungen der Landschaften beweisen, die wenigsten Grundbesitzer zu ertragen im Stande waren. Der Grundbesitz hätte also für die Rententitel 5 % Zinsen zu zahlen und zwar auch für die Zeit noch, in der der Zinsfuß für erste Hypotheken bereits auf 4 % herabgegangen war, und würde diese Zinsen auch fernerhin leisten müssen, wenn auch der Zinsfuß sich noch weiter, vielleicht bis auf 3 % ermäßigen sollte. Die Umwandlung in Renten hätte also für den Grundbesitz den Nachtheil, 20—40 % an Zinsen jährlich mehr zahlen zu müssen, als wenn er sich die Vortheile der allgemeinen Ermäßigung des Zinsfußes hätte zu Nutzen machen können.

Allerdings ließen sich diese Nachtheile für den Grundbesitz dadurch beseitigen, daß ihm die Berechtigung zur Amortisation der aufgenommenen Renten bezw. zur Ablösung derselben durch Zahlung eines bestimmten Kapitalsbetrages an den Schuldner vorbehalten bliebe. Aber abgesehen davon, daß der Betrag, welcher vom Grundbesitz zur Amortisation würde aufgewandt werden können und bei den bestehenden Rentenbriefen thatsächlich aufgewandt wird — derselbe beträgt meistens ½ % — ein so geringer ist, daß seine Befreiung von der durch die Aufnahme 5procentiger Rentenbriefe ihm aufgebürdeten Last erst nach Decennien eintreten würde, so widerspricht eine derartige Amortisation, sowie die Ablösung der Renten durch Kapitalszahlung durchaus dem Wesen und der rechtlichen Natur derselben und ist überhaupt nur möglich, wenn der Verkehr zwischen Gläubiger und Schuldner durch Rentenbanken oder ähnliche Institute vermittelt wird.

In der Natur der Rente liegt es, daß die Kapitalsschuld verschwindet und an Stelle derselben die Zahlung jährlicher Annuitäten tritt. Der Schuldner schuldet gar kein Kapital, sondern nur jährliche Leistungen. Wie der Gläubiger nichts anderes als diese verlangen kann, so ist er auch nicht verpflichtet, an Stelle derselben ein Kapital anzunehmen, für dessen Bemessung es übrigens an einem jeden Maßstab fehlen würde.

Gewiß kann ja die Rente wieder vom Schuldner zurückgekauft werden, aber die Normirung des Kaufpreises unterliegt der freien Vereinbarung, und da ein Herabgehen des Zinsfußes den Werth einer jeden über den Betrag desselben hinausgehenden Rente steigert, und zwar genau in demselben Verhältniß, in dem die Rente den Zinsfuß übersteigt, so erwächst dem Schuldner aus einem Rückkauf der Rente kein Vortheil, weil er einen entsprechend höhern Preis beim Rückkauf derselben zahlen muß.

Wenn der Staat eine Amortisation der zum Zwecke der Ablösung kulturschädlicher dinglicher Lasten sowie der Abgaben an Kirche und Schule vom Grundbesitz zu zahlenden Renten vorschreibt und dem Schuldner außerdem das Recht zur Tilgung der Rente durch Kapitalszahlung einräumt, so handelt es sich hier um öffentlich-rechtliche Verhältnisse, bei denen die einseitige Normirung der Bedingungen für die Tilgung der Rente durch das Gesetz sich aus Gründen des öffentlichen Wohles durchaus rechtfertigen läßt*).

Anders liegt der Fall jedoch bei den Privatschulden des Grundbesitzes, die aus privatrechtlichen Verbindlichkeiten originiren; bei diesen muß die Festsetzung der Rückzahlungsbedingungen der freien Vereinbarung zwischen Gläubiger und Schuldner überlassen bleiben. Außerdem steht bei jenen Renten der Berechtigte und Verpflichtete sowie der Umfang der Verbindlichkeit fest und das Gesetz beschränkt sich darauf, die Bedingungen für die Tilgung derselben zu normiren. Bei der Umwandlung der Hypotheken in Renten kommt es dagegen für den Grundbesitz erst darauf an, Jemanden zu finden, der die Rente kauft. Die Bedingungen hierfür unterliegen den Schwankungen des Geldmarktes und hängen von den persönlichen Verhältnissen des Schuldners sowie von der dem Gläubiger gebotenen Realsicherheit ab, lassen sich also überhaupt nicht einheit-

*) Bei den auf Grund der Gesetze vom 2. März 1850 und 22. April 1872 bewirkten Ablösungen entspricht es dem Interesse des Grundbesitzes, wenn zur Zeit der Ablösung der allgemeine Zinsfuß ein möglichst hoher ist. Denn je höher der Zinsfuß ist, der der Berechnung des Ablösungskapitals zu Grunde gelegt wird, desto geringer ist das Kapital, das der Grundbesitz zahlen muß. Nach dem Gesetz vom 2. März 1850 erfolgte die Ablösung zum 18 bezw. 20fachen, nach dem Gesetz vom 27. April 1872 dagegen zum 22²/₉ bezw. 25fachen Betrage. Letzterer beruht auf der Annahme einer 4procentigen Verzinsung

lich normiren, am wenigsten auf dem Wege der Gesetzgebung. Diese könnte höchstens Beschränkungen des Zinssatzes festsetzen, wie solche früher bestanden haben.

Die Umwandlung der Hypotheken in Renten verschafft hiernach dem Schuldner zwar den großen Vortheil der Unkündbarkeit derselben seitens des Gläubigers und gewährt ihm ferner somit Schutz gegen eine Erhöhung des Zinssatzes bei einer allgemeinen Steigerung desselben, sowie bei einer vorübergehenden ungünstigeren Gestaltung seiner persönlichen Verhältnisse; sie sichert dem Grundbesitz jedoch nicht die jeweilige angemessene Ermäßigung des Zinssatzes bei Veränderungen des Geldmarktes zu seinen Gunsten. Diese zu erlangen, hat aber der Grundbesitz, wie wir dargethan haben, gerade mit Rücksicht auf die gegenwärtige Lage der Kreditverhältnisse das erheblichste Interesse, und wird daher bei der Umgestaltung des Grundkreditwesens vor allem auch die Erreichung dieses Ziels angestrebt werden müssen.

Wenn schon bisher der Grundbesitz durch Vermittelung der landschaftlichen Kreditinstitute für seine ersten Hypotheken die dargelegten Vortheile im Wesentlichen zu erreichen vermocht hat, so kann von einer befriedigenden Lösung der Grundkreditfrage nur die Rede sein, wenn ihm das Gleiche auch für seine zweiten und folgenden Hypotheken gelingt, d. h. wenn er sein ganzes Kreditbedürfniß zu den angegebenen Bedingungen zu befriedigen vermag. Ja man kann sagen, daß hierin überhaupt erst die Lösung besteht, weil für den Grundbesitz die Schwierigkeit, das benöthigte Kapital unter angemessenen Bedingungen zu erhalten, erst beginnt, sobald die demselben einzuräumende Hypothek eine nach der allgemeinen Auffassung unbedingt genügende Realsicherheit nicht mehr besitzt, also dem Gläubiger die Uebernahme eines gewissen Risikos zugemuthet wird. In diesem Fall treten erst die Nachtheile der Kündbarkeit der Hypotheken besonders scharf und in einer vielfach die Existenz des Grundbesitzes gefährdenden Weise hervor. Je geringer die Realsicherheit ist, die der Grundbesitz zu bieten vermag, desto höher kann das Kapital seine Forderungen stellen, desto mehr ist der Grundbesitz in seine Hand gegeben.

Daß das Kapital für das größere Risiko eine größere Prämie verlangt, ist selbstverständlich und durchaus berechtigt, aber die Höhe der Prämie steigt in ungleich progressiverem Verhältnis als das übernommene Risiko. Ist schon an sich die Lage des kreditbedürftigen Grundbesitzes und des anlagebedürftigen Kapitals eine wirthschaftlich ungleiche, und besitzt demgemäß das Kapital in dem um die Bedingungen der Beleihung des Grundbesitzes nothwendiger Weise entstehenden Kampf der gegenseitigen Interessen ein Uebergewicht, so steigert sich dasselbe, je weniger gesichert die allgemeine Lage des Grundbesitzes überhaupt und je geringer die im einzelnen Falle zu bietende Realsicherheit ist. Daß das Kapital dieses Uebergewicht möglichst auszunutzen bestrebt ist, liegt in der Natur der Sache, und wenn dasselbe auch nicht in allen Fällen eine geradezu wucherische Ausbeutung des Grundbesitzes zur Folge hat, so muß bei der ohnehin ungünstigen Lage des Grundbesitzes eine jede Erhöhung der zu zahlenden Zinsen über den durch das größere Risiko bedingten wirthschaftlich berechtigten Betrag hinaus von demselben schwer empfunden werden.

Aber auch die Gefahr der wucherischen Ausbeutung des Grundbesitzes ist keine geringe, wie die Erfahrungen Ende der sechziger Jahre beweisen. Die durch das Gesetz vom 14. November 1867 bewirkte Aufhebung der Zinsbeschränkungen hatte in Verbindung mit ungünstigen Erndten für den Grundbesitz insbesondere der kapitalärmern östlichen Provinzen einen Nothstand zur Folge, den das Kapital für sich trefflich auszunutzen verstand. Die große Mehrzahl derjenigen Hypotheken, die eine völlige Realsicherheit nicht boten, wurden in jener Zeit lediglich zum Zweck der Erlangung höherer Zinsen gekündigt; oder es wurde wenigstens die Kündigung angedroht für den Fall, daß höhere Zinsen nicht bewilligt werden sollten. In den meisten Fällen blieb dem Grundbesitz keine andere Wahl, als die gestellten Forderungen anzunehmen. Durch die zahllosen Kündigungen wurde die Nachfrage nach Geld immer mehr gesteigert und die Beschaffung desselben demgemäß immer schwieriger. Die Folge davon war, daß für Hypotheken, die bisher mit 5% verzinst worden, plötzlich 6, 7% und noch mehr bezahlt werden mußten.

Gerade die durch die Aufhebung der Wuchergesetze bewirkte Umwandlung der Kreditverhältnisse des Grundbesitzes beweist schlagend, wie wenig das Kapital mit einer dem übernommenen Risiko entsprechenden Verzinsung zufrieden ist, wie es vielmehr rücksichtslos seine Macht ausnutzt, von der Nothlage des Grundbesitzes den größtmöglichen Nutzen zu ziehen bestrebt ist und keinen andern Grundsatz als den, daß Angebot und Nachfrage den Preis bestimmen, anerkennt. Denn es ist klar, daß die Aufhebung der Wuchergesetze die Realsicherheit der eingetragenen Hypotheken in keiner Weise beeinträchtigte, also auch kein wirthschaftlich gerechtfertigter Grund zu einer Erhöhung des Zinsfußes aus Anlaß derselben vorlag. Aber der Grundbesitz war der Macht des Kapitals nicht gewachsen, und dieser Umstand genügte, um eine Ausbeutung des Grundbesitzes gerechtfertigt erscheinen zu lassen, die nach Gesetz und der allgemeinen Volksansicht vor kurzer Zeit noch unter den Begriff des strafbaren Wuchers gefallen wäre*).

---

*) Sehr charakteristisch für die durch die Aufhebung der Wuchergesetze herbeigeführte Ausbeutung des Grundbesitzes ist ein Bericht eines Hypotheken-Kommissionärs in der Stettiner Ostsee-Zeitung über die Lage der Hypotheken in Pommern vom 15. Februar 1868, den Rodbertus in seinem Werke „Zur Erklärung und Abhülfe der heutigen Kreditnoth des Grundbesitzes" Bd. I. abgedruckt. Derselbe lautet:

„Das Geschäft in Hypotheken entwickelte sich bei mir in den letztverflossenen Wochen in recht erfreulicher Weise, und habe ich über große Umsätze vorzugsweise für Rheinische und Süddeutsche Rechnung zu berichten. Gehandelt wurden hauptsächlich erste Hypotheken auf Pommerschen Grundbesitz, wovon ich erste Stellen und pupillarische Sicherheit zu 5 Procent pari, kleinere Posten unmittelbar hinter der Landschaft zu 5½ und 6 Procent und noch etwas weiter hinaus zu 6½ Procent untergebracht habe. Sehr begehrt sind noch Kapitalien zu 7, 7½ und 8 Procent pro anno gegen Solawechsel mit sicherer hypothekarischer Unterlage, letztere ungefähr mit ¾ des durch die Grundsteuer ermittelten Werthes abschließend, weil die Banken gegen derartige Geschäfte immer noch eine unnahbare Zurückhaltung beobachten und daher dem Privat-Kapitalisten vielfach Gelegenheit geboten ist, sein Geld jedenfalls sicherer und dabei mindestens ebenso vortheilhaft anzulegen als durch den Ankauf Amerikanischer Werthpapiere. — — —

Ich kann die erfreuliche Thatsache konstatiren, daß die Aufhebung der Zinsbeschränkungen sich schon jetzt für den durch die frühern Wuchergesetze fast kreditlos gewordenen Grundbesitz als eine überaus segensreiche Maßregel herausstellt, und der Kredit in unsern kapitalarmen östlichen Provinzen würde sich sehr bald noch viel günstiger gestalten, wenn die Reform in unserer Hypothekengesetzgebung so schleunig wie möglich ins Werk gesetzt würde."

Sehr treffend bemerkt hierzu Rodbertus:

„Giebt es ein sprechenderes Zeugnis für die jetzt schon unerhörte Höhe der Noth, als daß Hypotheken innerhalb der ersten drei Viertel des durch die

Also nicht für die völlig sicheren ersten Hypotheken, sondern für die eine absolute Realsicherheit nicht mehr bietenden empfindet der Grundbesitz das Bedürfnis nach einer Umgestaltung des Grundkreditwesens am dringendsten. Die erste Hypothek bietet dem Kapital außer der völligen Sicherheit so wesentliche Vortheile bezüglich der kostenfreien und einfachen Verwaltung, daß dieselbe stets eine bevorzugte Anlage desselben sein und bleiben wird. Nur die zweiten und folgenden Hypotheken sind das Schmerzenskind des Grundbesitzes.

Wenn wir hiernach lediglich in der dem Grundbesitz gebotenen Gelegenheit, das gesammte Kreditbedürfniß zu angemessenen Bedingungen befriedigen zu können, eine vollkommene Lösung der Grundkreditfrage zu erblicken vermögen, so darf man dies doch keineswegs dahin verstehen, daß dem Grundbesitz die Aufnahme von Hypotheken in beliebiger Höhe ermöglicht werden soll. Hat viel-

---

Grundsteuer ermittelten Werths noch dazu, wenn sie durch Wechselverpflichtung unterstützt sind, mit 7, 7½ und 8 Procent verzinst werden müssen? Wie stimmt aber zu dem Bericht solcher Thatsachen die „Erfreulichkeit" der Aufhebung der Wuchergesetze? Ob der Grundbesitz auf kaltem oder auf warmem Wege — ob weil er überhaupt kein Kapital mehr bekommen kann, oder weil er es schließlich nicht mehr wird verzinsen können — ausgepreßt und ruinirt wird, ist doch wahrlich gleichgültig, sollte auch der letzte Weg etwas marter voller, weil etwas länger währead, sein."

Illustrirt dieser Hypothekenbericht genügend die durch die Aufhebung der Wuchergesetze ermöglichte und auch thatsächlich eingetretene Ausbeutung des Grundbesitzes seitens des Kapitals, so irrt derselbe doch durchaus, wenn er es der Aufhebung der Wuchergesetze zuschreibt, daß der Grundbesitz innerhalb der angegebenen Grenze von drei Viertel des durch die Grundsteuer ermittelten Werthes überhaupt Kapitalien hat erlangen können. In dieser Höhe ist der größte Theil des Grundbesitzes verschuldet und war es auch vor Aufhebung der Wuchergesetze. Dieselben sind also kein Hindernis gewesen, daß der Grundbesitz sein Kreditbedürfnis in diesem Umfange und zwar zu dem gesetzlich zulässigen Zinsfuß von 5 % hat befriedigen können. Bei geringerer Sicherheit mag allerdings der Grundbesitz nach Aufhebung der Wuchergesetze noch einen Kredit haben, der ihm vorher versagt worden ist. Auf diesen findet indeß das Anwendung, was Rodbertus sagt. Daß für Kommissionäre und Hypothekenvermittler die Aufhebung der Wuchergesetze recht „erfreulich" gewesen, darüber kann kein Zweifel sein, denn wo gehobelt wird, fallen Spähne; sie verdienen am meisten, je größer die Nothlage ist, in der sich der Grundbesitz befindet.

Die Wiederkehr solcher Zeiten ist keineswegs ausgeschlossen, sondern im Gegentheil eine jede Krisis des Grundbesitzes muß dieselbe bringen.

mehr der Grundkredit zur nothwendigen Voraussetzung, daß der Schuldner nicht blos mit seiner Persönlichkeit für die Rückzahlung der Forderung eintritt, sondern daß dieselbe auch durch den Werth des Grundstücks verbürgt ist, so kann die der Reform des Grundkreditwesens zu stellende Aufgabe nur so weit gehen, als in der That das Grundstück eine Realsicherheit zu bieten vermag. Denn soweit dieses nicht der Fall ist, handelt es sich auch bei eingetragenen Forderungen nur formell um „Realkredit", der Sache nach dagegen ausschließlich um personellen Kredit, dessen Befriedigung mit der Grundkreditfrage nichts zu schaffen hat.

Bis zu welcher Höhe die Verpfändung eines Grundstücks noch eine Realsicherheit zu gewähren vermag, läßt sich allgemein nicht entscheiden. Wie die wirthschaftliche Lage des Grundbesitzes überhaupt von einer Menge von Faktoren abhängt, deren Vorausbestimmung und richtige Würdigung überaus schwierig, wenn nicht unmöglich ist, so ist auch die Realsicherheit denselben steten Schwankungen unterworfen. In keinem Falle decken sich der Werth des Grundstücks mit der durch dasselbe gebotenen Realsicherheit, sondern der Betrag, bis zu welchem Realsicherheit als vorhanden angenommen werden kann, muß mehr oder minder erheblich hinter dem jeweiligen Kaufwerth eines Grundstücks zurückbleiben. Denn letzterer wird durch die Schwankungen in den Erträgnissen des Grund und Bodens zwar ebenfalls beeinflußt, aber nur in der Weise, daß der voraussichtliche Durchschnitt derselben der Preisbemessung zu Grunde gelegt wird, so daß also der Käufer auf eine Ausgleichung in den Erträgnissen der einzelnen Jahre rechnet.

Bei der Hypothek muß man dagegen unterscheiden zwischen Kapital und Zinsen. Bieten die Erträgnisse des Grund und Bodens die Mittel zur Zahlung des letztern, so kann hinsichtlich dieser eine Realsicherheit nur dann als vorhanden angenommen werden, wenn auch die Erträgnisse der schlechtern Jahre die Verzinsung selbst ermöglichen. Die Sicherheit des Kapitals hängt dagegen im Allgemeinen von den Durchschnittserträgnissen des Grund und Bodens, nicht von den Erträgnissen eines einzelnen Jahres ab, da bei einem Verkauf ebenfalls die Durchschnittserträgnisse die Grundlage für die Bemessung des Kaufpreises bilden, und derselbe durch einzelne schlechtere Jahre nicht wesentlich beeinflußt wird, weil dieselben bei der Durchschnittsberechnung bereits Berücksichtigung gefunden haben.

Trotzdessen ist es aus zwei Gründen nicht angängig, für das Kapital eine Realsicherheit bis zu dem Betrage des derzeitigen Kaufwerths eines Grundstücks als vorhanden anzunehmen. Einmal ist der Kaufwerth kein absoluter; denn, wenn sich derselbe auf Durchschnittserträgnisse stützt, so können doch auch diese durch außerhalb der Berechnung liegende Umstände dauernd einen Rückgang erfahren, der dann naturgemäß den Werth des Grundstücks herabdrückt. Wie jeder Käufer einer Sache übernimmt auch der Käufer eines Grundstücks ein Risiko, das, wie wir oben dargelegt, das im geschäftlichen Verkehr übliche Durchschnittsmaß übersteigt. Für den Käufer halten sich die Chancen des Gewinns und des Verlustes die Waage oder gelangen in der Erhöhung oder Ermäßigung des Kaufpreises zum Ausdruck. Der eine Realsicherheit verlangende Gläubiger dagegen darf durch diese möglicher Weise eintretenden Veränderungen im Werth des Grundstücks nicht berührt werden. Dazu kommt, daß im Kaufpreise eines Grundstücks auch die Entschädigung für viele Gegenstände mitenthalten ist, die überhaupt eine Realsicherheit nicht zu bieten vermögen, weil sie nicht die Dauer des Werths in sich tragen wie der Grund und Boden und die Gebäude; es ist dieses vorzugsweise das lebende und das todte Inventarium.

Läßt sich also aus dem Kaufwerth eines Grundstücks nicht entnehmen, bis zu welchem Betrage desselben Realsicherheit für die eingetragenen Hypotheken vorhanden ist, so giebt es doch für die Ermittelung desselben einen ziemlich zuverlässigen Maßstab; es ist dieses die Höhe der Anzahlung, welche vom Käufer eines Grundstücks geleistet zu werden pflegt.

Gewiß ist Niemand besser im Stande, die Umstände, welche für die Rentabilität des Grund und Bodens im Allgemeinen sowie die eines bestimmten Grundstücks maßgebend sind, einer richtigen Beurtheilung und Würdigung zu unterziehen als der Besitzer desselben, und wenn dieser bei der Veräußerung sich damit begnügt, daß der kleinere Theil des Kaufpreises baar ausgezahlt, der größere dagegen als Hypothek auf das Grundstück eingetragen wird, so ist dieses der untrüglichste Beweis dafür, daß er die durch dasselbe gebotene Realsicherheit gegenüber den Schwankungen in den Erträgnissen und dem Werth des Grund und Bodens als eine absolut ausreichende erachtet.

Daß die Höhe der Anzahlung der zuverlässigste Maßstab für die Beurtheilung der Realsicherheit ist, geht daraus unzweifelhaft hervor, daß dieselbe in den einzelnen Gebieten, deren Produktions- und Absatz-Verhältnisse im Allgemeinen gleiche sind, fast genau im gleichen Verhältnis zum Kaufpreis steht, und daß Abweichungen hiervon nur ganz ausnahmsweise und meistens nur in dem Falle vorkommen, wenn die besondern Verhältnisse eines Grundstücks außergewöhnliche Schwankungen in den Erträgnissen desselben bedingen, oder wenn bei der Normirung der Verkaufsbedingungen Rücksichten auf die Persönlichkeit des Käufers Platz greifen, wie dieses vielfach bei Gutsüberlassungen an Descendenten der Fall ist.

Wenn, von diesen Ausnahmefällen abgesehen, der Regel nach die Höhe der Anzahlung in einem ganz bestimmten Verhältnis zum Kaufpreise eines Grundstücks steht, so gelangt hierin nicht blos die Ueberzeugung der einzelnen Grundstücksverkäufer sondern gewissermaßen die übereinstimmende Auffassung der gesammten Grundeigenthümer zum Ausdruck. Denn die Höhe der Anzahlung ist ein so wesentlicher Faktor bei jedem Grundstückskauf, daß dieselbe auf das Zustandekommen des Geschäfts sowie auf den Kaufpreis selbst einen bestimmenden Einfluß ausübt. Hieraus folgt, daß der einzelne Verkäufer die Anzahlung nicht beliebig und über das nach der allgemeinen Ansicht seiner Berufsgenossen angemessene und nothwendige Maß hinaus steigern kann; er würde dann sein Grundstück nicht loswerden, weil der Käufer andere gleichwerthige Grundstücke mit einer geringeren Anzahlung also unter vortheilhafteren Bedingungen würde erwerben können. Ebensowenig wird aber auch der Verkäufer geneigt sein, sich mit einer geringeren Anzahlung als der allgemein üblichen zu begnügen, weil er keine Veranlassung hat, die Verkaufsbedingungen für den Käufer günstiger zu gestalten, als es das dieselben regelnde Verhältniß zwischen Angebot und Nachfrage bedingt, und ihm die Schwankungen in den Erträgnissen und in dem Werth des Grund und Bodens genügend bekannt sind, um beurtheilen zu können, daß bei einer Ermäßigung der Anzahlung über diesen Betrag hinaus ein entsprechender Theil des eingetragenen Kaufgeldes eine völlige Realsicherheit nicht mehr genießt.

Gelangt in der Höhe der Anzahlung die übereinstimmende Auffassung des zur Beurtheilung aller in Betracht kommenden Verhältnisse vorzugsweise kompetenten Grundbesitzes über den dem Grund und Boden und den Gebäuden dauernd inne wohnenden Werth zum Ausdruck, so wird dieses Urtheil um so mehr als ein unparteiisches und zuverlässiges angesehen werden müssen, als die Interessen des Verkäufers und des Käufers sich in dieser Frage durchaus gegenüberstehen, und gerade die Interessen des Verkäufers mit denen des anlagebedürftigen Kapitals in derselben identisch sind.

Die Ermittelung des legitimen Grundkredits d. h. desjenigen Kredits, der sich mit Rücksicht auf die durch das verpfändete Grundstück dem Kapital gebotene Realsicherheit thatsächlich als Grundkredit charakterisirt, fällt also im wesentlichen mit der Feststellung der beim Verkauf von Grundstücken allgemein üblichen Anzahlung zusammen. Hierdurch ist die Eruirung der für die Regelung des Grundkreditwesens wichtigsten Frage, bis zu welchem Betrage der Grundbesitz die Befriedigung seines Kreditbedürfnisses zu den für den Grundkredit maßgebenden und angemessenen Bedingungen zu beanspruchen, wirthschaftlich berechtigt ist, erheblich erleichtert.

Wenn wir oben bemerkt, daß die Höhe der Anzahlung in Gebieten mit gleichen Produktions- und Absatzverhältnissen im wesentlichen ebenfalls gleich ist, so haben wir hierdurch bereits angedeutet, daß, da die Erträgnisse und der Werth des Grund und Bodens in den einzelnen Gebieten eines großen Landes keineswegs den gleichen Schwankungen unterliegen, auch die Höhe der Anzahlung und damit die in der Verpfändung des Grund und Bodens liegende Realsicherheit nicht in allen Landestheilen eine gleiche ist. Wie bei einzelnen Grundstücken, deren Werth vielleicht vorzugsweise in nutzbaren Forsten oder in einem besonders reichhaltigen und werthvollen Inventarium liegt, oder deren Erträgnisse mit Rücksicht auf besondere elementare Ereignisse wie z. B. Ueberschwemmungen ungewöhnlich großen Schwankungen unterliegen, vom Verkäufer eine größere Anzahlung verlangt werden muß, weil die gebotene Realsicherheit eine im Verhältnis zum Kaufpreis geringe ist, so können auch in ganzen Landestheilen die klimatischen Verhältnisse erhebliche Schwankungen in den Erträgnissen des Grund und Bodens und somit eine entsprechende Verminderung der in demselben liegenden Realsicherheit zur Folge haben.

Der Umstand, daß die Realsicherheit und der Kaufpreis eines Grundstücks in dem ganzen Staatsgebiet nicht in dem gleichen Verhältnis zu einander stehen, bereitet jedoch der praktischen Lösung der Grundkreditfrage keine wesentlichen Schwierigkeiten, da diesen Verschiedenheiten um so leichter Rechnung getragen werden kann, als sich dieselben im Allgemeinen in räumlich abgegrenzten größeren Bezirken äußern und sich in verhältnismäßig engen Grenzen halten.

Beträgt nun die Höhe der Anzahlung im Großen und Ganzen, von besondern Ausnahmefällen abgesehn, wenigstens in den östlichen Provinzen, für welche die Regelung der Grundkreditfrage eine wesentlich größere Bedeutung hat als für die westlichen Provinzen, etwa 1/4 bis 1/3 des Kaufpreises, so ergiebt sich hieraus, daß etwa bis 2/3 desselben für die eingetragenen Hypotheken Realsicherheit vorhanden ist. Dieses ist also die Grenze des berechtigten Grundkredits. Bei einer Verpfändung des Grundstücks über diesen Betrag hinaus handelt es sich nicht mehr um eigentlichen Grundkredit, da es an der nothwendigen Voraussetzung desselben, nämlich an einer Realsicherheit für die Forderung fehlt*).

*) Schon das Allg. Landrecht bestimmte in § 188 Th. I Tit. 14, daß eine durch Hypothek bestellte Kaution als ausreichend anzusehen sei, wenn sie bei Landgütern innerhalb der ersten 2/3 des Werths derselben eingetragen würde. Darüber was unter diesem „Werth" zu verstehen sei, fehlt es im Landrecht an einer positiven Bestimmung. Dagegen bestimmt die Allg. Gerichts-Ordnung in Th. II Tit. 6, daß bei der Taxe von Landgütern „der wahre und wirkliche Werth" ermittelt werden soll und giebt im übrigen Vorschriften über die Ermittelung dieses Werths, die darüber keinen Zweifel lassen, daß es sich um den Ertragswerth handelt. Da auch bei Bemessung des Kaufpreises eines Grundstücks, von besonderen Fällen abgesehen, die Erträgnisse desselben im Wesentlichen die Grundlage bilden, so liegt an sich keine Veranlassung zu der Annahme vor, daß der auf Grund der angegebenen gesetzlichen Bestimmungen ermittelte Taxwerth hinter dem Kaufwerth zurückbleibt. Auch die Vorschriften in den §§ 112ff. Th. I Tit. 2 des A.L.R's., nach denen mangels anderweiter gesetzlicher Bestimmungen stets der „gemeine Werth" einer Sache zu Grunde gelegt werden soll, und unter diesem der Nutzen zu verstehen ist, welchen eine Sache einem jeden Besitzer gewähren kann, weisen auf den allgemeinen Verkaufspreis hin, in welchem sich dieser Nutzen ausdrückt.

Die Vormundschaftsordnung vom 5. Juli 1875 bestimmt ebenfalls in § 39,

Ob und in welchem Umfange die thatsächliche Verschuldung des Grundbesitzes diese auf etwa ⅔ seines Werths ermittelte Kreditfähigkeit desselben übersteigt, könnte nur durch eine zuverlässige Statistik der hypothekarischen Belastung ermittelt werden, die wir leider noch immer entbehren. Wenn nach den in dem Jahrbuch für amtliche Statistik für 1862 veröffentlichten Ermittelungen des Werths und der hypothekarischen Belastung der Rittergüter je eines Kreises der Provinzen Ost- und Westpreußen, Pommern, Posen, Brandenburg und Schlesien der Werth derselben von 6,895,700 Thalern im Jahre 1837 auf 13,737,000 Thaler im Jahre 1857 und ebenso die Verschuldung von 5,498,300 Thalern im Jahre 1837 auf 11,077,000 Thaler gestiegen sind, und somit die Verschuldung fast genau in beiden Jahren 80 % des Werths betragen hat, so sind diese Ermittelungen doch nicht geeignet, um aus denselben einen irgend zuverlässigen Schluß auf die gegenwärtige Belastung des Grundbesitzes über die eine Realsicherheit bietende Grenze hinaus zu gestatten. Wir sind vielmehr überzeugt, daß wenn auch bei einer sehr großen Anzahl von Grundstücken diese Grenze nicht blos erreicht, sondern sogar überschritten wird, doch die durchschnittliche Belastung des Grundbesitz ⅔ seines derzeitigen Kaufwerthes noch nicht erreicht.

Mit dieser Auffassung stehen die Ermittelungen für die Jahre 1837 und 1857 keineswegs in Widerspruch. Die auf Grund der Hypothekenbücher angestellten Erhebungen werden stets eine größere hypothekarische Belastung des Grundbesitzes ergeben, als thatsächlich vorhanden ist, weil eine größere Anzahl von Hypotheken sich im Eigenthum des Grundstücksbesitzers selbst befindet, die derselbe bezahlt, jedoch nicht hat löschen lassen, um jeder Zeit über die Hypothek mit ihrer bisherigen Priorität anderweit verfügen zu können.

Außerdem sind aber auch alle Werthschätzungen im höchsten Maße unsicher. Wenn man erwägt, wie groß häufig die Differenzen sind, die zwischen den einzelnen Taxen der Landschaften, der sonstigen Kreditanstalten und der Gerichte bestehn, ja wie sogar

daß eine Hypothek oder Grundschuld für sicher zu erachten, wenn sie bei ländlichen Grundstücken innerhalb der ersten zwei Drittheile des durch ritterschaftliche, landschaftliche, gerichtliche oder Steuertaxe ermittelten Werths zu stehn kommt.

eine jede irgend wesentliche Veränderung in den Taxgrundsätzen derselben Stelle erhebliche Abweichungen gegenüber den früheren Taxen zur Folge hat, so kann darüber kein Zweifel sein, daß alle derartigen Werthsermittelungen auch nur annähernd zuverlässige Resultate nicht ergeben. Berücksichtigt man noch ferner, daß erfahrungsgemäß eine jede Taxe, mag dieselbe von der Landschaft, einem andern Kreditinstitut oder dem Gericht aufgenommen werden, hinter dem derzeitigen Kaufwerth des Grundstücks zurückbleibt, so wird man sich der Ueberzeugung nicht verschließen können, daß auch in den Jahren 1837 und 1857 eine Verschuldung des Grundbesitzes bis zu 80 % seines damaligen Kaufwerthes nicht vorhanden gewesen ist. Bei einer solchen durchschnittlichen Belastung mit Hypotheken hätte übrigens der Grundbesitz, dessen Lage seit 1857 durch die in dem letzten Decennium eigentlich erst wirksam gewordene Konkurrenz Amerikas und Rußlands und durch die allerdings nur vorübergehende Verschlechterung der Hypothekenverhältnisse in Folge der Aufhebung der Wuchergesetze zu Ende der sechziger Jahre eine wesentliche Verschlechterung erfahren hat, einer allgemeinen Krisis kaum entgehen können.

Wir müssen also daran festhalten, daß im Allgemeinen der Grundbesitz über $^2/_3$ seines Kaufwerths hinaus eine völlige Realsicherheit nicht mehr bietet, und daß demgemäß die Aufgabe, die wir uns gestellt, in der Befriedigung des Kreditbedürfnisses bis zu diesem Betrage zu angemessenen Bedingungen ihre Lösung findet.

Das schließliche Ziel aller Hypothekenreformen ist unseres Dafürhaltens die Befreiung des Grundbesitzes möglichst von allen Hypotheken. Im vollständigsten Gegensatz zu Rodbertus, der die dauernde Belastung des Grundbesitzes mit unkündbarem Rententitel anstrebt, wollen wir die Befreiung desselben von allen dinglichen Lasten. Wird auch bereits durch die Umwandlung der Hypotheken in unkündbare Renten die Macht, welche gegenwärtig das Kapital gegenüber dem Grundbesitz besitzt, gebrochen und letzterer vor einer Ausbeutung geschützt; vollständig frei ist der Grundbesitz nur, wenn die Erfolge seiner Arbeit, die Erträgnisse des Grund und Bodens ihm gehören und ihm verbleiben, wenn er nicht genöthigt ist, einen mehr oder minder großen Theil derselben dem Kapital abzutreten. Der Grundbesitz ist ursprünglich unbelastet gewesen und muß es auch wieder werden; dieses ist sein natürlicher Zustand, an dessen Wiederherstellung der Grundbesitz selbst wie auch der Staat das dringendste Interesse haben.

Je größer die auf dem Grundbesitz ruhende Schuldenlast ist, desto weniger gesichert ist seine wirthschaftliche Lage, desto geringer seine Widerstandsfähigkeit gegen akute oder chronische Krisen. Mit der steigenden Gefahr derartiger Krisen wächst somit das Bedürfnis nach einem Schutz vor derselben. Mögen nun auch vielleicht die Befürchtungen, daß die Konkurrenz des Auslandes insbesondere Amerikas die wirthschaftliche Existenz der gesammten einheimischen Landwirthschaft ernstlich gefährde, übertrieben sein, so viel ist gewiß, daß seine zukünftige Lage sich einer jeden Voraussicht und Berechnung entzieht und mindestens eine höchst unsichere ist*).

Dieses genügt aber, um das Bestreben, den Grundbesitz von allen Belastungen zu befreien, welche ihm den Kampf mit der ausländischen Konkurrenz erschweren und seine Niederlage in demselben begünstigen, auch vom Standpunkt der nationalen Interessen aus als berechtigt und nothwendig erscheinen zu lassen. Ein Grundbesitz, der durchschnittlich auch nur bis zu $^2/_3$ seines wirklichen Kaufwerths mit Hypotheken oder Renten belastet ist, ist kein ebenbürtiger Gegner der unbelasteten und die im Grund und Boden liegenden Urkräfte ausnutzenden amerikanischen Landwirthschaft gegenüber. Denn eine dauernde Herabminderung der Erträgnisse des einheimischen Grund und Bodens giebt auch wiederum der Grundkreditfrage einen akuten Charakter. Reichen dann die Erträgnisse nicht aus, um den auf dem Grundbesitz ruhenden dinglichen Verpflichtungen Genüge leisten zu können, so macht es keinen Unterschied, ob dieselben in Renten oder Hypotheken bestehn, in beiden Fällen ist der Ruin des Besitzers, die Vernichtung seiner wirthschaftlichen Existenz unausbleiblich.

Solche Banquerotte sind aber nicht blos für die davon Be-

*) Daß die Furcht vor der amerikanischen Konkurrenz kein bloßes Gespenst „egoistischer Agrarier“ ist, beweisen die eingehenden und sachgemäßen Untersuchungen der Männer wie v. Stein „Drei Fragen des Grundbesitzes und seiner Zeit“, Schmoller „Die amerikanische Konkurrenz und die Lage der mitteleuropäischen besonders der deutschen Landwirthschaft“ (Heft 1 des Jahrbuchs für Gesetzgebung, Verwaltung und Volkswirthschaft von 1882) und anderer mehr.

troffenen ein Unglück sondern auch eine schwere Schädigung der allgemeinen wirthschaftlichen Interessen des Landes, weil sie einen Verlust am Nationalvermögen und nationaler Arbeitskraft zur Folge haben. Die freihändlerisch-liberale Auffassung, daß ein jeder derartiger Banquerott an Stelle eines zahlungsunfähigen Besitzers einen zahlungsfähigen und an Stelle eines weniger tauglichen Besitzers einen solchen bringe, der das Grundstück rationeller zu bewirthschaften verstände, ist eine durchaus irrige. Hat schon ein jeder Wechsel in dem Besitz eines Grundstücks wirthschaftliche Nachtheile zur Folge, weil die rationelle Bewirthschaftung desselben mit Rücksicht auf die besonderen Verhältnisse des landwirthschaftlichen Betriebes eine genaue Kenntnis des Grund und Bodens, seiner Produktionsbedingungen und seiner technischen Behandlung voraussetzt, die nur ein längerer Besitz verschaffen kann, so ist dieses noch mehr bei Zwangsverkäufen der Fall. Denn einerseits setzt dieselbe eine gerichtliche Sequestration von mehreren Monaten voraus, die nach den allgemeinen praktischen Erfahrungen aus Gründen, deren Darlegung uns hier zu weit führen würde, fast ausnahmslos mit Nachtheilen für das Grundstück verbunden ist, und sodann geht letzteres fast stets in das Eigenthum eines der eingetragenen Gläubiger über, die es meistens nicht erwerben, um es selbst zu bewirthschaften, sondern nur, um es so bald wie möglich wieder loszuschlagen, sodaß also der Regel nach eine jede Subhastation einen dreifachen Wechsel in der Bewirthschaftung des Grundstücks zur Folge hat.

Diese mit einer jeden Zwangsversteigerung verbundenen Nachtheile steigern sich unendlich, wenn in Folge einer Krisis die Zahl der Zwangsverkäufe erheblich das durchschnittliche Maß übersteigt. Durch das dann wesentlich vermehrte Angebot von Grundstücken wird der Preis derselben noch weiter gedrückt, wodurch nicht blos für Denjenigen, der aus irgend welchen Gründen zum Verkauf seines Grundstücks genöthigt ist, sondern auch für das auf den zur Subhastation gelangenden Grundstücken eingetragene Kapital erhebliche Einbußen unvermeidlich sind.

Dazu kommt, daß in derartigen Zeiten geeignete Verwalter zur Administrirung der Grundstücke während der gerichtlichen Sequestration in genügender Zahl nicht zu bekommen sind, sodaß dann ein Theil derselben gar nicht bewirthschaftet werden kann. Dieses ist namentlich der Fall, wenn es sich um eine größere Zahl kleinerer bäuerlicher Grundstücke handelt, die im wesentlichen durch den Eigenthümer und dessen Familienangehörigen selbst bewirthschaftet worden sind. Für diesen einen geeigneten Ersatz zu schaffen, ist vielfach geradezu unmöglich, weil die Grundstücke zu klein sind, um außer den nöthigen Arbeitskräften einen eigenen Verwalter zu halten, und auch benachbarte Besitzer, die gegen die natürlich nur gering bemessene Entschädigung die Beaufsichtigung und Leitung der Wirthschaft übernehmen wollen, nicht immer zu finden sind. Dann bleibt nichts anderes übrig, als das Grundstück während des Subhastationsverfahrens unbewirthschaftet zu lassen, und der neue Eigenthümer befindet sich in diesem Falle oft in der Lage, das erste Jahr nicht erndten zu können, weil nicht gesät worden ist*).

Noch größer sind die wirthschaftlichen und socialen Nachtheile, wenn in Folge derartiger landwirthschaftlicher Krisen das Großkapital, um die auf den Grundstücken eingetragenen Hypotheken zu retten oder auch aus Spekulation sich in den Besitz großer Latifundien setzt und dieselben an Pächter zur Bewirthschaftung überläßt. An Stelle der freien Grundeigenthümer treten dann vom Kapital abhängige Pächter, deren wirthschaftliche Lage und sociale Stellung bei dem Bestreben des Kapitals, von dem Grundbesitz eine möglichst hohe Rente zu erzielen, immer mehr und mehr herabgedrückt werden muß. Im Laufe der Zeit würde sich dieses Abhängigkeitsverhältnis voraussichtlich in ähnlicher Weise wie in Irland entwickeln und damit auch ähnliche Zustände unserm Vaterlande bringen.

Um den Grundbesitz aus den Händen des Kapitals vollständig zu befreien, ihn in die Lage zu versetzen, die Erfolge seiner Arbeit, die Erträgnisse des Grund und Bodens mit dem Kapital nicht

*) Welche Verluste die nationale Werthproduktion durch derartige Verhältnisse erleiden kann, geht aus einer Mittheilung des bairischen statistischen Bureaus in Heft 4 der Zeitschrift für 1880 hervor. Nach derselben haben in Baiern im Februar 1880 nicht weniger als 698 Anwesen mit im Ganzen etwa 9000 ha wegen bevorstehender Zwangsversteigerung unbewirthschaftet bleiben müssen, und sind im Jahre 1880 3739 Anwesen mit 30059 ha thatsächlich zur Zwangsversteigerung gekommen.

theilen zu dürfen und ihn endlich widerstandsfähiger gegen möglicher Weise die deutsche Landwirthschaft bedrohende Krisen zu machen, ist also die allmähliche Befreiung von jeder Art dinglicher Belastung, ganz gleich ob dieselben in Hypotheken oder Renten bestehn, nothwendig. Dieses Ziel kann nur auf dem Wege der allmählichen Amortisation der eingetragenen Forderungen erreicht werden.

Allerdings darf man nicht erwarten, daß wenn durch eine Zwangsamortisation der Grundbesitz innerhalb einer bestimmten Frist von allen dinglichen Belastungen befreit wird, dieser Zustand sich ewig oder überhaupt nur eine längere Zeit erhalten kann. Die auf dem Grundbesitz eingetragenen Hypotheken bestehen zum weitaus größten Theil in Kaufgelderrückständen, Forderungen von Miterben und zum Zweck der Ausstattung oder Abfindung von Kindern aufgenommenen Kapitalien. So lange diese Veranlassungen zur Verpfändung nicht zu beseitigen sind, so lange kann eine dauernde Befreiung von dinglichen Lasten nicht erreicht werden. Ersteres ist aber unmöglich, da die Verpfändung nicht in einmaligen in der Vergangenheit liegenden, sondern in sich stetig wiederholenden Umständen ihre Ursache hat.

Wenn es nur ganz ausnahmsweise z. B. bei dem zum Zweck der Errichtung von Fideikommissen erworbenen Grundbesitz vorkommt, daß der Käufer eines Grundstücks den ganzen Kaufpreis baar ausbezahlt, in der Regel aber sich mit einer Anzahlung von etwa $1/3$ desselben begnügt, so ist dieses weder ein Zufall noch ein im Grundstückshandel eingerissener Mißbrauch wie etwa das übermäßige Kreditgeben im kaufmännischen Verkehr, sondern es findet dieses in den besonderen Verhältnissen des landwirthschaftlichen Betriebes seine wirthschaftliche Berechtigung.

Mögen auch die freihändlerisch-liberalen Theoretiker immer von neuem wiederholen, daß es vortheilhafter sei, wenn ein jeder Grundstückskäufer sich auf den Erwerb eines solchen Grundstücks beschränken wollte, dessen ganzen Kaufpreis er baar auszahlen könnte und außerdem noch möglichst große Betriebskapitalien in Händen behielte, daß also der kleine Grundbesitz bei genügendem Betriebskapital durch eine intensive Bewirthschaftung nicht blos relativ, sondern absolut höhere Erträge abwürfe als ein entsprechend größerer, der zu $^{2}/_{3}$ seines Werths mit Hypotheken belastet sei: die praktischen Landleute kennen ihren Vortheil besser und lassen sich — wenigstens in den östlichen Provinzen — von der bisherigen Praxis, wonach nur etwa $^{1}/_{3}$ des Kaufpreises angezahlt wird, nicht abbringen. Wir haben an anderer Stelle die Frage die Rentabilität des großen und des kleinen Grundbesitzes ausführlicher behandelt und müssen uns hier ein weiteres Eingehen auf dieselbe versagen*). Wie wir dort nachgewiesen, ist sogar die Annahme, daß der kleine Grundbesitz relativ höhere Erträge ergiebt als der Großgrundbesitz eine irrige, und da die nothwendigen Ausgaben des Besitzers für seinen und seiner Familie Unterhalt wenig oder gar nicht von der Größe des Grundbesitzes abhängen, so liegt es im Interesse eines jeden Grundstückskäufers sein Kapital möglichst auszunutzen und mit demselben einen so ausgedehnten Grundbesitz zu erwerben, als dieses ohne zu großes Risiko geschehen kann.

Dafür, daß dieses Risiko nicht doch schließlich übertrieben wird, und die Anzahlung auf einen zu niedrigen Betrag herabsinkt, sorgt schon das Interesse des Verkäufers, der zwar völlige Baarzahlung ohne wesentliche Reduktion des Kaufpreises vom Käufer nicht würde erlangen können, jedoch auch anderseits in die Kreditirung des Kaufpreises nur in so weit willigen wird, als seiner Meinung nach das verpfändete Grundstück eine genügende Realsicherheit zu bieten vermag. Dieses ist im Allgemeinen nach der übereinstimmenden Meinung des Verkäufers und des Käufers etwa bis zu $^{2}/_{3}$ des Kaufwerthes des Grundstücks der Fall. Solange aber Käufer und Verkäufer die Beschränkung der Anzahlung auf einen Theil des Kaufpreises als in ihrem Interesse liegend erachten, kann nicht daran gedacht werden, daß im Grundstückshandel die völlige Baarzahlung des Kaufpreises allgemein oder auch nur zur Regel werden wird.

Ebensowenig wird sich jemals die Belastung des Grundbesitzes durch die Eintragung von Erbgeldern beseitigen lassen. Eine solche Eintragung findet nicht blos dann statt, wenn das Grundstück entweder auf Grund letztwilliger Verfügung oder gemäß Vereinbarung

---

*) Vergl. „Die wirthschaftlich-socialen Aufgaben" von demselben Verfasser S. 63 ff.

der Erben unter einander von einem Miterben übernommen wird, sondern auch wenn eine Auseinandersetzung des überlebenden Ehegatten mit seinen Kindern nothwendig ist. Der römisch-rechtliche Grundsatz der Gleichberechtigung der Erben hat bereits in der Rechtsauffassung des Volkes zu feste Wurzel gefaßt, als daß an eine Aufhebung oder auch nur an eine wesentliche Beschränkung desselben im Ernst wird gedacht werden können.

Wenn in einzelnen Gegenden im Bauernstande sowie in den Familien des hohen und zum Theil auch des niederen Adels sich die Auffassung zu erhalten vermocht hat, daß derjenige der Erben, dem der Grundbesitz zufällt, sei es der Erst- oder der Letztgeborne, Anspruch auf vorzugsweise Berücksichtigung hat, so ist dieses nur da der Fall, wo der Grundbesitz selbst sich seit Jahrhunderten in der Familie ererbt hat, und sich demgemäß die Tradition hat bilden und behaupten können, daß gewissermaßen die Familie Eigenthümer des Grundstücks ist, und dem Einzelnen nur ein lebenslängliches Nutzungsrecht an demselben zusteht. Wo dagegen diese Voraussetzung fehlt, und der Grundbesitz von Hand zu Hand gegangen ist, wo der Eigenthümer in keiner Weise mit seinem Grundbesitz verwachsen ist und weder ein Verständnis noch ein Interesse daran hat, daß derselbe sich auf seine Kindes- und Kindeskinder vererbe, da würde auch selbst eine Einwirkung der Gesetzgebung vergebens gegen den Grundsatz der Gleichberechtigung der Erben ankämpfen.

Denn in der That wie soll derjenige, der den Grundbesitz als Kapitalsanlage erworben hat und selbst keinen Anstand nehmen würde, denselben zu veräußern, sobald sich ihm die Gelegenheit bietet, sein Kapital durch den Erwerb eines andern Grundstücks oder auf andere Weise vortheilhafter zu verwerthen, ein Interesse daran haben, denjenigen Erben, der den Grundbesitz übernimmt, günstiger zu stellen als die andern. Für ihn ist der Grundbesitz ein Werthobjekt, wie jedes andere in seinem Vermögen, und wie er denkt auch voraussichtlich ein Jeder seiner Erben und derjenige, dem das Grundstück zu einem billigen Preise zufallen würde, hätte vielleicht nichts eiligeres zu thun, als dasselbe zu veräußern und so zum Nachtheil seiner Miterben sich zu bereichern.

Sollten in der That eminente staatliche Interessen die dauernde Erhaltung eines unverschuldeten Grundbesitzes in derselben Familie erheischen, so bliebe nichts anderes übrig, als daß der Staat selbst derartige Einrichtungen trifft, daß er also z. B. seine Domänen unter der Bedingung der Begründung von Fideikommissen veräußert. Aber auch selbst dann bestände keine Garantie, daß der Zweck dauernd erreicht wird. Die Ansichten wechseln mit den Zeiten, und nach Decennien würden die Fideikommißbesitzer das als drückende Last, als Beeinträchtigung ihrer wirthschaftlichen Freiheit empfinden, was die Voreltern als Begünstigung angesehen und erhalten haben; die Beschränkungen der Veräußerung und Verpfändung würden dann fallen, und es wäre nichts erreicht als daß der Staat seine Domänen los geworden wäre.

Uebrigens ist mit der Beseitigung des Princips der Gleichberechtigung der Erben im Interesse der Grundentlastung nicht viel erreicht. Schon jetzt findet fast ausnahmslos in allen denjenigen Fällen, in denen der Besitzer eines Grundstücks dasselbe seiner Familie erhalten will, eine Bevorzugung desjenigen Erben statt, der das Grundstück erhält und wird durch testamentarische Verfügungen gesichert. Eine solche Bevorzugung ist in den meisten Fällen schon aus dem Grunde nothwendig, um nicht überhaupt von vorn herein die wirthschaftliche Existenz des betreffenden Erben in Frage zu stellen. Denn stehen auf dem Grundstück des Erblassers auch nur Hypotheken bis zu $1/3$ des Werths eingetragen und sind nur im Ganzen drei Erben vorhanden, so würde bei gleicher Behandlung der Erben dasselbe doch schon bis zu $7/9$ des Werths mit Hypotheken belastet werden müssen, also bis zu einem Betrage, für den, wie wir dargethan haben, das Grundstück im Allgemeinen nicht mehr völlige Realsicherheit zu bieten vermag, und bei dem das Risiko des Käufers das gewöhnliche Durchschnittsmaß bereits übersteigt.

Noch ungünstiger stellen sich die Verhältnisse, wenn die Verschuldung des Grundstücks den angegebenen Betrag von $1/3$ übersteigt, oder wenn mehr als 3 Erben vorhanden sind. In diesen Fällen würde die Uebernahme des Grundstücks seitens eines Erbens, ohne daß derselbe den andern Erben gegenüber bevorzugt wird, geradezu ein gewagtes Geschäft sein, das voraussichtlich meistens mit dem wirthschaftlichen Ruin desselben endigen wird. Der Erblasser würde also gerade das Gegentheil erreichen von dem, was er gewünscht und bezweckt hat. Wer also seinen Grundbesitz dauernd und unverschuldet in der Familie erhalten will, muß sich zur Errichtung eines Fideikommisses entschließen.

Was die Belastung des Grundbesitzes mit Hypotheken zum Zweck der Erbauseinandersetzung des überlebenden Ehegatten mit seinen Kindern anlangt, so würde die Beseitigung derselben auf erhebliche Schwierigkeiten nicht stoßen. Schon jetzt sind testamentarische Bestimmungen, wonach der überlebende Ehegatte im ungestörten Besitz und Nießbrauch der gesammten Hinterlassenschaft bleiben soll, so häufig, daß es die allgemeine Rechtsauffassung des Volks nicht verletzen und wesentlichen Bedenken nicht unterliegen würde, wenn den miterbenden Kindern das Recht, hypothekarische Sicherstellung ihres Erbtheils zu verlangen, versagt würde. Aber hiermit wäre für die Frage der Grundentlastung nicht viel gewonnen. Die hypothekarische Belastung des Grundstücks würde nur aufgeschoben nicht überhaupt beseitigt werden; sie würde erst beim Tode beider Eltern aber dann mit den gesammten Erbgeldern eintreten, während jetzt ein Theil derselben bereits bei dem Tode des zuerst sterbenden Ehegatten zur Eintragung gelangt.

Diese Fälle, in denen die Belastung des Grundstücks mit Hypotheken aus Anlaß des Wechsels des Eigenthümers eintritt, sind der Zahl und Bedeutung nach bei weitem die wichtigsten. Zwar kommt es ja auch vor, daß die Aufnahme von Hypotheken zum Zweck der Beschaffung der nothwendigen Meliorationskapitalien oder falls die Erträgnisse wegen Mißerndten oder sonstiger Unglücksfälle zur Deckung der Zinsen und der Betriebskosten nicht ausreichen, zur Beschaffung dieser erfolgt, aber nach den stattgehabten Ermittelungen ist dieses bei weitem die Ausnahme. Auch die Fälle, in denen Hypotheken aufgenommen werden, um Kinder auszustatten oder abzufinden, fallen, obwohl sie verhältnismäßig häufiger sind, doch im ganzen nicht wesentlich in die Wagschale; außerdem charakterisiren sich diese Hypotheken thatsächlich als anticipirte Erbgelder. Um denselben Betrag, der zu diesem Zweck bei Lebzeiten des Grundstücksbesitzers eingetragen wird, vermindern sich die Hypotheken, die andernfalls bei seinem Tode als Erbgelder zur Eintragung gelangen würden.

Lassen sich nun auch die hypothekarischen Belastungen des Grundbesitzes mit Betriebs- und Meliorationskapitalien durch eine

Reform des landwirthschaftlichen Personalkredits beseitigen oder wenigstens auf ein Minimum reduciren; die Bestrebungen, den Grundbesitz von den eingetragenen Kaufgelderrückständen und Erbgeldern ebenfalls zu befreien, sind vergebens. Zwischen beiden besteht allerdings noch in so fern ein Unterschied, als die erstern natürlich eine Beschränkung erfahren, wenn der Verkauf von Grundstücken weniger zahlreich ist, und jede Erschwerung des Grundstückshandels würde somit eine Verminderung der eingetragenen Kaufgelderrückstände zur Folge haben, wogegen die Wiederholung der Erbfälle sich einer jeden Einwirkung entzieht. Auch handelt es sich beim Verkauf des Grundstücks nicht immer um eine vermehrte Belastung desselben, weil der Verpfändung über den eine völlige Realsicherheit bietenden Betrag hinaus das Interesse des Verkäufers entgegensteht. Mag auch der Grundbesitz noch häufiger wie bisher von Hand zu Hand gehen, was wir im Interesse der Bodenkultur auf das lebhafteste beklagen würden, eine größere Belastung als bis zu $^2/_3$ des Kaufwerthes wird ein Grundstück als Folge dieses Besitzwechsels nur ausnahmsweise erfahren. Die Belastung mit Erbgeldern kennt jedoch eine Grenze nicht; mit jedem Erbfall tritt eine neue Belastung den früheren Hypotheken hinzu, die um so größer ist, je zahlreicher die Erben sind.

Wir müssen deshalb unterscheiden zwischen der völligen Befreiung des Grundbesitzes von allen dinglichen Lasten und der dauernden Erhaltung desselben in diesem Zustand und der Verhinderung einer sich stetig steigernden Vermehrung der Hypotheken, durch die der Grundbesitz schließlich ganz in die Hände des Kapitals gelangen muß. Ersteres zu erreichen ist, wie wir dargethan haben, aus wirthschaftlichen Gründen und mit Rücksicht auf die im Volke lebenden, festgewurzelten Rechtsanschauungen unmöglich; letzteres Ziel dagegen ist erreichbar. Die Reform des Grundkreditwesens wird dieses Ziel daher um so mehr in erster Reihe ins Auge zu fassen haben, als die stetige Zunahme der Belastungen mit Erbgeldern die bei weitem ernsteste Gefahr, nicht blos für die vaterländische Landwirthschaft überhaupt, sondern für die gesammte Werthproduktion und die wirthschaftliche Entwickelung des Vaterlandes ist. Daneben wird allerdings auch die möglichste Verminderung der sonstigen hypothekarischen Belastungen anzustreben sein.

Um dieses zu erreichen, ist die Berechtigung und die Verpflichtung des Grundbesitzes zur allmählichen Amortisation der aufgenommenen Hypotheken nothwendig.

Wenn wir darauf hingewiesen haben, daß beim hypothekarischen Darlehn der lediglich vorübergehende Gebrauch der Darlehnssumme weder dem Interesse noch der Absicht des Darlehnsnehmers entspricht, so folgt hieraus keineswegs, daß derselbe von vorn herein auf die Rückzahlung des Darlehns verzichten will und muß. Kann der Grundbesitz das ganze Kapital auch nur durch die Aufnahme eines andern tilgen, so ist es ihm doch möglich, Theile desselben in den einzelnen Jahren zurückzuzahlen. Ein Jeder, der Kapital und Arbeitskraft in so erheblichem Umfange, wie es der Grundeigenthümer thut, produktiv verwerthet, hat einen wirthschaftlich berechtigten Anspruch darauf, daß er dadurch nicht blos seine Existenz fristet, sondern daß ihm auch eine Vermehrung seines Kapitalvermögens möglich ist.

Allerdings würde dieser Umstand es noch nicht bedingen, daß diejenigen Beträge, um welche das Kapital sich vermehrt, zur Schuldentilgung Verwendung zu finden haben; der Grundbesitz könnte dieselben vielmehr ebenso gut ansammeln und anderweit produktiv verwerthen. Aber die besondern Verhältnisse des landwirthschaftlichen Betriebes lassen die Schuldentilgung so sehr als im Interesse des Grundbesitzes liegend erscheinen, daß nicht blos das Recht der Amortisation, sondern sogar die Verpflichtung zu derselben verlangt werden muß.

Gewiß wird gegen eine derartige Verpflichtung von doktrinärer Seite der Einwand erhoben werden, daß es eine ungerechtfertigte Bevormundung sei, den Grundbesitz nöthigen zu wollen, gegen seinen Willen von der Zwangssparkasse der Amortisation Gebrauch zu machen, und daß man es füglich seiner Entschließung überlassen könne, ob und in welchem Umfange er die allmähliche Schuldentilgung als in seinem Interesse liegend erachtet. Wir verkennen allerdings nicht, daß in der zwangsweisen Amortisation eine Art Bevormundung steckt, sind jedoch der Ansicht, daß wenn eine solche Maßregel den allgemeinen Interessen des Landes entspricht, und dem Grundbesitz selbst zum Vortheil gereicht, derartige theoretische Bedenken zurückstehen müssen und die Ausführung derselben nicht von der zufällig vorhandenen Einsicht der Betheiligten abhängig gemacht werden darf.

Der Grund, weshalb es berechtigt und nothwendig erscheint, dem Grundbesitz die Verpflichtung zur Schuldentilgung aufzuerlegen, sobald ihm eine solche überhaupt möglich ist, liegt vorzugsweise darin, daß die Erträgnisse des Grund und Bodens den größten Schwankungen unterliegen und nicht einmal annähernd vorausgesehen werden können. Die der großen Mehrzahl der Menschen innewohnende Neigung, das was sie wünschen und was den eignen Interessen entspricht, auch von der Zukunft zu erhoffen, ist beim Grundbesitz noch stärker als bei andern Berufsklassen vertreten, weil ihm die kaufmännische Kalkulation, die die Chancen des Gewinnes und des Verlustes erwägt und abwägt, fehlt. Er verschließt sich meistens der Erkenntnis und der richtigen Würdigung seiner wirthschaftlichen Lage und der dieselbe bedrohenden Faktoren. Die hohen Erträgnisse guter Jahre mahnen ihn nicht daran, daß denselben schlechte Jahre folgen können und nach dem natürlichen Lauf der Dinge auch folgen müssen.

In Folge dessen ist die Neigung des Grundbesitzes, die Erträgnisse guter Jahre zur Deckung des Ausfalls schlechter Jahre zu verwenden und zu diesem Zweck die erstern anzusammeln und aufzusparen, eine verhältnismäßig geringe, obwohl gerade die großen Schwankungen dieser Erträgnisse einen derartigen Ausgleich nothwendiger machen als z. B. bei der Industrie, die denselben nicht in gleichem Maße ausgesetzt ist. Die Ueberschüsse guter Jahre finden vielmehr vorzugsweise zur Ausführung von Meliorationen des Grund und Bodens, Verbesserungen des Inventariums oder der Gebäude Verwendung. Man wird sagen, daß dieses die beste Verwendung ist, die der Grundbesitz für seine disponibeln Kapitalien hat, und daß durch dieselbe der Werth des Grundstücks erhöht und damit die Substanz seines Vermögens vermehrt wird. Diese Auffassung wäre richtig, wenn es sich stets um solche Meliorationen handelte, die eine entsprechende Steigerung der Erträgnisse erwarten lassen. Dieses ist jedoch nicht der Fall. Denn einerseits ist es aus den Gründen, die wir bereits oben dargelegt haben, überhaupt unmöglich, die Wirkung landwirthschaftlicher Meliorationen auf die Steigerung der Erträgnisse mit einiger Sicherheit voraus zu bestimmen, andererseits giebt es gerade im landwirthschaftlichen Betriebe viele Meliorationen, bei denen es sich von vorn herein gar nicht um eine zu den Aufwendungen in einem angemessenen Verhältnis stehende Erhöhung der Grundrente handelt.

Man wird gewiß soviel Vertrauen zu dem Sachverstand und der praktischen Erfahrung des Grundbesitzes im Allgemeinen haben, daß er diejenigen Meliorationen zuerst auszuführen bestrebt gewesen ist, welche im Verhältniß zu den aufgewendeten Mitteln die größte Steigerung der Erträgnisse erwarten lassen. Aus dem Umstand, daß der Grundbesitz im Großen und Ganzen schon jetzt eine angemessene Rente nicht mehr gewährt, würde also die Schlußfolgerung berechtigt sein, daß auch schon die bisherigen Meliorationen zum Theil eine angemessene Steigerung der Rente nicht zur Folge gehabt haben, also vom finanziellen Standpunkt aus nicht berechtigt gewesen sind. Allerdings wollen wir hierbei nicht unerwähnt lassen, daß die ungünstige Gestaltung der landwirthschaftlichen Produktions- und Absatzverhältnisse durch die Konkurrenz der ausländischen Produktion nicht hat vorausgesehen werden können, und daß man demgemäß dem Grundbesitz aus der Ausführung von Meliorationen, welche ohne diese Konkurrenz vortheilhaft und rentabel gewesen wären, einen wirthschaftlich berechtigten Vorwurf nicht wird machen können. Jetzt liegen aber die Erfahrungen über die Wirkungen der ausländischen Konkurrenz vor, und die Erkenntniß derselben muß den Grundbesitz nöthigen, bei der Beurtheilung, ob eine Melioration wirthschaftlich und finanziell berechtigt ist oder nicht, diesem Einfluß Rechnung zu tragen.

Sehen wir jedoch auch von den bisher ausgeführten Meliorationen und deren wirthschaftlicher Berechtigung vollständig ab, so wird darüber kein Zweifel bestehn können, daß gerade im landwirthschaftlichen Betriebe nach wie vor eine Menge von Verbesserungen ausgeführt werden können und ausgeführt werden, bei denen von vorn herein eine entsprechende Steigerung der Erträgnisse weder in Aussicht genommen ist, noch erwartet werden kann. Am meisten ist dieses bei den Verbesserungen der Gebäude der Fall, die einen erheblichen Theil des Werths der Grundstücke repräsentiren, insbesondere in den östlichen Provinzen, deren ungünstige klimatischen Verhältnisse eine größere Ausdehnung und widerstandsfähigere Bauart derselben bedingen. Viele Neubauten und Verbesserungen werden ausgeführt, die nicht durch die nothwendigen Bedürfnisse des landwirthschaftlichen Betriebes bedingt sind. Ebenso finden viele Verbesserungen des Grund und Bodens und des Betriebsinventariums nicht in einer entsprechenden Steigerung der Grundrente oder Verminderung der Betriebskosten ihre wirthschaftliche Rechtfertigung.

Wir sind weit davon entfernt, alle diese Meliorationen zu verwerfen, aber wir meinen, daß dieselben erst dann berechtigt sind und ausgeführt werden sollten, wenn der Grundbesitz seiner Pflicht, für die Sicherung seiner wirthschaftlichen Existenz zu sorgen, Genüge geleistet hat. Um ihn an diese Pflicht zu mahnen und die Erfüllung derselben zu sichern, ist es nothwendig, daß die Erträgnisse guter Jahre, soweit dieselben nicht durch die Zinsen der eingetragenen Kapitalien, die Betriebs- und Unterhaltungskosten in Anspruch genommen werden, zunächst zur Schuldentilgung Verwendung finden. Dieses kann nur durch die Verpflichtung zur Amortisation der eingetragenen Hypotheken geschehen. Kann der Grundbesitz dieselben im Ganzen nur ausnahmsweise anders als durch die Aufnahme neuer Schulden zurückzahlen und ist diese Rückzahlung und damit seine Befreiung aus den Händen des Kapitals für ihn eine Lebensfrage, so müssen andere weniger dringende Forderungen zurücktreten. Von diesem Gesichtspunkt aus würde auch selbst die Verwendung etwaiger Ueberschüsse zu wirthschaftlich berechtigten Meliorationen, die eine angemessene Steigerung der Erträgnisse erwarten lassen, nur befürwortet und als dem wahren Interesse des Grundbesitzes angesehen werden können, nachdem aus denselben ein angemessener Betrag zur Schuldentilgung verwandt worden ist*).

*) Daß eine derartige Verpflichtung zur Amortisation auch auf die persönlichen Ausgaben des Grundbesitzes insbesondere zum Zweck der Befriedigung seiner Genüsse einschränkend wirken würde, ist zweifellos. Ist es auch durchaus unberechtigt, wie es vielfach geschieht, die Kreditnoth des Grundbesitzes wenn auch nur zum Theil auf die persönlichen Ausgaben desselben zurückführen zu wollen, so kann doch nicht geleugnet werden, daß der Grundbesitz in einzelnen guten Jahren sich für die Entbehrungen, die ihm im Allgemeinen sein Beruf und der ungenügende Ertrag seiner Arbeit auferlegt, zu entschädigen geneigt ist. In diesen Jahren würde eine hohe Amortisation gewiß eine angemessene Einschränkung der persönlichen Ausgaben zur Folge haben und so-

Soll die Amortisationspflicht für den Grundbesitz eine Wohlthat und nicht eine drückende Last werden, so darf der Betrag der Amortisation nicht für alle Jahre gleich normirt werden. Die großen Schwankungen der Erträgnisse der Grundstücke nöthigen vielmehr dazu, auch die Amortisationsraten von der Höhe derselben abhängig zu machen und von der Amortisation überhaupt Abstand zu nehmen, wenn in einzelnen Jahren Ueberschüsse über die auf dem Grundbesitz ruhenden nothwendigen Lasten mit Einschluß der Betriebs- und Unterhaltungskosten nicht vorhanden sind.

Ist der Zweck der Amortisation, die stetige Zunahme der hypothekarischen Belastung zu verhindern, so folgt hieraus, daß dieselbe in denjenigen Zeiträumen vollendet sein muß, in denen nach dem natürlichen Lauf der Dinge ein Wechsel des Eigenthümers eintritt d. h. in denen die Erfälle sich durchschnittlich zu wiederholen pflegen.

Für die Bestimmung dieses Zeitraums geben die Mittheilungen von Rodbertus über die in den Jahren 1835—1864 bei den Ritter-

mit Ausschreitungen nach dieser Richtung hin verhindern oder wenigstens vermindern.

Im Allgemeinen ist der Vorwurf, daß die persönlichen Ausgaben des Grundbesitzes in keinem angemessenen Verhältnis zu seiner Arbeitsleistung und zu seinem Kapitalbesitz ständen, völlig unhaltbar. Gewiß kommt es vor, daß einzelne Grundbesitzer sich durch leichtsinnige Ausgaben ruiniren. Aber wie es noch Niemandem eingefallen ist, die ungünstigen Tage des Beamtenstandes Anfangs der siebziger Jahre dadurch erklären zu wollen, daß einzelne Beamten über ihre Verhältnisse hinaus lebten und sich auf diese Weise zu Grunde richteten, so sollte man sich auch hüten, einzelne beim Grundbesitz vorkommende Fälle zu generalisiren und dem ganzen Stande Vorwürfe zu machen, die jeder, der die Lebensweise der großen Mehrzahl der Grundbesitzer kennt, als völlig unberechtigt erkennen muß. Letztere brauchen wahrlich den Vergleich bezüglich ihrer persönlichen Ausgaben mit den Städtern nicht zu scheuen. Wer füllt die Theater, die Konzerte und die Vergnügungslokale der Großstädte, wer die zahllosen Restaurants? Wo fällt es dem Grundbesitz ein, jährlich eine Bade- oder richtiger eine Vergnügungsreise zu machen, die in den Großstädten auch selbst Familien mit mittlerem Auskommen nicht mehr entbehren können?

Wenn der Besitzer einige Male jährlich in die Kreis- oder Provinzialstadt kommt und dann vielleicht mehr ausgiebt als ein Städter mit gleichem Einkommen, so sollte man nicht ignoriren, daß es sich um wenige Tage im Jahr handelt, er aber die übrige Zeit auf alle Genüsse der Großstadt verzichten muß. Aus der Höhe dieser Ausgaben einen Schluß auf die Lebensweise des Grundbesitzes im Allgemeinen ziehen zu wollen, ist völlig verkehrt.

gütern eingetretenen Besitzveränderungen einen geeigneten Anhalt*). Wenn nach diesen im Regierungsbezirk Arnsberg, wo die Erblichkeit des Grundbesitzes die Regel gebildet, die 53 Rittergüter fast genau je einmal durchschnittlich in dem angegebenen Zeitraum und davon die bei weitem meisten nämlich 44 in Folge von Vererbung und nur 11 in Folge freiwilliger Veräußerung ihren Eigenthümer gewechselt haben, so folgt hieraus, daß auch die Erbfälle sich im Großen und Ganzen in 30 Jahren wiederholt haben müssen.

Hiermit stimmen auch die über die Sterblichkeit und die wahrscheinliche Lebensdauer der Menschen angestellten Beobachtungen im wesentlichen überein. Nach der Süßmilch-Baumannschen Mortabilitäts-Tabelle beträgt die wahrscheinliche Lebensdauer der Personen im Alter von 27—32 Jahren durchschnittlich etwa 30 Jahre**). Nimmt man nun an, daß dieses meistens das Alter ist, in dem der Sohn in den Besitz des vom Vater ererbten Grundstücks gelangt, so würde sich nach etwa 30 Jahren der Erbfall auch bei dieser Berechnung wiederholen.

Soll also das Grundstück bei jedem neuen Erbfall von den aus Anlaß des früheren aufgenommenen Hypotheken befreit und damit die Gefahr einer sich stetig vermehrenden Belastung des Grundbesitzes dauernd beseitigt werden, so müssen die Amortisationsraten so bemessen werden, daß die Hypotheken nach Verlauf von 30 Jahren getilgt sind. Da die Amortisation auch für die Grundstücke Platz greifen würde, welche demnächst nicht in den Besitz eines Erben sondern eines andern Käufers gelangen, so würde eine derartige Maßregel zur allgemeinen Entlastung des Grundbesitzes von seinen dinglichen Verpflichtungen beitragen, wenngleich sie aus

---

*) Vergl. dessen Schrift „Zur Erklärung und Abhülfe der heutigen Kreditnoth des Grundbesitzes“ Berlin 1868. S. 17 und die derselben beigefügte tabellarische Uebersicht.

**) Die wahrscheinliche Lebensdauer beträgt bei einem Alter von

27	Jahren	30,5	Jahre
28	„	29,8	„
29	„	29,2	„
30	„	28,6	„
31	„	28	„
32	„	27,3	„

den angegebenen Gründen die dauernde Befreiung von denselben nicht zu sichern vermag.

Wird aber auf diese Weise dem Grundbesitz die allmähliche Tilgung seiner Hypotheken ermöglicht, so darf nicht bezweifelt werden, daß dadurch die Erhaltung desselben in der Familie erleichtert und begünstigt wird. Die Fälle, in denen der Besitzer eines Grundstücks dasselbe gern auf einen seiner Erben übertragen möchte, jedoch davon Abstand nehmen muß, weil es zu sehr belastet ist, oder durch die Eintragung weiterer Erbgelder zu sehr belastet werden würde, als daß es demselben noch eine irgend sichere Existenz zu bieten vermag, sind keineswegs selten. Dagegen kann ein hypothekenfreies Grundstück von einem der Erben ohne wesentliche Benachtheiligung der Miterben und ohne besonderes eignes Risiko übernommen werden, wenn im Ganzen nicht mehr als drei Erben vorhanden sind. Daß die Regelung der Grundkreditverhältnisse in der dargelegten Weise insbesondere der unbedingte Schutz des Besitzers vor einer Kündigung der Hypotheken ebenfalls dazu beitragen würde, einem Miterben die Uebernahme des Grundstücks zu erleichtern, liegt auf der Hand.

Wenn übrigens Rodbertus und nach ihm auch Schmoller die eingetragenen Restkaufgelder und Erbportionen für unproduktive Schulden erklären, weil sie nicht in produktiven Zwecken wie Meliorationen, Bauten 2c. ihre Ursachen haben, und aus diesem Grunde die Vermehrung derselben für besonders gefahrvoll für den Grundbesitz halten, so ist dieses in der Allgemeinheit keineswegs richtig. Man muß vielmehr unterscheiden, ob zugleich eine Werthsteigerung des Grundstücks und aus welchen Ursachen stattgefunden hat oder nicht und nur in so weit, als die spätern Hypotheken in keiner oder nur in einer rein zufälligen Werthsteigerung ihre Ursache haben, sind dieselben als unproduktive Schulden anzusehen.

Wenn der Besitzer eines Grundstücks stirbt und dasselbe auf den Erben übergeht, ohne daß eine Steigerung des Werths des Grundstücks stattgefunden hat, so haben die in Folge der Erbtheilung noch neu hinzutretenden Hypotheken allerdings einen durchaus unproduktiven Charakter.

Dagegen liegt in den Fällen, in denen der Eigenthümer einen Theil der beim Erwerb des Grundstücks vorhanden gewesenen

Hypotheken während seiner Besitzzeit sei es aus den Erträgnissen desselben, sei es aus den ihm anderweit zugeflossenen Kapitalien getilgt hat, und bei einer Wiederveräußerung des Grundstücks die getilgten Hypotheken als Kaufgelderrest von Neuem zur Eintragung gelangen, eine eigentliche Vermehrung der unproduktiven Schulden nicht vor, weil ursprünglich Hypotheken in gleicher Höhe auf dem betreffenden Grundstück gelastet und nur in Folge des Erwerbs derselben durch den Eigenthümer selbst gewissermaßen während seiner Besitzzeit geruht haben. Unproduktiv sind also diese Schulden nur dann, wenn die ursprünglich eingetragenen es gewesen sind.

Wird dagegen eine ursprünglich zur Meliorirung des Grund und Bodens oder zur Ausführung produktiver Anlagen aufgenommene Hypothek von dem Eigenthümer während seiner Besitzzeit zurückgezahlt und bei dem Verkauf des Grundstücks in gleicher Höhe als Kaufgelderrest wieder eingetragen, so verliert dieselbe dadurch keineswegs die Eigenschaft einer produktiven Schuld, sofern die durch die ursprüngliche Schuld erzeugten Werthe noch gegenwärtig im Grundstück vorhanden sind.

Noch schärfer tritt der produktive Charakter eingetragener Kaufgelderrückstände hervor, wenn die Mehrbelastung lediglich in einer durch ausgeführte Verbesserungen bewirkten Preissteigerung des Grundstücks ihre Ursache hat. Der Eigenthümer eines Grundstücks muß natürlich beim Verkauf desselben für die zu Meliorationen des Grund und Bodens, zur Verbesserung und Erweiterung des Inventariums, zum Bau von Wirthschaftsgebäuden und produktiven Anlagen während seiner Besitzzeit gemachten Aufwendungen vom Käufer entschädigt werden, und wenn diese Entschädigung als Hypothek auf dem neu erworbenen Grundstück eingetragen wird, so ist dieses zweifellos eine produktive Schuld, weil sie produktiven Zwecken ihre Entstehung verdankt. Ohne die Aufwendungen des Vorbesitzers hätte das Grundstück nur einen geringeren Werth gehabt; dieselben sind also auch die direkte und alleinige Ursache dieser Mehrbelastung des Grundstücks mit Hypotheken. Daß der Eigenthümer die Ausgaben aus eignen Mitteln bestritten, und die Eintragung derselben bis zum Besitzwechsel hinausgeschoben hat, ist hierbei gleichgiltig; der Grund der Forderung und somit der Hypothek wird hierdurch in keiner Weise alterirt.

Welcher Theil des Kaufpreises auf die vom Vorbesitzer ausgeführten Meliorationen und die dadurch herbeigeführte Werthsteigerung entfällt, mag im Einzelnen überaus schwierig zu ermitteln sein. Darüber kann jedoch kein Zweifel obwalten, daß die Werthsteigerung, welche der Grundbesitz insbesondere in den östlichen Provinzen in den letzten Decennien erfahren hat, wenn auch nicht ausschließlich so doch zum großen Theil in den Verbesserungen der Bodenkultur, des Inventars und der Gebäude seine Ursache findet. Denn da die Preise der landwirthschaftlichen Produkte in Folge der Konkurrenz des Auslandes eine Erhöhung nicht erfahren haben, und die Betriebskosten des Grundbesitzes gestiegen sind, so muß die Werthsteigerung vorzugsweise in der Steigerung der Erträgnisse desselben und in ihrer besseren Verwerthung liegen. Vergleicht man die Bruttoerträge des Grund und Bodens, das Inventar, die Baulichkeiten und vor Allem die Kommunikationsmittel jetzt und vor 30 bis 40 Jahren, so erkennt man auf den ersten Blick, welche ungeheuren Kapitalien nothwendig gewesen sind, um diese Umänderungen herbeizuführen.

Dem Grundbesitz fallen die Reichthümer nicht mühelos in den Schoß. Die Rikardosche Lehre, daß in Folge der stetig zunehmenden Bevölkerung immer mehr Boden geringerer Qualität in Bearbeitung genommen werden muß, und daß, sobald dieses nothwendig geworden, der Boden der nächst besseren Qualität eine Rente abwirft, die nicht durch das auf die Bearbeitung desselben verwandte Arbeitsquantum bedingt ist, daß ferner eine jede weitere Vermehrung der Bevölkerung stets auch eine Steigerung der Grundrente für allen Boden, den der geringsten Qualität allein ausgenommen, bewirken muß, ist eitel Theorie. Die Rente, die der Grundbesitz heute abwirft, ist im Großen und Ganzen das Produkt seiner und seiner Vorfahren Arbeit sowie der aufgewendeten Kapitalien.

Folgt also schon hieraus, in welch erheblichem Umfange die eingetragenen Kaufgelderrückstände sich als produktive Schulden charakterisiren, weil der Verkäufer entsprechende Kapitalien zu produktiven Zwecken verwandt hat, so können auch diejenigen Beträge, welche von einem der früheren Besitzer zur Meliorirung des Grund und Bodens, Verbesserung und Vervollständigung des Inventars oder zu andern produktiven Anlagen ausgegeben worden sind, als unproduktive Schulden nicht angesehen werden, wenn und soweit die dadurch herbeigeführten Verbesserungen des Grundstücks noch thatsächlich vorhanden sind. Denn jeder Käufer eines Grundstücks hat seinem Vorsitzer die von demselben vorgenommenen Verbesserungen im Kaufpreise erstatten müssen und wenn er den eingetragenen Kaufgelderrest inzwischen abgezahlt hat, so muß er doch die Wiedererstattung der für die Verbesserungen an den Vorbesitzer bezahlten Beträge von dem neuen Käufer beanspruchen. Werden diese sodann zum Theil als Kaufgelderrückstand eingetragen, so verlieren sie ihren Charakter als produktive Schulden nicht, weil die Ursache ihrer Entstehung eine produktive Verwendung zu Gunsten des betreffenden Grundstücks gewesen ist.

Also nur in soweit, als die eingetragenen Kaufgelderrückstände die von einem der Vorbesitzer zur Verbesserung des Grundstücks aufgewandten Beträge übersteigen oder diese Verbesserungen gegenwärtig nicht mehr vorhanden sind, charakterisiren sich diese Rückstände als unproduktive Schulden. Dieser Betrag ist aber ein sehr geringer im Verhältnis zum Preis des ganzen Grundstücks. Ja wir glauben, daß der Werth der Gebäude, des lebenden und todten Inventariums, der Be- und Entwässerungsanlagen, sowie der sonstigen Meliorationen des Grund und Bodens mit Einschluß der auf die Anlage von Schonungen rc. und den Bau von Chausseen und Eisenbahnen von den einzelnen Vorbesitzern aufgewandten Beträge, von denen die letztern sich ebenfalls als eine wesentliche Verbesserung des betreffenden Grundstücks charakterisiren und eine nicht unerhebliche Preissteigerung bedingen, weil dadurch die landwirthschaftlichen Betriebskosten vermindert werden, in den überwiegend meisten Fällen, wenigstens in den östlichen Provinzen, wo allerdings die klimatischen Verhältnisse ein reichlicheres Inventarium sowie massivere und ausgedehntere Baulichkeiten nothwendig machen, nicht wesentlich hinter demjenigen Betrage des Kaufpreises zurückbleiben wird, welcher nicht baar ausgezahlt wird, sondern zur Eintragung gelangt. Keinesfalls haben die unproduktiven Schulden die Bedeutung, die ihnen von den Meisten beigelegt wird*).

*) Die vom Grundbesitz auf die Herstellung und Verbesserung der Kommunikationsmittel verwandten Beträge werden fast stets bei der Beurtheilung,

Hiermit ist jedoch für die Grundkreditfrage wenig gewonnen. Denn ob es sich um produktive oder unproduktive Schulden handelt, das Bedürfnis, den Grundbesitz von beiden zu befreien, ist schließlich das gleiche. Wir haben aber auf die Klarstellung dieses Punktes nicht verzichten wollen, weil sich mit dem Begriff der unproduktiven Schulden leicht die Vorstellung verbindet, als wenn es sich bei denselben um irrationelle Ausgaben des Grundbesitzes handelt und ein gewisses Verschulden desselben vorliegt. Dieses ist jedoch keineswegs der Fall.

Die Annahme von Rodbertus, daß der Grundbesitz zu seiner Immobiliarverschuldung nicht aus wirthschaftlichen Gründen, im Interesse der Kultur, sondern aus privatrechtlichen, im Interesse eines civilen Princips gezwungen sei, ist also im Allgemeinen nicht zutreffend. Hätte ein jeder Besitzer die auf die Verbesserung der Substanz verwandten Ausgaben auf dem Grundstück direkt als Hypothek eintragen lassen, so wäre der Grundbesitz vielleicht kaum weniger belastet als gegenwärtig. Diese Hypotheken würden dann nicht als Kaufgelderrückstände erscheinen, sondern, als Meliorationskapitalien eingetragen und vom Käufer in Anrechnung auf das Kaufgeld übernommen, würden sie den eigentlichen Grund ihrer Entstehung auch äußerlich erkennen lassen; sie würden Meliorationskapitalien sein und bleiben. Nur soweit die eingetragenen Kaufgelderrückstände diesen Betrag überschreiten, sind sie unproduktive Schulden. Das Gleiche ist bezüglich der aus Anlaß von Erbtheilungen eingetragenen Kapitalien der Fall.

welche Ausgaben als produktive anzusehen seien, übersehen, weil die durch dieselben geschaffenen Werthe nicht mit dem Grundstück selbst untrennbar verbunden sind. Dieses ist jedoch keineswegs eine nothwendige Voraussetzung der produktiven Ausgaben. Sind vielmehr alle Ausgaben als produktive zu erachten, durch die entweder die Erträgnisse des Grund und Bodens gesteigert oder die Betriebsausgaben vermindert werden, so werden die auf die Verbesserung der Kommunikationsmittel verwandten Beträge in erster Reihe zu diesen zu rechnen sein, weil dadurch die Kosten des Transports der landwirthschaftlichen Erzeugnisse, die einen wesentlichen Faktor der Betriebskosten bilden, ganz erheblich verringert werden. Wie groß die Beträge sind, welche der Grundbesitz im Laufe der Jahre für Eisenbahnen und Chausseen auszugeben genöthigt gewesen, ist einem Jeden bekannt.

II. Die gegenwärtige Art der Kreditbefriedigung und ihre Mängel.

Haben wir oben die Forderungen dargelegt, welche der Grundbesitz an die anzustrebende Reform des Grundkreditwesens zu stellen berechtigt ist, so genügt es, einen Blick auf die gegenwärtigen Grundkreditverhältnisse zu werfen, um erkennen zu können, daß und in welchen Punkten dieselben den Bedürfnissen des Grundbesitzes nicht genügen.

Die Art und Weise, auf welche gegenwärtig der Grundbesitz sein Kreditbedürfnis befriedigt, ist eine verschiedene. Entweder erhält er das benöthigte Kapital direkt vom Darlehnsgeber oder er tritt zu letzterm nicht in ein persönliches Schuldverhältnis, sondern das eigentliche Geschäft wird durch einen Dritten vermittelt, der seinerseits eine selbstständige Schuld kontrahirt und Gläubiger des Grundbesitzers wird. Diese Vermittelung ist eine doppelte. Entweder wird dieselbe von Aktiengesellschaften gewerbsmäßig betrieben oder dieselbe wird durch eine von den betreffenden Grundbesitzern gebildete Genossenschaft (Landschaft) übernommen.

Empfindet es der Privatgläubiger schon als einen Nachtheil der hypothekarischen Anlage, daß ihm die jederzeitige Disposition über das Kapital entzogen und er hinsichtlich der Rückforderung an bestimmte Fristen gebunden ist, so wird er noch weniger geneigt sein, für längere Zeit auf sein Kündigungsrecht zu verzichten. Denn in diesem Fall treten zu dem erwähnten Nachtheil noch andere hinzu, die viel schwerer in die Wagschale fallen, nämlich einerseits die Unmöglichkeit, von den Veränderungen des Zinssatzes während dieser Zeit Vortheil zu ziehen und sodann die wesentliche Steigerung des Risikos.

Ob der Zinsfuß auch nur für mehrere Jahre ein konstanter bleiben wird, entzieht sich absolut der Vorherbestimmung. Krieg und Handelskrisen können ganz plötzlich die Nachfrage nach Geld und somit den für dasselbe zu zahlenden Zinssatz ganz beträchtlich in die Höhe treiben. Von einer solchen Steigerung des Zinssatzes kann das Kapital, dessen Kündigungsbefugnis eingeschränkt ist, keinen Vortheil ziehn.

Noch wichtiger ist die durch die Ausschließung der Kündigung bewirkte Steigerung des Risikos. Das Privatkapital ist fast ausschließlich auf zweite oder dritte Hypotheken angewiesen, die häufig eine völlige Realsicherheit nicht mehr besitzen. Bei diesen Hypotheken spielt demgemäß das Vertrauen zu der Persönlichkeit des Eigenthümers des verpfändeten Grundstücks eine mehr oder minder bedeutende Rolle. Je mehr die durch das Grundstück selbst gebotene Sicherheit abnimmt, desto mehr verliert der Kredit die Natur des Realkredits und nimmt die des Personalkredits an. Rechtfertigen nun aber auch die persönlichen Eigenschaften des Grundstücksbesitzers das Vertrauen des Gläubigers zur Zeit der Hingabe des Darlehns, so besteht doch keine Garantie dafür, daß dies in gleicher Weise bis zum Ablauf der Jahre der Fall sein wird, während welcher die Kündigungsbefugnis ausgeschlossen ist. Wir denken hierbei noch nicht einmal an Unredlichkeiten des Eigenthümers; aber wie oft kommt es nicht vor, daß verfehlte Spekulationen oder Unglücksfälle, die die Existenz bedrohen, selbst den ehrlichsten Mann zu Handlungen treiben, die, ohne kriminell strafbar zu sein, trotzdessen die Sicherheit der eingetragenen Forderungen in Frage stellen, wie z. B. die qualitative und quantitative Verschlechterung des Inventars, die Ausholzung der Waldungen, die übermäßige Aussaugung des Grund und Bodens. Ebenso kann die persönliche Leistungsfähigkeit des Besitzers, von der häufig die Rentabilität des Grundstücks abhängt, durch Krankheiten beeinträchtigt werden. Allen diesen Gefahren ist der Gläubiger naturgemäß in um so höherem Maße ausgesetzt, je länger die Kündigungsfrist ausgeschlossen ist.

Dazu kommt, daß die bestehende Hypothekengesetzgebung vielfach eingetragene Forderungen in Gefahr bringt, wenn der Gläubiger nicht genügende Mittel besitzt, um alle voreingetragenen Hypotheken baar auszahlen zu können. Durch die Einleitung des Subhastationsverfahrens werden nämlich sämmtliche Hypotheken fällig, und kann demgemäß nur derjenige ein Grundstück in der Subhastation erstehen, welcher sich in der Lage befindet, sämmtliche Hypotheken auf Verlangen der Gläubiger zu bezahlen. In denjenigen Fällen, in denen der Erwerb des Grundstücks das einzige Mittel ist, die Forderung zu retten, hat also die erwähnte Gesetzesbestimmung den Verlust derselben zur Folge*).

Mit Rücksicht auf alle diese Gefahren, die dem Privatkapital

*) Der dem Landtage vorgelegte Gesetzentwurf betr. die Zwangsvollstreckung in das unbewegliche Vermögen enthält abändernde Bestimmungen.

drohen, pflegt dasselbe nur ausnahmsweise auf die Kündigung und dann auch nur auf eine verhältnismäßige kurze Reihe von Jahren zu verzichten. Nur bei rückständigen Restkaufgeldern und den auf Grund testamentarischer Verfügungen eingetragenen Erbportionen findet eine Ausschließung der Kündbarkeit häufiger Statt. Im erstern Falle verzichtet der Verkäufer auf die Kündigung für selten mehr als 5—10 Jahre, weil der Käufer meistens das Zustandekommen des Kaufgeschäfts von der Bewilligung einer solchen Kündigungsfrist abhängig macht; die Ausschließung der Kündbarkeit entspricht also direkt dem Interesse des Darlehnsgebers. Im andern Falle findet dieselbe in der verständigen Fürsorge des Erblassers für das Wohl des das Grundstück übernehmenden Erben ihren Grund.

Von diesen Fällen abgesehn pflegt das Privatkapital nur ausnahmsweise auf das Recht der Kündigung und wenn überhaupt, so doch jedenfalls nur auf eine beschränkte Reihe von Jahren zu verzichten. Daß es hierfür vom Grundbesitz eine angemessene Entschädigung verlangt, die entweder in der Zusicherung höherer Zinsen, als die Lage des Geldmarkts es rechtfertigt, oder in der Bewilligung von Provisionen zu bestehen pflegt, ist selbstverständlich und wirthschaftlich durchaus berechtigt. Niemand verzichtet ohne Entschädigung auf ein ihm zustehendes Recht, zumal wenn dasselbe von so erheblichem Werthe ist, wie das der Kündigung.

So lange also der Grundbesitz hinsichtlich der Befriedigung seines Kreditbedürfnisses auf das Privatkapital angewiesen ist, kann er zwar in vereinzelten Fällen den Verzicht auf Kündigung während weniger Jahre durch Zahlung eines entsprechenden Kaufpreises sich von demselben erkaufen, die dauernde Unkündbarkeit seiner Hypotheken jedoch nie erreichen.

Ebensowenig kann das Privatkapital jemals die Forderung des Grundbesitzes erfüllen, daß ihm die Rückzahlung der Hypothek in kleineren Beträgen, deren Höhe von den Schwankungen der Erträgnisse des Grund und Bodens abhängig zu machen, ermöglicht werden solle. Der Gläubiger legt nicht aus Liebhaberei oder gar aus Interesse für den Grundbesitz sein Kapital in Hypotheken an, sondern lediglich weil diese Anlage ihm besondere Vortheile bietet. Nichts würde aber für den Gläubiger so nachtheilig sein, als wenn er sein Kapital in kleinen Beträgen von jährlich kaum einigen Procenten desselben zurückerstattet erhielte. Sieht man selbst davon ab, daß diese Rückzahlung in kleinen Beträgen zusammen mit den Zinsen für den Gläubiger die große Gefahr mit sich bringt, daß der zurückerhaltene Betrag des Kapitals nicht wieder von neuem als solches angelegt sondern zu laufenden Ausgaben verwandt und somit allmählich das Kapital selbst oder wenigstens ein großer Theil desselben aufgezehrt wird, so hat dieselbe in jedem Falle für den Gläubiger die erheblichsten Unzuträglichkeiten und zahllose Weiterungen im Gefolge. Jährlich zweimal würde an ihn die Frage herantreten, auf welche Weise er die erhaltenen Kapitalsbeträge wiederum anlegen soll. Mit Rücksicht auf die verhältnismäßig geringe Höhe derselben würde die Anlage in Hypotheken in den seltensten Fällen angängig sein. Da die Beträge, in denen die Schuldverschreibungen des Staats und der Gemeinden sowie die sonstigen Inhaberpapiere ausgegeben werden, sich nie genau mit dem zurückerhaltenen Theil des Kapitals decken werden, so müßte der Gläubiger entweder das Fehlende aus seinen sonstigen Einnahmen zuschießen oder falls ihm dieses nicht möglich sein sollte, auf die zinsbare Anlegung der überschießenden Beträge wenigstens bis zur nächsten Ratenzahlung verzichten, bei der sich dann das Gleiche wiederholen würde.

Dazu kommt, daß bei derartigen Ratenzahlungen der Schuldner völlig schutzlos gegen eine widerrechtliche Verfügung des Gläubigers über das ganze Kapital mit Einschluß der bereits getilgten Beträge sein würde. Daß über jeden zur Rückzahlung gelangten Betrag eine löschungsfähige Quittung ausgestellt und derselbe im Hypothekenbuch gelöscht werden sollte, ist natürlich unmöglich. Dieses würde nicht blos erhebliche dem Schuldner zur Last fallende Kosten verursachen, sondern das Hypothekendokument würde dann fast dauernd unterwegs zwischen Grundbuchamt und Gläubiger sein; auch würde dasselbe nach wenigen Jahren bereits durch die vielen Löschungsvermerke jede Uebersichtlichkeit einbüßen.

Andererseits kann aber auch der Schuldner unmöglich 30 Jahre hindurch das über die ganze ursprüngliche Schuld lautende Dokument ohne ernste Gefahr im Besitz des Gläubigers lassen. Selbst von einer betrügerischen Verfügung über dasselbe seitens des Gläubigers abgesehen, würden z. B. bei Erbfällen zahllose Streitigkeiten zwischen

Gläubiger und Schuldner unvermeidlich sein, auf deren glücklichen Ausgang letzterer um so weniger stets mit Sicherheit würde rechnen können, als er den Beweis der geleisteten Zahlung zu führen hätte.

Schon diese kurzen Bemerkungen werden genügen, um jeden Zweifel darüber zu beseitigen, daß Privatkapital und Rückzahlung der Schuld in kleinen Beträgen zwei völlig unvereinbare Gegensätze sind, daß also der Grundbesitz nothwendiger Weise entweder auf das eine oder andere verzichten muß.

Endlich darf der Grundbesitz von dem Privatkapital die Erlangung eines angemessenen Zinsfußes nie erhoffen. Ist es ein von der Versicherungstechnik allgemein anerkannter Grundsatz, daß das zu tragende Risiko sich verringert, je größer die Anzahl der Versicherten ist, so folgt hieraus, daß der einzelne Privatgläubiger ein erheblich größeres Risiko übernimmt, als sämmtliche Hypotheken, oder wenigstens die große Mehrzahl derselben zusammen zu tragen haben würden. Da das Privatkapital nun aber gegenwärtig, wenigstens in denjenigen Provinzen, in denen Landschaften bestehen, fast ausschließlich auf die zweite und dritte Stelle gedrängt ist, mithin die betreffenden Hypotheken völlige Sicherheit nicht mehr in jedem Falle genießen, so muß der Grundbesitz an die einzelnen Hypothekengläubiger eine höhere Prämie für das von denselben zu tragende Risiko zahlen, als wenn die Hypotheken in einer Hand vereinigt wären.

Dazu kommt, daß sich für den einzelnen Gläubiger nicht blos durch die erwähnte Bestimmung unserer Hypothekengesetzgebung, wonach sämmtliche Hypotheken durch die Subhastation fällig werden, sondern auch dadurch das Risiko erhöht, daß für ihn eine Controle des Geschäftsbetriebes des Schuldners ungleich schwieriger ist, als wenn dieselbe von Organen berufsmäßig ausgeübt wird, die zur Vertretung der Interessen der gesammten Gläubigerschaft eines größern Bezirks bestellt worden sind.

Während das Interesse des Grundbesitzes es erheischt, daß die Folgen einer allgemeinen Erhöhung des Zinsfußes von ihm fern gehalten, die Vortheile einer Ermäßigung derselben dagegen ihm zugewandt werden, kommt der Grundbesitz dem Privatkapital gegenüber fast in die umgekehrte Lage. Eine jede Erhöhung des Zinsfußes kann vom Privatkapital, da die Kündigungsbefugnis nicht ausgeschlossen ist, sofort ausgenutzt werden. Das drohende Gespenst der Kündigung und zwar in einer Zeit, in der der allgemeine Mangel an flüssigen Kapitalien den Zinsfuß in die Höhe getrieben, nöthigt den Grundbesitz zur Bewilligung aller nur irgend erfüllbaren Forderungen.

Die freihändlerische Auffassung, daß die Konkurrenz, welche das Kapital selbst sich bereitet, auch in diesem Falle ein Steigen des Zinsfußes nur in so weit gestatten wird, als die allgemeine Lage des Geldmarkts es bedingt, ist durchaus ein Irrthum. Welche wirthschaftliche Veranlassung lag denn für das Kapital in der Aufhebung der gesetzlichen Zinsbeschränkungen, auf ein Mal den Zinsfuß in den kapitalärmern östlichen Provinzen und zwar vielfach um mehrere Procente in die Höhe zu schnellen. Man kann sagen, der Zinsfuß war durch die gesetzlichen Beschränkungen künstlich unter dem Niveau der Angemessenheit gehalten, dem widerspricht jedoch die Thatsache, daß das Steigen desselben keineswegs ein allgemeines und gleichmäßiges war, sondern sich vorzugsweise auf die kapitalärmern Provinzen beschränkte. Ja beweist nicht der Umstand, daß in einem Lande, dessen gesammte wirthschaftliche Gesetzgebung sich auf alle Theile desselben gleichmäßig erstreckt, so erhebliche Differenzen des Zinsfußes vorkommen können, wie solche insbesondere in früheren Zeiten zwischen den östlichen und den westlichen Provinzen bestanden haben und zum Theil noch bestehn, die Haltlosigkeit der ganzen Theorie von der ausgleichenden Kraft der freien Konkurrenz. Weshalb findet denn ein Hinströmen des Geldes nach den östlichen Provinzen, wo dasselbe höher im Werth steht, nicht Statt, bis eine Ausgleichung des Zinsfußes im Osten und Westen eingetreten ist? Das Geld kehrt sich eben einfach nicht an Schuldoktrinen, sondern geht seine eigne Wege.

Wird aber das Privatkapital durch die eigne Konkurrenz nicht einmal an einer Ausbeutung des Grundbesitzes einzelner Theile des Landes gehindert, so vermag dieselbe bei einer allgemeinen Erhöhung des Zinsfußes überhaupt keinen Schutz zu gewähren. In solchen Zeiten steht der Grundbesitz völlig wehrlos dem Kapital gegenüber. Dann ist es für ihn häufig das vortheilhafteste, die Forderungen des Kapitals so schnell wie möglich zu bewilligen, weil durch jede Kündigung die Zahl der Kreditsuchenden wächst, und damit das Kapital zu immer höhern Forderungen ermuthigt wird.

Während also der Grundbesitz dem Privatkapital gegenüber vor einer Erhöhung des Zinssatzes für die eingetragenen Hypotheken nicht geschützt ist, kommen ihm die Vortheile einer allgemeinen Ermäßigung desselben nicht in gleicher Weise zu Gute. Allerdings steht ihm ja auch das Mittel der Kündigung der Hypothek zur Disposition, aber zu diesem Mittel entschließt er sich nur im äußersten Nothfall. Während der Gläubiger die Kündigung als Pressionsmittel benutzen kann, weil er auch selbst dann, wenn er wider Erwarten das Geld vom Schuldner zurückerstattet erhält, nie um eine anderweite Anlage desselben verlegen ist, kann der Schuldner ohne zu großes Risiko erst zur Kündigung schreiten, wenn er der Erlangung eines andern Kapitals zu einem billigern Zinsfuß sicher ist. Da das Privatkapital aber energisch an dem bisherigen höhern Zinssatz festhält und im Falle der Kündigung vielfach die Anlage in Staatspapieren oder in Aktien gewerblicher Unternehmungen der Ermäßigung des Zinsfußes vorzieht, so ist es für den Grundbesitz überaus schwierig, vor der Kündigung die Erlangung eines billigern Kapitals zugesagt zu erhalten.

Dazu kommt, daß ein jeder Wechsel des Gläubigers und die Beschaffung eines andern Kapitals für den Grundbesitz mit Kosten verbunden ist, daß er in so fern immer ein erhebliches Risiko läuft, als er keine Garantie dafür hat, daß der neue Gläubiger nicht nach kurzer Zeit seinerseits kündigt, ja daß der Zinsfuß nicht bald wiederum die frühere Höhe erreicht, und er dann durch den Wechsel nur Kosten und Mühen gehabt hat. Aus diesen Gründen findet die feststehende Thatsache, daß jede Steigerung des Zinsfußes sofort auch eine Erhöhung des für Hypotheken zu zahlenden zur Folge hat, eine Ermäßigung desselben jedoch nur überaus langsam und erst nach langer Zeit einen Einfluß auf die Hypotheken auszuüben vermag, ihre Erklärung.

Von allen Forderungen, welche der Grundbesitz an die seinem Interesse gerecht werdende Umgestaltung des Grundkreditwesens stellen muß, vermag also das Privatkapital keine einzige zu erfüllen. Weder die Unkündbarkeit der Hypotheken, noch die Tilgung derselben in Raten, deren Höhe von den Schwankungen der Erträgnisse des Grund und Bodens abhängt, kann der Grundbesitz erreichen, so lange sich dieselben in den Händen einzelner Privatgläubiger befinden; ebensowenig kann er vor einer Erhöhung der Zinsen bei einer allgemeinen Steigerung des Zinssatzes und vor einer Ausbeutung im Falle einer vorübergehenden Nothlage geschützt und dauernd in die Lage versetzt werden, an Zinsen nur denjenigen Betrag zahlen zu dürfen, der mit Rücksicht auf die durch das Grundstück gebotene Realsicherheit angemessen ist. Hieraus folgt, daß eine durchgreifende und dauernde Reform des Grundkreditwesens die Beseitigung des Privatkapitals in seiner jetzigen Gestalt zur nothwendigen Voraussetzung hat.

Wenn insbesondere in neuerer Zeit Banken die hypothekarische Beleihung von Grundstücken zu ihrem Geschäftsbetrieb gemacht haben, so beweist schon die verhältnismäßig geringe Inanspruchnahme dieser Banken seitens des ländlichen Grundbesitzes, daß dieselben besondere Vortheile gegenüber den andern Arten der Kreditbefriedigung nicht zu bieten vermocht haben*).

*) Am Schluß des Jahres 1881 hatten von den in Preußen bestehenden Hypothekenbanken hypothekarische Darlehne gewährt:

		im Ganzen Mark	Davon auf ländliche Grundstücke Mark	Davon auf städtische Grundstücke Mark	Betrag der ausgegebenen Pfandbriefe Mark
1.	Die Preußische Hypotheken-Aktien-Bank	93,775000	1,763000	92,012000	84,635000
2.	Die Preußische Central-Boden-Credit-Aktien-Gesellschaft	172,530000	95,320000	77,210000	162,136000
3.	Preußische Boden-Credit Aktien-Bank.	98,272000	12,430000	85,842000	86,951000
4.	Deutsche Hypotheken-Bank	18,347000	1,612000	16,735000	16,585000
5.	Schlesische Boden-Credit-Aktien-Bank	43,030000	8,160000	34,870000	40,227000
6.	Frankfurter Hypotheken-Bank	52,788000	1,004000	51,784000	49,692000
7.	Pommersche Hypotheken-Aktien-Bank	19,337000	11,014000	8,323000	23,449000
		498,079000	131,303000	370,776000	463,675000

Bekanntlich besteht der Geschäftsbetrieb dieser Hypothekenbanken darin, daß sie zum Zweck der Beschaffung der nöthigen Geldmittel Schuldverschreibungen (Pfandbriefe) ausgeben und dieselben an der Börse verkaufen oder daß sie dem Schuldner die Schuldverschreibungen direkt als Darlehn geben und ihm die Veräußerung derselben überlassen. Als Sicherheit für diese Schuldverschreibungen müssen von der Bank Hypotheken in mindestens gleichem Betrage erworben sein.

Da die Darlehne im Allgemeinen nicht aus den Mitteln der Bank hergegeben werden, so charakterisirt sich das Geschäft derselben im Grunde genommen als eine kommissionsweise Beschaffung von Hypothekendarlehnen unter gleichzeitiger selbstschuldnerischer Verbürgung für Kapital und Zinsen. Allerdings haben nach den bestehenden Landesgesetzen die Eigenthümer der Pfandbriefe kein Pfandrecht an den von den Banken erworbenen Hypotheken und demgemäß auch kein Absonderungsrecht im Konkurse, sind vielmehr lediglich persönliche Gläubiger derselben; aber dieser Rechtszustand entspricht keineswegs der in den Statuten der Banken ausgesprochenen Absicht sowie dem Zweck und dem Wesen der in Frage kommenden Rechtsverhältnisse. Die Regierung hat demgemäß auch bereits den Weg der Gesetzgebung beschritten, um den Pfandbriefbesitzern das Vorzugsrecht an den erworbenen Hypotheken zu sichern, und wenn derselbe noch nicht zum Ziele geführt hat, so ist nicht zu bezweifeln, daß der betreffende Gesetzentwurf wiederum vorgelegt und zur Annahme gelangen wird. Wenn auch in diesem Falle ein eigentliches Schuldverhältnis zwischen den Pfandbriefsinhabern und dem verpfändeten Grundbesitz nicht besteht, da für den einzelnen Pfandbrief keine bestimmte Hypothek eingetragen wird, so sind der Sache nach doch die Pfandbriefsinhaber die eigentlichen Gläubiger des Grund-

---

Die Annahme Schmoller's — in den „Landwirthschaftlichen Jahrbüchern" Bd. XI. Heft 4 —, daß von den Hypotheken, welche diese Banken erworben haben, die der ländlichen Grundstücke überwiegen möchten, trifft hiernach nicht zu.

In dem Geschäftsbericht der Schlesischen Bodenkredit-Aktien-Bank ist der auf ländliche und städtische Grundstücke entfallende Hypothekenbetrag nicht von einander getrennt angegeben. Da von den 923 beliehenen Grundstücken 748 städtische und nur 175 ländliche Grundstücke sind, so haben wir den gesammten Hypothekenbetrag nach dem sich hieraus ergebenden Verhältnis auf ländliche und städtische Grundstücke vertheilt.

besitzes und die Hypothekenbanken lediglich die Vermittler zwischen beiden.

Daß sie diese Vermittelung nicht umsonst übernehmen, ist klar. Zwar tragen alle diese Hypothekenbanken in ihren Statuten die Bestimmung „Zur Förderung des Realkredits" an der Spitze; allein schon die Klagen, in denen sie sich in ihren letzten Jahresberichten über die günstigere Gestaltung der landwirthschaftlichen Kreditverhältnisse und die Konkurrenz, welche ihnen durch das Privatkapital bereitet wird, ergehen, beweisen zur Genüge, daß die „Förderung des Realkredits" nur das Aushängeschild ist, um sich das Vertrauen des Grundbesitzes zu erwerben, daß ihr einziger Zweck aber darin besteht, möglichst hohe Dividenden für ihre Aktionäre herauszuschlagen. Aus diesem Zweck ergiebt es sich von selbst, daß sie die berechtigten Forderungen des Grundbesitzes nie erfüllen können, weil ihre Interessen mit denen des kreditbedürftigen Grundbesitzes sich nicht decken, sondern beide im Gegentheil sich diametral gegenüberstehen.

Allerdings gewähren ja die Hypothekenbanken im Vergleich zum Privatkapital den Vortheil der Unkündbarkeit und der ratenweisen Zurückzahlung der aufgenommenen Darlehne, allein derselbe muß von dem Grundbesitz theuer genug erkauft werden. Die Hypothekenbanken bemessen den Kaufpreis, welchen sie hierfür verlangen, nicht nach dem Risiko, welches sie selbst übernehmen, auch nicht nach den Kosten, die ihnen selbst aus der Beschaffung unkündbarer Kapitalien erwachsen, sondern einzig und allein, ebenso wie das Privatkapital, nach der allgemeinen Lage des Geldmarkts, nach dem Verhältnis, in dem Angebot und Nachfrage zu einander stehen.

Während das Privatkapital, das fast ausschließlich auf den Erwerb zweiter und folgender Hypotheken angewiesen ist, in der That durch den Verzicht auf die Kündbarkeit derselben ein großes Risiko übernimmt, ist dieses bei den Hypothekenbanken, deren Darlehne die landschaftlichen Beleihungsgrenzen der Regel nach nicht überschreiten, durchaus nicht der Fall. Ja sogar die Preußische Central-Bodenkredit-Aktien-Gesellschaft, deren Beleihungsgrenze die der Landschaft zu übersteigen pflegt, hat unseres Wissens irgend erhebliche Ausfälle bei ländlichen Grundstücken nie erlitten.

Ebensowenig müssen die Hypothekenbanken selbst das Privatkapital dafür besonders entschädigen, daß die Kündigung seitens desselben ausgeschlossen ist, weil die Art der Geldbeschaffung durch Ausgabe von Pfandbriefen dem Privatkapital, welches dieselben erwirbt, die jederzeitige Disposition durch Verkauf derselben an der Börse gestattet. Auch die ratenweise Tilgung der Verbindlichkeit auf dem Wege der Auslosung der Pfandbriefe bildet bei derartigen Schuldverschreibungen so sehr die allgemeine Regel, daß, wenngleich dieselbe in Zeiten des fallenden Zinsfußes dem Gläubiger auch nicht gerade angenehm ist, und dann solche Schuldverschreibungen bevorzugt werden, bei denen wenigstens für eine Reihe von Jahren auf die Auslosungsbefugnis Verzicht geleistet ist, doch von einer Entschädigung des Privatkapitals für die Verpflichtung, das gewährte Darlehn in Theilbeträgen zurücknehmen zu müssen, nicht die Rede ist.

Während also die Hypothekenbanken die Vortheile, die sie dem Grundbesitz bieten, ohne irgendwelche financiellen Aufwendungen ihrerseits erreichen, sind sie im Interesse ihrer Aktionäre bestrebt, dieselben so theuer wie möglich dem Grundbesitz zu verkaufen. Allerdings sind sie durch die derzeitigen Geldverhältnisse genöthigt, von den früheren rigorosen Forderungen Abstand zu nehmen, jedoch beweisen die Klagen, in denen sie sich in ihren Geschäftsberichten ergehen, wie sehr sie sich die Zeit wiederum zurückwünschen, in der der Grundbesitz sich in einer allgemeinen Kreditnoth befand und dadurch genöthigt war, alle Forderungen zu erfüllen*).

---

*) In dem Semestralbericht der Preußischen Bodenkredit-Aktien-Bank vom 30. Juni d. J. heißt es:

Die schwierigen Verhältnisse auf dem Hypothekenmarkt dauern fort und haben sogar eine weitere erhebliche Verschärfung erfahren, weil die Konkurrenz des Privatkapitals sich noch verstärkt hat und der Zinsfuß gegen das Vorjahr von Neuem billiger geworden ist. Das Privatkapital hat unter den obwaltenden Umständen seine frühern rigorosen Ansprüche bezüglich der Sicherheit der zu erwerbenden Hypotheken leider sehr modificirt und deshalb können wir, wo dasselbe mit uns in Konkurrenz tritt, nicht reüssiren. Hieraus ergiebt sich, daß wir bei unserm Geschäftsbetrieb Gewinne, wie sie in früheren Jahren erzielt worden sind, nicht mehr erreichen können; dafür beruht aber die Rentabilität, die wir jetzt unseren Aktionären gewähren, auf solidester Grundlage.

Diese Sprache genügt wol vollständig, um Jeden darüber aufzuklären, was es mit der „Förderung des Realkredits", der diese Hypothekenbanken zu dienen behaupten, für eine Bewandnis hat.

Die Hypothekenbanken sind eben Vereinigungen des Kapitals zur zweckmäßigsten Verwerthung desselben. An der „Förderung des Grundkredits" ist ihnen ebensowenig etwas gelegen, als dem Grundbesitz daran, daß ihre Aktionäre hohe Dividenden bekommen. Die Interessen des Darlehnsgebers und des Kreditbedürftigen stehen sich eben völlig gegenüber, und die Auffassung ist eine durchaus irrthümliche, daß dem Grundbesitz durch eine Erweiterung der Hypothekenbanken geholfen werden könnte.

Der Kaufpreis, welchen der Grundbesitz für die gewährte Unkündbarkeit zu zahlen genöthigt ist, besteht nicht allein in dem höhern Zinssatz, den die Hypothekenbanken, soweit es die Konkurrenz des Privatkapiatals und der landschaftlichen Kreditinstitute gestattet, im Vergleich zu dem für erste Hypotheken angemessenen beanspruchen, sondern außerdem noch in besondern Auflagen, die sie dem Grundbesitz machen, ohne daß sich derselbe in den meisten Fällen der financiellen Bedeutung dieser Auflagen völlig bewußt ist. Ja dieselben haben häufig den Charakter der Ausbeutung des Grundbesitzes und der unberechtigten Bereicherung der Banken auf Kosten desselben.

Eine derartige Bereicherung erblicken wir insbesondere in der Ausgabe von Pfandbriefen, welche mit einem höhern Betrag als dem Nominalbetrag zur Rückzahlung gelangen. Denn es bedarf keines weitern Nachweises, daß die Hypothekenbanken durch den bei der Rückzahlung in Aussicht gestellten Kapitalsgewinn die benöthigten Kapitalien zu einem billigern Zinsfuß erlangen als ohne denselben. Dieser billigere Zinsfuß ist nun ihr Vortheil, während die Entschädigung für denselben nämlich der Aufschlag bei der Rückzahlung von dem Grundbesitz geleistet werden muß, der verpflichtet ist, die Schuld in derselben Gattung von Pfandbriefen zurückzuzahlen, also den Aufschlag aus seinen Mitteln tragen muß. Berücksichtigt man, daß es Pfandbriefe giebt, die mit 10 ja mit 20 % Agio zur Rückzahlung kommen, so darf man den Gewinn, den die Banken aus der Verausgabung derselben ziehen, keineswegs unterschätzen.

Um die Last, die der Grundbesitz durch die Verpflichtung zur Rückzahlung in gleichartigen Pfandbriefen übernimmt, demselben möglichst zu verbergen, wird diese Verpflichtung in die Darlehnsbedingungen gewissermaßen hineingeschmuggelt. Dieses geschieht in der Regel dadurch, daß in der Schuldurkunde es nur ganz allgemein heißt: Die Rückzahlung geschieht in denjenigen nach dem Nominalwerthe zu berechnenden Pfandbriefen, welche in dem und dem Monat emittirt sind*). Welche Verpflichtung der Grundbesitzer damit übernimmt, ist ihm sicher in den meisten Fällen völlig unbekannt, und wenn auch auf seiner Seite mindestens eine grobe Fahrlässigkeit darin liegt, eine Verpflichtung einzugehn, deren finanzielle Bedeutung und Tragweite er nicht übersehen kann, so sollten doch auch anderseits die Hypothekenbanken schon die Möglichkeit einer Irrthumserregung als mit den Grundsätzen einer soliden Geschäftsführung unvereinbar erachten und solche Mittel absolut von der Hand weisen.

Daß sie dieses nicht thun, sondern im Gegentheil angenommen werden muß, daß es geradezu auf eine solche Irrthumserregung abgesehen ist, glauben wir daraus entnehmen zu sollen, daß dem Darlehnssucher sowohl bei der Mittheilung der für die hypothekarische Beleihung zur Anwendung kommenden Bedingungen als auch überhaupt vor der Aufnahme der Schuldurkunde absichtlich verschwiegen wird, daß event. die Schuld in andern als den allgemein üblichen Pfandbriefen zurückgezahlt werden muß. Bekanntlich ist der Grundbesitz in Geldangelegenheiten außerordentlich geschäftsunkundig und unvorsichtig, und wir können daher nur annehmen, daß es eine Spekulation auf seine Lässigkeit ist, wenn Hypothekenbanken in den von ihm auszustellenden Schuldurkunden die Pfandbriefe, in denen die Rückzahlung zu erfolgen hat, in der angegebenen Weise bezeichnen.

Allerdings hat die Bezeichnung der Pfandbriefe, in denen die

---

*) In einer uns vorliegenden bis auf den Monat und das Jahr gedruckten Schuldurkunde der Preußischen Central-Bodenkredit-Aktien-Gesellschaft lautet der betreffende Passus:

In allen Fällen, in welchen die Rückzahlung des Kapitals oder eines Theils desselben nicht im Wege der regelmäßigen Amortisation erfolgt, ist die Gläubigerin befugt, den betreffenden Kapitalsbetrag statt in baar in denjenigen nach dem Nominalwerthe zu berechnenden unkündbaren Central-Pfandbriefen zu fordern, welche von ihr im August 1875 emittirt sind. Diese im August 1875 emittirten Pfandbriefe waren aber solche, welche mit 110 % zurückgezahlt werden mußten, was der betreffende Schuldner erst erfuhr, als er das Kapital zurückzuzahlen beabsichtigte.

Rückzahlung zu erfolgen hat, nach dem Zeitpunkt der Emission noch einen andern ebenfalls auf eine Täuschung des Darlehnssuchers gerichteten Zweck. Um dem Grundbesitz die Rückzahlung des Darlehns im Falle einer für ihn günstigern Gestaltung der Kreditverhältnisse zu erschweren, ja vielfach thatsächlich unmöglich zu machen, wird ihm dieselbe nur in einer verhältnismäßig geringen Anzahl von Pfandbriefen gestattet. Das berechtigte Interesse der Hypothekenbanken wird dadurch nicht berührt, ob die Rückzahlung in den im August 1875 oder zu einer anderen Zeit emittirten Pfandbriefen bewirkt wird, wenn dieselben nur gleichwerthig sind; trotzdessen wird die Rückzahlung auf diese vielleicht nur ganz geringe Anzahl von Pfandbriefen beschränkt, um dem Grundbesitz dieselbe unmöglich zu machen, weil thatsächlich die betreffenden in der ganzen Welt herumlaufenden Pfandbriefe wenigstens mit Sicherheit und zu einem bestimmten Termin überhaupt nicht zusammengebracht werden können, zumal es nicht selten vorkommt, daß die Hypothekenbanken diese Pfandbriefe selbst in ihrem Besitz haben.

Derartige Manipulationen sind mit den Grundsätzen der Solidität völlig unvereinbar. Wollen die Hypothekenbanken die Rückzahlung überhaupt ausschließen, so mögen sie es thun. Der Grundbesitz kennt dann seine Verpflichtungen und wird zu prüfen haben, ob er dieselben übernehmen will oder nicht. Aber ihm solche Fallstricke und Fußangeln zu legen und auf seine geschäftliche Unerfahrenheit zu spekuliren, das ist einfach unredlich.

Auch im Uebrigen entsprechen die Darlehnsbedingungen der Hypothekenbanken ihrer angeblichen Bestimmung der Förderung und Unterstützung des Realkredits sehr wenig. Da sind hohe Konventionalstrafen für den Fall der nicht rechtzeitigen Zinszahlung vorgesehen, und diese Strafen wiederum durch die Eintragung einer entsprechenden Kautionshypothek gesichert. Die Konventionalstrafe ist verfallen, wenn auch nur der kleinste Theil der schuldigen Zins- und Amortisationsbeträge einen Tag rückständig bleibt. In einem solchen Fall hat die Höhe der Konventionalstrafe, die meistens $1/2$ % der g e s a m m t e n u r s p r ü n g l i c h e n Kapitalsschuld beträgt, geradezu einen wucherischen Charakter. Allerdings sind manche Hypothekenbanken so großmüthig, die Konventionalstrafe erst dann für verfallen zu erklären, wenn die schuldige Zahlung länger als

14 Tage rückständig ist; sie stipuliren aber dann den Zahlungstermin um 14 Tage vor der eigentlichen Fälligkeit der Schuld, sodaß auch in diesem Falle im Grunde genommen ihr Entgegenkommen auf einer reinen Täuschung beruht.

Besonders ungünstig für den Grundbesitz ist die Bestimmung der meisten Hypothekenbanken, daß sie zur Ausstellung einer löschungsfähigen Quittung über die im Wege der Amortisation oder durch anderweite Rückzahlung getilgten Kapitalsbeträge vor völliger Abtragung der gesammten Schuld in keinem Falle verpflichtet sind. Daß die Löschung nicht nach einer jeden Amortisationsrate sondern nur innerhalb bestimmter Zeitabschnitte beantragt werden darf, ist selbstverständlich; dieselbe jedoch vollständig während der ganzen Amortisationsfrist, die 50 bis 70 Jahre dauert, in das willkürliche Belieben der Hypothekenbanken zu setzen, bringt den Grundbesitz in eine Abhängigkeit von denselben, die häufig schwer empfunden wird. Auf diese Abhängigkeit scheint es aber gerade abgesehen zu sein, da die legitimen Interessen der Hypothekenbanken eine derartige Bestimmung in keiner Weise bedingen oder rechtfertigen, wie denn auch von landwirthschaftlichen Kreditinstituten anstandslos die Löschung der amortisirten Beträge nach Ablauf einer bestimmten Frist bewilligt und dem Grundbesitz das Recht, löschungsfähige Quittung beanspruchen zu dürfen, eingeräumt wird.

Vor Allem bei der Veräußerung des Grundbesitzes sowie bei der Uebernahme desselben seitens eines Erben gelangt die Bedeutung dieses Rechts der Hypothekenbanken zur vollen Wirksamkeit. Obwohl der Erblasser oder der Verkäufer vielleicht fast die ganze Schuld getilgt hat, bleibt die Hypothek in der ursprünglichen Höhe eingetragen und hindert den neuen Erwerber des Grundstücks, über die durch die Amortisation frei gewordene Stelle anderweit zu verfügen. In solchen Fällen haben es die Hypothekenbanken vielfach in der Hand, das Kaufgeschäft oder die Uebernahme eines Grundstücks durch einen Erben zu hindern, da dem neuen Erwerber die Möglichkeit genommen ist, für die rückständigen Kaufgelder bezw. die Antheile der übrigen Miterben durch Hypothek Sicherheit zu bestellen.

Setzen wir z. B. den Fall, daß ein Grundstück im Werth von 100000 Mark, auf dem für eine Hypothekenbank eine bis auf

10000 Mark getilgte Hypothekenschuld von 40000 Mark und für einen Privatgläubiger noch eine Hypothek von 30000 Mark eingetragen steht, an einen Anderen veräußert werden soll, der, wie allgemein üblich ist, etwa 1/3 des Kaufpreises als Anzahlung leisten kann, so hängt es vollständig von dem Belieben der Hypothekenbank ab, ob sie das Geschäft hindern oder gestatten will. Denn der Verkäufer müßte bei einer Anzahlung von 30000 Mark sich für seine Restforderung in gleichem Betrage mit einer Hypothek hinter 70000 Mark begnügen; seine Forderung würde also gerade mit dem Werth des Grundstückes auslaufen, also nach unserm obigen Darlegen eine Realsicherheit überhaupt nicht mehr genießen. Allerdings könnte ja der Käufer die Verpflichtung übernehmen, nach völliger Tilgung der Bankschuld dem Verkäufer die von derselben inne gehabte Priorität einzuräumen, auch könnte dieses Recht durch Eintragung im Grundbuch gesichert werden, aber dieses alles ersetzt nicht die hypothekarische Sicherheit und komplizirt außerdem die ganzen Rechtsverhältnisse in einer Weise, daß der Verkäufer es in den meisten Fällen vorziehn wird, sein Grundstück zu behalten oder den von der Hypothekenbank für die Freigebung der bereits amortisirten Hypothek geforderten Preis zu bezahlen.

Daß die Hypothekenbanken ihr Recht, die Ertheilung einer löschungsfähigen Quittung über Theilbeträge zu versagen, in den meisten Fällen zu veräußern geneigt sein werden, ist anzunehmen, da das Recht selbst ihnen keinerlei materielle Vortheile bietet. Aber anderseits ist es wol auch zweifellos, daß Derjenige, der sich ein derartiges Recht, dessen Werth für ihn nur in der Veräußerung liegt, einräumen läßt, die Absicht hat, bei derselben möglichst viel herauszuschlagen. Dieses muß auch in allen denjenigen Fällen, in denen der Grundbesitz ein erhebliches Interesse an dem Verzicht auf das Recht hat, gelingen, und wird der Kaufpreis, den letzterer zu zahlen genöthigt ist, um so größer sein, wenn ihm die Tilgung der gesammten Bankschuld auf andere Weise, als durch die vereinbarten Amortisationsbeträge, ohne Zustimmung der Hypothekenbank nicht gestattet ist, was meistens der Fall ist.

Welche Höhe die Beträge erreichen, die den Hypothekenbanken auf diese Weise zufließen, ist aus ihren Geschäftsberichten nicht ersichtlich, da dieselben in dem Posten „Provisionen", der allein bei der für den ländlichen Grundbesitz vorzugsweise in Frage kommenden Preußischen Central-Bodenkredit-Aktiengesellschaft im Jahre 1881 über 400000 Mark in Einnahme nachweist, mit enthalten sind. Uebrigens wird auch nur ausnahmsweise die Ertheilung einer löschungsfähigen Quittung gegen Baarzahlung stattfinden; in den meisten Fällen wird der Schuldner durch andere Zugeständnisse z. B. durch die Aufnahme eines neuen Kapitals an Stelle der bereits amortisirten Beträge zu ungünstigern Bedingungen, als solche dem von der Hypothekenbank vollständig unabhängigen Grundbesitz zugestanden werden würden, sich die Zustimmung der Bank erkaufen.

Daß die Hypothekenbanken hinsichtlich der Normirung der vom Schuldner für die aufgenommenen Darlehne zu zahlenden Zinsen und Verwaltungskosten sich von andern Gesichtspunkten als der Rücksicht auf das Interesse der Aktionäre nicht leiten lassen, ist selbstverständlich. Allerdings sind sie durch die in ihren Geschäftsberichten beklagten schlechten Zeiten, die aber für den Grundbesitz wenn auch nicht die guten so doch die bessern Zeiten sind, genöthigt worden, von ihren früheren Forderungen etwas nachzulassen, trotzdessen überschreiten die von den Hypothekenbanken beanspruchten Zinsen und Verwaltungskosten auch gegenwärtig noch wol ausnahmslos die nach dem allgemeinen Stande des Geldmarkts berechtigte beziehungsweise bei den Verwaltungskosten die aus der Natur der Sache sich ergebende Grenze.

Was zunächst die Verwaltungskosten anlangt, so decken die von dem Grundbesitz als „Beitrag" zu denselben zu zahlenden Beträge nicht nur sämmtliche den Hypothekenbanken thatsächlich entstandenen Kosten, sondern gewähren denselben noch Ueberschüsse, die als Dividende den Aktionären zu Gute kommen. So betrugen z. B. bei der Preußischen Central-Bodenkredit-Aktiengesellschaft im Jahre 1881 die Einnahmen aus den Verwaltungs- und Prüfungsgebühren fast 500 000 Mark, die Ausgaben an Verwaltungskosten dagegen nur etwa 365 000 Mark, obwohl gerade diese Gesellschaft in der letzten Zeit wesentlich niedrigere Beiträge zu den Verwaltungskosten erhebt als die meisten andern Hypothekenbanken. Ist es nun schon ein Unrecht, daß dem Grundbesitz die gesammten Verwaltungskosten der Hypothekenbanken aufgebürdet werden sollen, weil dieselben nicht wie die landschaftlichen Kreditinstitute zur Förderung seiner Interessen, sondern lediglich, um dem Kapital eine neue Art der Anlage und Verwerthung zu sichern, gegründet worden sind, so muß eine Geschäftsführung, die aus diesen Beiträgen sich noch eine Einnahmequelle schafft, in hohem Grade befremden.

Noch mehr wird der Grundbesitz durch die Höhe der Zinsen belastet, welche die Hypothekenbanken für die von ihnen gewährten Darlehne beanspruchen. Obwohl dieselben von verschwindenden nicht in Betracht kommenden Ausnahmen abgesehen ausschließlich die erste Stelle einnehmen, also eine unbedingte Realsicherheit genießen, so übersteigt der Zinssatz den für derartige Hypotheken nach dem allgemeinen Stande des Geldmarkts angemessenen doch erheblich. So beträgt gegenwärtig der Zinssatz für völlig sichere Kapitalsanlagen 4 %; trotzdessen lassen sich die Hypothekenbanken fast ausnahmslos noch 4½ % für ihre Darlehne vergüten und wo dieselben ausnahmsweise unter diesen Betrag herunter gehen, werden dem Grundbesitz unter anderer Firma entsprechende Lasten aufgebürdet.

So erhebt z. B. die Pr. Central-Bodenkredit-Aktiengesellschaft bei erststelligen Amortisations-Darlehnen von 20000 M. und darüber ¼ %, bei Darlehnen von 9000 bis 20000 M. dagegen nur ⅙ % Verwaltungskosten-Beitrag, obwohl selbstverständlich die der Bank entstehenden Verwaltungskosten sich entsprechend vermindern, je höher die Darlehns-Beträge sind.

Außerdem muß der Schuldner bei 4procentigen Darlehnen 14 Jahre, bei 4½procentigen dagegen nur 8 Jahre hindurch jedes Jahr ½ % an die Gesellschaft angeblich als Entschädigung für die durch Begebung der entsprechenden Pfandbriefe entstehenden Herstellungs-, Stempelungs- und Emissionskosten, Disagio, Zinsen u. s. w. zahlen. Berücksichtigt man jedoch, daß bei dem heutigen Stande des Geldmarkts die Begebung 4procentiger Pfandbriefe fast zum Parikurse möglich ist, und daß die Herstellungs-, Stempel- und Emissionskosten durch die erhobenen Verwaltungskostenbeiträge bereits reichliche Deckung finden — in dem oben angegebenen Betrage derselben von 365000 Mark sind bereits die der Gesellschaft entstandenen Herstellungs- und Stempelkosten u. s. w. mitenthalten — so kann man darüber nicht im Zweifel sein, daß die vom Grundbesitz zu zahlenden 7 bezw. 4 % nicht zur Deckung der der Bank wirklich entstandenen Kosten bestimmt sind, sondern daß ihm vielmehr unter einer andern Firma der Vortheil der geringern Zinsen, zu denen die Bank unter dem Druck der Konkurrenz sich hat verstehen müssen, um überhaupt noch Geschäfte zu machen, nach Möglichkeit wiederum gekürzt werden soll.

Die Art und Weise, in der die erwähnten 7 bezw. 4 % dem Grundbesitz wieder abgenommen werden, läßt übrigens die richtige Beurtheilung der Verhältnisse nicht verkennen. In den dem kreditbedürftigen Grundbesitz zugehenden Darlehnsbedingungen ist von der Zahlung dieser 7 bezw. 4 % überhaupt nicht die Rede. Es heißt in denselben vielmehr, nachdem durch besonders fetten Druck hervorgehoben ist, daß die Zahlung der Darlehns-Valuta seitens der Hypothekenbank in „baar und voll zum Pari-Course" geschehe, daß, um dieses zu ermöglichen, der Beginn der Amortisation bei den 4procentigen Darlehnen um 14 und bei den 4½procentigen um 8 Jahre „hinausgerückt" werde.

Dieser Bestimmung liegt eine durchaus richtige Spekulation auf den Kalkul des Grundbesitzes, der ein Darlehn aufnehmen will, zu Grunde. Würden von ihm 7 %, wenn auch nur in 14jährigen Raten, als Entschädigung für Disagio, Emissionskosten u. s. w. verlangt, so könnte er doch auf den Gedanken kommen, einmal nachzurechnen, und dabei finden, daß die Selbstkosten der Bank unmöglich diesen hohen Betrag rechtfertigen können; aber die „Hinausrückung" der Amortisation erweckt diese Gedanken in ihm nicht, denn warum sollte er derselben nicht zustimmen, da es in seinen Augen für ihn ein wesentlicher Nachtheil nicht ist, ob sich die Amortisation in 56 oder in 70 Jahren vollzieht.

Die ganze Amortisation, bei der die Löschung der amortisirten Beträge von der Willkür der Hypothekenbanken abhängt, hat für den Grundbesitz nur ein sekundäres Interesse; seiner Ansicht nach ist die Amortisation eine Verpflichtung, die er nothgedrungen mit übernehmen muß und von der er weder selbst noch vielleicht kaum sein Erbe einen wesentlichen Vortheil hat. Daß diese Empfindungen beim Grundbesitz vorherrschen, geht aus der Thatsache hervor, daß wie die Geschäftsberichte der Hypothekenbanken mittheilen, er am liebsten von der Verpflichtung zur Amortisation ganz entbunden sein möchte. Uebrigens wollen wir nicht unterlassen, darauf hinzuweisen, wie selbstverständlich trotz der erwähnten Nebenkosten die 4procentigen Darlehne der Pr. Central-Bodenkredit-Aktiengesellschaft sich für den Schuldner immer noch günstiger stellen als die 4½procentigen.

Daß durch die Gründung der Hypothekenbanken die befriedigende Lösung der Grundkreditfrage in keiner Weise gefördert wird, kann nach den obigen Darlegungen nicht zweifelhaft sein. Von allen Forderungen, die der Grundbesitz an diese Lösung zu stellen berechtigt und genöthigt ist, erfüllen sie nur die eine, nämlich, daß die von ihnen gewährten Darlehne unkündbar sind, während die Amortisation dadurch, daß dieselbe auf die Schwankungen in den Erträgnissen des Grund und Bodens keine Rücksicht nimmt, und die Löschung der amortisirten Theilbeträge erst nach völliger Tilgung der ganzen Schuld beansprucht werden kann, die andernfalls in derselben liegenden Vortheile im wesentlichen einbüßt.

Dagegen bleibt die wichtigste und vom wirthschaftlichen Standpunkt aus durchaus berechtigte Forderung des Grundbesitzes, für die aufgenommenen Hypotheken keinen höhern Zinssatz zahlen zu dürfen, als durch die allgemeine Lage des Geldmarkts und die gebotene Realsicherheit bezw. das vom Gläubiger zu übernehmende Risiko bedingt ist, und an den Vortheilen einer allgemeinen Ermäßigung des Zinssatzes ebenfalls Theil zu nehmen, unerfüllt.

Ebenso wie das Privatkapital kennen die Hypothekenbanken nur ein Interesse, nämlich das eigene; die Rücksicht auf die Aktionäre ist für sie das einzige leitende Motiv. Je höher die Dividende ist, die sie denselben gewähren können, desto mehr betrachten sie ihre Aufgabe, ihren Zweck als erfüllt. Dieses soll durchaus kein Vorwurf sein, den wir gegen die Hypothekenbanken erheben, sondern vom Kapital zu dem Zweck gegründet, um eine möglichst hohe Verzinsung zu erzielen, ist dieses auch allein ihre Bestimmung. Sie würden derselben nicht gerecht werden, wollten sie sich bei ihrer Geschäftsführung von anderen Rücksichten leiten lassen. Nicht das Interesse des kreditbedürftigen Grundbesitzes, sondern das des anlagebedürftigen Kapitals haben sie zu vertreten. Hiermit ist ihre Stellung dem Grundbesitz gegenüber entschieden. Ebenso wie die einzelnen Privatgläubiger haben die in den Hypothekenbanken associirten Gläubiger das Bestreben, ihre Macht dem Grundbesitz gegenüber möglichst auszubeuten, von jeder vorübergehenden Nothlage desselben den größtmöglichen Vortheil zu ziehen und sie befinden sich mehr noch als die einzelnen Privatgläubiger in der Lage, weil sie dem Grundbesitz das zu bieten vermögen, was letztere nicht können, nämlich die Unkündbarkeit der Hypotheken.

Diesem Vortheil der Hypothekenbanken steht jedoch ein wesentlicher Nachtheil gegenüber, dessen Bedeutung bisher von dem Grundbesitz noch nicht genügend erkannt und gewürdigt ist, nämlich die Schwierigkeit ja Unmöglichkeit, das Schuldverhältnis zu den Hypothekenbanken beliebig lösen zu können. Der hierin liegende Nachtheil wird besonders schwer empfunden bei einer allgemeinen Ermäßigung des Zinsfußes, wie wir eine solche z. B. im letzten Decennium erfahren haben.

Wir haben bereits oben darauf hingewiesen, wie die Kündigung der Hypothek seitens des Grundbesitzes das einzige Mittel ist, um bei einer solchen Ermäßigung sich die Vortheile derselben ebenfalls zu sichern. Dieses Mittel steht dem Grundbesitz zwar den einzelnen Privatgläubigern, nicht jedoch den Hypothekenbanken gegenüber zu Gebote; denn abgesehen davon, daß, wie wir oben bereits erwähnt haben, die Rückzahlung auf andere Weise als durch die vereinbarten Amortisationsleistungen, vielfach dadurch erschwert ist, daß dieselbe auf Pfandbriefe, die in bestimmten Monaten emittirt sind und mit 110 oder gar 120% eingelöst werden müssen, beschränkt ist, so machen die meisten Hypothekenbanken eine derartige Rückzahlung überhaupt von ihrer Zustimmung abhängig. Zwar heißt es meistens in den Statuten derselben, daß der Schuldner berechtigt ist, auch noch andere Abschlagszahlungen außer den stipulirten Amortisationsquoten zu leisten, in einem folgenden Paragraph pflegt jedoch vorgeschrieben zu sein, daß über die Höhe der Abschlagszahlungen und ihre Verrechnung in jedem einzelnen Falle eine Verständigung zwischen der Bank und dem Schuldner vorbehalten bliebe, wodurch natürlich das ganze Recht wieder aufgehoben und die Annahme weiterer Abschlagszahlungen von dem freien Ermessen der Hypothekenbank abhängig gemacht wird*).

*) So heißt es z. B. in § 17 der Statuten, der Schlesischen Boden-kredit-Aktien-Bank: „Die Tilgung der Darlehne geschieht im Wege der Amor-

Aus welchem Grunde die betreffenden Hypothekenbanken erst dieses Recht eingeräumt und sodann durch die nachfolgende Bestimmung wieder vollständig illusorisch gemacht haben, ist uns unerfindlich. Wir wollen nicht annehmen, daß eine Täuschung des Grundbesitzers beabsichtigt ist. Es sind uns jedoch Fälle bekannt, in denen der Schuldner durch die Fassung der betreffenden Bestimmungen sich über sein Recht, die Rückzahlung des Kapitals jeder Zeit bewirken zu können, thatsächlich hat täuschen lassen, und wenn wir auch zugeben wollen, daß ein Zweifel über die Auslegung und die Bedeutung derselben bei einem einigermaßen geschäftskundigen und rechtsverständigen Schuldner nicht wol vorkommen kann, so sollten doch die Hypothekenbanken, schon um den Schein einer beabsichtigten Täuschung zu vermeiden, sich einer präciseren und jedem Laien verständlichen Ausdrucksweise zu befleißigen bestrebt sein. Wir sind überzeugt, daß wenn die betreffende Bestimmung lauten würde: ohne Zustimmung der Bank dürfen weitere Abschlagszahlungen auf das Kapital außer den vereinbarten Amortisationsbeträgen von dem Schuldner nicht geleistet werden, auch der Bauer, der ja ebenfalls in die Lage kommt, als Schuldner der Bank deren Darlehnsbedingungen interpretiren zu müssen, über die Bedeutung derselben nie im Zweifel sein würde.

---

tisation. Eine theilweise oder gänzliche Rückzahlung des Darlehns ist jedoch dabei nicht ausgeschlossen (§ 19)." Der § 19 bestimmt nun: „Außerdem ist der Darlehns-Empfänger berechtigt, die Amortisation durch freiwillige Zuzahlung zu verstärken, sowie das Darlehn, insoweit es noch nicht amortisirt ist, gänzlich zu tilgen. Diese Rückzahlungen können nur in den Zinsterminen und mindestens in dem Betrage eines Pfandbriefes geleistet werden, unterliegen jedoch jedesmal der vorherigen Vereinbarung mit der Bank." Eine ähnliche Bestimmung ist in den Statuten der Preußischen Central-Boden-kredit-Aktiengesellschaft enthalten, deren Art. 68 lautet: „Der Schuldner ist berechtigt, außer der stipulirten Amortisationsquote noch Abschlagszahlungen zu leisten, die jener Quote hinzutreten oder auch das Darlehn, soweit es nicht amortisirt, ganz zu tilgen.

Die Gesellschaft kann festsetzen, in welchen Beträgen, zu welcher Zeit, und unter welchen Bedingungen Rückzahlungen für diesen Zweck angenommen werden." Dementsprechend findet sich denn auch in den Schuldurkunden dieser Bank die Bestimmung, nach welcher die Höhe und die Verrechnung außerordentlicher Theilzahlungen in einem jeden einzelnen Falle einer Vereinbarung zwischen der Gläubigerin und dem Schuldner vorbehalten bleibt.

Diese Abhängigkeit des Schuldners von den Hypothekenbanken bezüglich der Auflösung des Schuldverhältnisses muß besonders in der gegenwärtigen Zeit, in der eine allgemeine Ermäßigung des Zinssatzes eingetreten ist, als eine drückende Last schwer empfunden werden. Während das Privatkapital durch die Kündigung der Hypotheken bezw. durch die Androhung derselben genöthigt worden ist, den Zinssatz angemessen zu ermäßigen, während die landschaftlichen Kreditinstitute durch die Umwandlung der 5procentigen Pfandbriefe in 4½procentige, und sodann der 4½procentigen in 4procentige dem Grundbesitz seine Zinsenlast entsprechend dem günstigern Stande des Geldmarktes ermäßigt haben, muß der Schuldner der Hypothekenbanken auf die in der allgemeinen Ermäßigung des Zinssatzes liegenden Vortheile verzichten oder dieselben durch andere Opfer von den Banken erkaufen.

Berücksichtigt man, daß der Zinssatz in den östlichen Provinzen, die bei der Grundkreditfrage vorzugsweise in Betracht kommen, für erste Hypotheken in wenig mehr als einem Decennium von 5 auf 4% zurückgegangen ist, also sich um 20% ermäßigt hat, so wird man die finanziellen Nachtheile, die dem Grundbesitz aus dieser Abhängigkeit von den Hypothekenbanken erwachsen, nicht unterschätzen dürfen. Diese müssen sich noch vergrößern, wenn, wie anzunehmen ist, der allgemeine Zinsfuß auch fernerhin eine fallende Tendenz haben sollte.

Während sonach die Hypothekenbanken den Grundbesitz von den Vortheilen der allgemeinen Zinsermäßigung ausschließen, verzichten sie selbst doch keineswegs darauf, in ihrer Eigenschaft als Schuldner sich dieselbe möglichst zu Nutze zu machen, indem sie die Pfandbriefe mit höherem Zinssatz kündigen und an Stelle derselben solche mit einem niedrigeren Zinssatz ausgeben. Wir sind weit entfernt, ihnen hieraus einen Vorwurf machen zu wollen, im Gegentheil würden sie einen solchen verdienen, wenn sie nicht alle Chancen, die sich ihnen bieten, im Interesse ihrer Aktionäre auszunutzen bestrebt wären. Aber das Unrecht gegen den Grundbesitz tritt damit um so krasser vor. Obwohl im Grunde genommen nur Vermittler zwischen dem Grundbesitzer und dem anlagebedürftigen Kapital, ermäßigen sie zwar den Zinssatz des letztern jedoch nicht zum Vortheil des Schuldners, der nach wie vor die ursprünglich bedungenen Zinsen zahlen muß.

Endlich haben die Hypothekenbanken die Befriedigung des gesammten Kreditbedürfnisses nicht in ihren Geschäftskreis gezogen. Die meisten derselben sind nach ihren Statuten auf die Gewährung von Darlehnen bis zu $^{2}/_{3}$ des durch die landschaftliche Taxe ermittelten Werths des Grundstücks oder bis zum 25fachen Betrage des Grundsteuerreinertrages beschränkt, eine Grenze, bis zu welcher die landschaftlichen Kreditinstitute Darlehne ebenfalls bewilligen. Desgleichen hat diejenige Hypothekenbank, welche berechtigt ist, die Werthschätzung des Grundstücks selbst bewirken zu dürfen, die Preußische Central-Bodenkredit-Aktiengesellschaft, bisher die landschaftliche Beleihungsgrenze ebenfalls nicht wesentlich überschritten. Für zweite und folgende Hypotheken ist also der Grundbesitz nach wie vor auf das Privatkapital angewiesen.

Ob es von der Staatsaufsichtsbehörde richtig ist, für die Beleihung der ländlichen Grundstücke diese enge Grenze vorzuschreiben, müssen wir bezweifeln. Gewiß darf die Sicherheit der von den Hypothekenbanken ausgegebenen Pfandbriefe in keinem Falle gefährdet werden und zwar nicht blos der Pfandbriefbesitzer wegen sondern vor allem des kreditbedürftigen Grundbesitzes selber wegen, weil andernfalls der Kurs der Pfandbriefe gedrückt und damit dem Grundbesitz die Inanspruchnahme der Hypothekenbanken überhaupt unmöglich gemacht werden würde. Aber dieser Zweck kann auch auf andere Weise erreicht werden.

Es ist natürlich, daß die Hypothekenbanken bei einer Erweiterung ihrer Beleihungsgrenze für die landschaftliche Beleihungsgrenze überschreitenden Darlehne entsprechend dem größern Risiko, das sie übernehmen, auch eine höhere Verzinsung würden beanspruchen müssen. Würde nun vorgeschrieben, daß derjenige Theil der Zinsen, der sich nicht als die Entschädigung für die Hergabe des Kapitals charakterisirt, sondern die Versicherungsprämie für das übernommene Risiko enthält, nicht ganz als Dividende unter die Aktionäre der Hypothekenbanken vertheilt werden darf, sondern in Höhe desjenigen Betrages, wie solcher zur Deckung des Risikos nothwendig ist, in einen Reservefonds zurückgelegt werden müßte, so würde die Sicherheit der Pfandbriefsgläubiger durch eine derartige Erweiterung der Beleihungsgrenze in keiner Weise alterirt werden, da etwa dadurch entstehende Ausfälle durch die Reserve gedeckt werden würden.

Selbstverständlich könnte diese Reserve auch auf andere Weise z. B. durch die Festsetzung eines Verhältnisses der Höhe des Aktienkapitals zu dem Geschäftsumfang der Hypothekenbank beschafft werden. So müssen zweifellos die 90 Millionen Mark Pfandbriefe der Preußischen Bodenkredit-Aktien-Bank, welche ein eingezahltes Aktienkapital von 30 Millionen und einen Reservefonds von 1¼ Millionen Mark hat, bei gleichen Verwaltungsgrundsätzen eine erheblich größere Sicherheit genießen als die 160 Millionen Mark Pfandbriefe der Preußischen Central-Bodenkredit-Aktiengesellschaft, die nur über ein eingezahltes Aktienkapital von 14½ Millionen Mark*) und über keinen Reservefonds verfügt. Eine Erweiterung der Beleihungsgrenze der Preußischen Bodenkredit-Aktien-Bank würde somit unbedenklich sein, sofern, woran ja nicht zu zweifeln ist, die den Pfandbriefen der Preußischen Central-Bodenkredit-Aktiengesellschaft gewährte Sicherheit von der Aufsichtsbehörde für eine unbedingt genügende erachtet wird.

Wird der vom versicherungstechnischen Standpunkt aus gerechtfertigte Grundsatz, daß je größer das geschäftliche Risiko ist, eine desto größere Reserve zur Sicherung der eingegangenen Verbindlichkeiten zur Disposition stehen muß, auch bei den Hypothekenbanken festgehalten, so stehen der Erweiterung ihrer Beleihungsgrenze principielle Bedenken irgend welcher Art insbesondere die Rücksicht auf die Sicherheit der ausgegebenen Pfandbriefe in keiner Weise entgegen.

Die Beschränkung der Hypothekenbanken auf die Gewährung von Darlehnen innerhalb der landschaftlichen Beleihungsgrenze heißt einfach, sie für den ländlichen Grundbesitz überhaupt entbehrlich machen, da innerhalb dieser Grenze die landschaftlichen Kreditinstitute das Kreditbedürfniß desselben zu sehr viel günstigern Bedingungen, als es die Hypothekenbanken thun, zu befriedigen vermögen. Wir sind gewiß kein Freund der Hypothekenbanken und betrachten dieselben weder als nothwendig noch als nützlich für die Förderung des Realkredits; aber wenn man sie überhaupt den Interessen des ländlichen Grundbesitzes nutzbar machen will, so kann

---

*) Das ganze Aktienkapital beträgt 36 Millionen Mark, wovon jedoch nur 40% eingezahlt sind.

es nur dadurch geschehen, daß man ihnen einen Wirkungskreis gestattet, auf den die Landschaften bisher verzichtet haben. Daß übrigens eine angemessene Erweiterung ihrer Beleihungsgrenze die Sicherheit der ausgegebenen Pfandbriefe in keiner Weise beeinträchtigen würde, beweisen die Verhältnisse der Preußischen Central-Bodenkredit-Aktiengesellschaft, die an die landschaftliche Taxe in keiner Weise gebunden ist.

Durchaus unverständlich ist es aber, wenn einzelnen Hypothekenbanken die Beleihung nur in einem bestimmten Verhältnis zum Grundsteuerreinertrag gestattet ist. Daß dieser keinen auch nur annähernd zutreffenden Maßstab für die Werthschätzung eines Grundstücks bildet, darüber sind doch alle sachverständigen Kreise so vollkommen einig, daß eine derartige Beleihungsgrenze nur auf völliger Selbsttäuschung beruhen kann*).

---

*) Sehr richtig bemerkte der Abgeordnete Lasker bei seiner Vernehmung in der Enquete über das Hypothekenbankwesen:

„Die schwierigste Aufgabe ist die Werthgrenze aufzufinden. Die Einschätzung zur Grundsteuer ist in Preußen hierzu gar nicht zu gebrauchen, so ungleichmäßig und falsch ist sie durch die Schuld der Betheiligten ausgefallen. Einzelne Kreise haben in der Kunst der Minderschätzung Außerordentliches geleistet und fast überall verfuhr man willkürlich; die Folge ist, daß der Ertrag der Grundsteuer gänzlich unbrauchbar ist zur Werthermittelung; es ist Willkür, irgend eine vielfache Quote als Maßstab zu Grunde zu legen, weil die Unterschätzung nicht einmal in kleinern Kreisen gleichmäßig ist.

Ich gestehe, daß ich für die zu treffende Ermittelung der Werthgrenze gleichfalls keinen Rath zu geben weiß, daß ich dieselbe für das Problem halte, dessen Lösung noch zu finden ist."

Dieses Urtheil über das Grundsteuergesetz von 1861, womit das ganze Gesetz selbst gerichtet ist, erscheint um so weniger anfechtbar, als es gerade von dem Manne ausgesprochen ist, der als Referent der Kommission des Abgeordnetenhauses seiner Zeit die Grundsteuer als diejenige Steuer bezeichnete, die „ihre entschiedene finanzielle und rechtliche Superiorität behauptet" und der damals sich dahin aussprach, daß, wenn es auch nicht möglich sei, die gleichheitliche Feststellung des Reinertrages der Grundstücke in einem großen Staat mit mathematischer Genauigkeit zu erreichen, das Totaleinkommen einer Familie zum Zweck der Einkommensteuer doch viel schwieriger festgestellt werden könne, als der Ertrag eines bestimmten im täglichen Verkehr versirenden Grundstücks.

Im Irrthum ist Lasker nur insofern, als er die Schuld auf die mangelhafte Ausführung des Gesetzes schiebt, während jeder Sachverständige ihn darüber wird belehren können, daß die Ausführung der gesetzgeberischen Absicht einer gleichheitlichen Feststellung des Reinertrages einfach eine Unmöglichkeit

Nach den obigen Darlegungen erscheint die außerordentlich geringe Inanspruchnahme der meisten Hypothekenbanken seitens des ländlichen Grundbesitzes nicht weiter wunderbar sondern durchaus erklärlich. Von allen Banken ist es, wie aus der mitgetheilten Zusammenstellung hervorgeht, allein die Central-Bodenkredit Aktiengesellschaft, welche in erheblicherem Umfange Darlehne an den ländlichen Grundbesitz gewährt hat und der Grund hierfür liegt vorzugsweise darin, daß ihre Beleihungsgrenze eine weitere ist als die der landwirthschaftlichen Kreditinstitute. Da die letztern sowohl bezüglich der Höhe der Zinsen und Verwaltungskostenbeiträge als bezüglich der Amortisation und der sonstigen Nebenbestimmungen dem Grundbesitz günstigere Bedingungen gewähren als die Hypothekenbanken, so können vernünftiger Weise die letztern nur in Anspruch genommen werden, wenn die Landschaft überhaupt die Beleihung versagt, oder wenn die Beleihungsgrenze derselben eine engere ist.

Da die Landschaften früher nur auf Rittergüter Darlehne gewährten und auch jetzt noch die Bewilligung von Darlehnen von einem Minimalwerth des betreffenden Grundstücks abhängig machen, so ist anzunehmen, daß die große Mehrzahl der von den Hypothekenbanken gewährten Darlehne solche Grundstücke betrifft, die landwirthschaftlichen Kredit nicht haben erlangen können. Außerdem mögen auch diejenigen Hypothekenbanken, welche Darlehne bis zum 25fachen Grundsteuerreinertrag bewilligen dürfen, in vereinzelten Fällen aus dem Grunde in Anspruch genommen worden sein, weil dieser Beleihungsmaßstab dem Grundbesitz die Aufnahme eines höhern Darlehns gestattete als die landschaftliche Taxe. Insbesondere konnte dieses früher häufiger vorkommen, weil erst in neuerer Zeit die landschaftlichen Taxgrundsätze eine den gesteigerten Erträgnissen und den veränderten Preisverhältnissen Rechnung tragende Umgestaltung erfahren haben. Nachdem hierdurch die landschaftliche Beleihungsgrenze entsprechend erhöht worden ist, sind die meisten Hypothekenbanken auf die Gewährung von Darlehnen an den nicht landschaftsfähigen Grundbesitz beschränkt, und hat ihr Wirkungskreis auch hier

---

ist. Ueber die Gründe hierfür vergl. Näheres in „Die wirthschaftlich-socialen Aufgaben unserer Zeit" S. 99 u. ff.

noch insofern im Laufe der Zeit eine wesentliche Einschränkung erlitten, als der für die landschaftliche Beleihung verlangte Werthbetrag der Grundstücke herabgesetzt worden ist.

Wenn die Central=Bodenkredit=Aktiengesellschaft dadurch, daß sie Darlehne in höherem Betrage als die Landschaften zu gewähren vermag, allein von allen andern Hypothekenbanken auch von demjenigen Grundbesitz, welchem der landschaftliche Kredit ebenfalls zu Gebote steht, in erheblicherem Umfange in Anspruch genommen worden ist, so beweist dieses, wie sehr das Bedürfnis nach unkündbaren Hypotheken empfunden wird. Denn erst in neuerer Zeit gewährt diese Bank Hypotheken=Darlehne hinter landschaftlichen Pfandbriefen, wogegen sie früher für dieselben ebenso wie die Landschaft die erste Stelle beanspruchte. Die Folge davon war, daß der Grundbesitz, um ein höheres unkündbares Darlehn als das von der Landschaft erhältliche zu erlangen, auf die von der letztern gebotenen Vortheile verzichten und für die ganze Schuld die ungleich drückenderen Bedingungen der Bank acceptiren mußte.

Wie hoch sich in einem derartigen Falle der von dem Grundbesitz für den Mehrbetrag des von der Bank erhaltenen unkündbaren Darlehns zu zahlende Kaufpreis stellt, beweisen am besten ein Paar praktische Beispiele. Setzen wir den Fall, daß nach der landschaftlichen Taxe ein Grundstück mit 80000 Mark nach der von der Central=Bodenkredit=Aktiengesellschaft aufgenommenen dagegen mit 100000 Mark würde beliehen werden können, so ergiebt sich nach den heutigen Darlehnsbedingungen der letztern folgende Rechnung: Während die Ostpreußische Landschaft nur 10 Jahre hindurch jährlich als Beitrag zu Verwaltungskosten $^1/_{10}$ % erhebt, müssen an die Central=Bodenkredit=Gesellschaft bis zum Ablauf der ganzen Amortisationsdauer von $70^1/_2$ Jahren $^1/_4$ % jährlich zu diesem Zweck geleistet werden. Dieses $^1/_{10}$ % während der Zeitdauer von 10 Jahren und $^1/_4$ % während der Zeitdauer von $70^1/_2$ Jahren repräsentirt bei Zugrundelegung einer 4procentigen Verzinsung einen heutigen Kapitalswerth von 0,8 bezw. 5,87 %. Ferner repräsentirt das während einer 14jährigen Zeitdauer an die Bank für die Emissions- und Herstellungskosten, Disagio u. s. w. jährlich zu zahlende $^1/_2$ % einen heutigen Kapitalswerth von 5,32 %, wogegen der für Disagio u. s. w. an die Land=

schaft bei Aufnahme eines 4procentigen Darlehns zu zahlende Betrag nach dem gegenwärtigen Kursstande der 4procentigen Pfandbriefe höchstens 2 % ausmacht*). Oder mit andern Worten: Derjenige, welcher ein landschaftliches Darlehn aufnimmt, verliert an Verwaltungskosten, Disagio u. s. w. 0,8 + 2 % also im Ganzen etwa 3 %. Derjenige dagegen, welcher ein Darlehn von der Bank aufnimmt, büßt für den gleichen Zweck 5,87 + 5,32 % also im Ganzen etwa 11 % ein. Berücksichtigt man nun ferner, daß von den oben angenommenen 100,000 Mark vielleicht 80,000 Mark von der Landschaft gegen eine Einbuße von nur 3 %, oder 2400 Mark zu erlangen wären, so stellt sich die eigentliche Gegenleistung für den von der Hypothekenbank gewährten Mehrbetrag von 20,000 Mark auf 8600 Mark oder auf 43 % des Kapitals.

Ist nun gar der Stand der Pfandbriefe ein solcher, daß ein Disagio bei der Aufnahme des landschaftlichen Darlehns überhaupt nicht entsteht und findet die Erhebung eines Verwaltungskostenbeitrages vom Schuldner nicht statt, wie dieses bei einigen Landschaften z. B. der Kur- und Neumärkischen der Fall ist, so stellt sich das Verhältnis noch mehr zu Ungunsten des Bankdarlehns. In diesem Falle würden auf die 80000 Mark Landschaftsgelder bei unserm obigen Beispiel gar kein Ausfall entfallen, die ganze Einbuße von 11 % des gesammten Kapitals also von 11,000 Mark, mithin lediglich auf den von der Bank gewährten Mehrbetrag von 20000 Mark zu rechnen sein, was einem Verlust von 55 % des Kapitals gleich kommen würde.

Daß derartige exorbitante Entschädigungen in keinem angemessenem Verhältnisse zu den Vortheilen stehen, welche aus der Erweiterung der Beleihungsgrenze der Central-Bodenkredit-Aktiengesellschaft dem Grundbesitz erwachsen, bedarf keines weitern Beweises. Uebrigens haben wir ein der Hypothekenbank äußerst günstiges Beispiel der vergleichenden Berechnung zu Grunde gelegt. Denn abgesehen davon, daß das von der Bank gewährte Darlehn in seltenen Fällen den landwirthschaftlichen Kredit um $^1/_4$ übersteigen dürfte, so findet nach den jetzigen Darlehnsbedingungen der-

*) Nach dem letzten Jahresbericht des landschaftlichen Kreditverbandes der Provinz Sachsen stellt sich zur Zeit der durchschnittliche Verkaufspreis der 4procentigen Pfandbriefe auf 99 %.

selben nur „bei besonders günstigen Verhältnissen" und bei Darlehnen in einem Mindestbetrage von 20000 Mark eine 4procentige Verzinsung derselben statt. Dagegen erhöht sich bei Darlehnen unter 20000 Mark und, wie anzunehmen ist, auch dann, wenn die Verhältnisse nicht „besonders günstig" sind, die Verzinsung auf $4^1/_2$ % und der Verwaltungskostenbeitrag auf $^1/_3$ %, wodurch der Vergleich obwohl in diesen Fällen der für Emmissionskosten, Disagio u. s. w. in 8 bezw. 5 Jahren zu zahlende Betrag auf 4 bezw. $2^1/_2$ % sich ermäßigt, noch erheblich mehr zu Ungunsten der Bank ausfallen würde.

Auch darf nicht außer Betracht gelassen werden, daß die Darlehnsbedingungen derselben mit Rücksicht auf den gegenwärtigen Stand des Geldmarkts und unter dem Druck der landschaftlichen Kreditinstitute sowie des Privatkapitals zur Zeit für den Schuldner besonders günstig sind, jedoch jeden Augenblick wiederum eine Aenderung zu seinem Nachtheil erfahren können; wie sie anderseits auch noch nie vorher sich so günstig für ihn gestellt haben.

Allerdings wollen wir hierbei nicht verschweigen, daß die Verwaltungskostenbeiträge bei einzelnen Landschaften auch höhere sind, als die den obigen Berechnungen zu Grunde gelegten*). Aber läßt man die Verwaltungskosten ganz außer Berücksichtigung, so beträgt der Verlust bei dem landschaftlichen Darlehn nur höchstens 2, bei dem von der Bank aufgenommenen $5^1/_3$ %. Bei dem obigen Beispiel würden also die von der Bank mehr erhaltenen 20000 Mark nach Abzug des bei der Landschaft für die 80000 Mark entstehen-

*) Wenn bei dem landschaftlichen Kreditverein der Provinz Posen der Verwaltungskostenbeitrag sogar $^1/_2$ % beträgt, so genügt ein Blick in den Etat desselben, um zu erkennen, daß dieses $^1/_2$ % ganz überwiegend zur Tilgung und zur Verstärkung des Reservefonds, also zu Gunsten der Schuldner Verwendung findet. Denn von den Einnahmen an Verwaltungskosten im Betrage von gegen $1^1/_4$ Million Mark werden nur etwas über $^1/_4$ Million Mark zur Verwaltung, der Rest von 960,000 Mark dagegen zu den angegebenen Zwecken verwendet. Diese Reservefonds gewähren die Mittel, um in spätern Jahren die Verwaltungskostenbeiträge herabsetzen bezw. ganz aufheben zu können, wie dieses z. B. bei der Kur- und Neumärkischen, sowie der Ostpreußischen Landschaft der Fall ist. Wenn also auch die an die Landschaft zu zahlenden Beiträge den von den Hypothekenbanken erhobenen gleich sind, so ist dieses nur scheinbar und auch lediglich vorübergehend der Fall.

den Ausfalls von 1600 Mark noch 3700 Mark kosten, was einem Verlust von $18\frac{1}{2}$ % dieses Kapitalsbetrages gleich kommt.

Daß übrigens unter Umständen alle diese Opfer vergeblich sein können, wenn in Folge einer Aenderung der landschaftlichen Taxe sich der landschaftliche Kredit erhöht, wird ebenfalls vielfach übersehen. Uns sind und zwar nicht blos vereinzelt Fälle bekannt, in denen das Darlehn von der Hypothekenbank lediglich aus dem Grunde aufgenommen wurde, weil sie einen höhern Betrag gewährte als die Landschaft, daß jedoch bei einer wenige Jahre darauf erfolgten wiederholten Abschätzung seitens derselben nach den inzwischen geänderten Taxgrundsätzen der Werth des Grundstücks in einer solchen Höhe sich herausstellte, daß der landschaftliche Kredit sogar noch den von der Bank gewährten nicht unerheblich überstieg.

Wenn trotzdessen die Inanspruchnahme der Central-Bodenkredit-Aktiengesellschaft seitens des ländlichen Grundbesitzes eine immerhin erhebliche genannt werden kann, so scheint uns der Umstand, daß dieselbe vorzugsweise in die Zeit der Kreditnoth fällt, eine genügende Erklärung hierfür nicht zu sein. Mag auch in derartigen Zeiten, in denen das Privatkapital die ungünstige Lage des Grundbesitzes nach Möglichkeit auszubeuten bestrebt ist, der Vortheil, vor dieser Ausbeutung durch Vermehrung der unkündbaren Hypotheken mehr als es die Ausnutzung des landschaftlichen Kredits gestattet, gesichert zu sein, überschätzt werden, so können doch derartige Opfer, mit denen dieser Vortheil von der Bank erkauft werden muß, nur ausnahmsweise aus besondern persönlichen Gründen als gerechtfertigt anerkannt werden.

Nach unsern Erfahrungen ist die geschäftliche Unerfahrenheit, ja wir möchten sagen, der geschäftliche Leichtsinn des Grundbesitzes der hauptsächlichste Grund für diese Bevorzugung der Bank gegenüber der Landschaft. Wir haben so oft Besitzer gefunden, die nach Aufstellung einer Rechnung, wie wir sie oben gemacht haben, offen eingestanden, daß es ihnen nie eingefallen wäre, von der Bank ein Darlehn zu nehmen, wenn sie sich die Sache nach dieser Richtung hin überlegt hätten, daß wir annehmen müssen, diese gehören nicht etwa zur Ausnahme, sondern dieselben bilden geradezu die Regel.

Ist schon an sich der dem Grundbesitz gemachte Vorwurf, daß ihm vielfach die kaufmännische Kalkulation mangele, und daß er in seinem Geschäftsbetrieb nicht genügend rechne, nicht unberechtigt, so ist die Art, wie derartige Hypothekengeschäfte eingeleitet und ausgeführt werden, keineswegs besonders geeignet, ihm die sorgfältige Prüfung der gesammten Darlehnsbedingungen und die genaue Abwägung der gebotenen Vortheile gegenüber den zu übernehmenden Verpflichtungen zu erleichtern. Die dem Darlehnssucher zunächst zugehenden Bedingungen enthalten selten alle von ihm zu übernehmenden Verpflichtungen; die Fassung derselben sowie der Statuten und der Schuldurkunde lassen vielfach die nöthige Klarheit und eine auch dem geschäftlich Unerfahrenen verständliche Sprache vermissen. Häufig erfolgt die Kündigung der Hypotheken, zu deren Bezahlung das von der Bank aufzunehmende Darlehn dienen soll, bevor eine Verständigung mit derselben über alle wesentlichen Punkte des abzuschließenden Vertrages erfolgt ist; in diesen Fällen ist dann der Schuldner vielfach in der Hand der Bank.

Erfüllen also die Hypothekenbanken ihre statutarische Bestimmung der Hebung des Bodenkredits, soweit es sich um den ländlichen Grundbesitz handelt, in keiner Weise, so ist ihre Errichtung doch auch für diesen in so fern nicht ohne Werth, als das vermehrte Angebot von Kapitalien, welche in der Anlage in Hypotheken Verwerthung suchen, die Darlehnsbedingungen zu Gunsten des Kreditbedürftigen beeinflußen muß. Dieser Einfluß würde ein erheblich größerer sein, wenn der Grundbesitz mehr, wie es bisher der Fall gewesen ist, sich einer sorgfältigern Prüfung dieser Bedingungen unterziehen und den Kredit der Banken nur beanspruchen würde, wenn ihm in der That hieraus besondere Vortheile erwachsen und die für dieselben zu vergütende Entschädigung sich in angemessenen Grenzen hält.

Die Hypothekenbanken würden dann vor die Alternative gestellt werden, entweder ihren Geschäftsbetrieb noch mehr einzuschränken, als sie es bereits in den letzten Jahren haben thun müssen oder ihre Forderungen zu Gunsten des Grundbesitzes zu ermäßigen. Daß sie in diesem Falle letzteres vorziehn würden, kann um so weniger zweifelhaft sein, als durch eine Erweiterung ihres Geschäftsumfanges die allgemeinen Kosten eine kaum in Betracht kommende Steigerung erfahren würden; dieselbe müßte demgemäß auch bei einem ganz mäßigen Gewinn eine Erhöhung der

Ueberschüsse und somit der an die Aktionäre zu vertheilenden Dividende zur Folge haben, worin ja diese Banken ihren alleinigen Zweck erblicken.

Um dieses zu erreichen, ist es nothwendig, daß die Staatsaufsichtsbehörde die Banken veranlaßt, in die Darlehnsbedingungen alle vom Schuldner zu übernehmenden Verpflichtungen aufzunehmen und sowohl diese wie die Schuldurkunden derart zu redigiren, daß über den Umfang dieser Verpflichtungen auch bei dem wenig geschäftsgewandten Schuldner nicht der geringste Zweifel bestehen kann. Geschieht dies, so können die Hypothekenbanken vielleicht der Förderung des Realkredits in beschränktem Umfange nutzbar gemacht werden; den berechtigten Forderungen des Grundbesitzes in Bezug auf denselben werden sie jedoch nie gerecht werden, weil die Interessen desselben mit denen der Aktionäre sich nie vereinigen lassen.

Ebenso würde der Presse, welche sich die Förderung der landschaftlichen Interessen angelegen sein läßt, die dankenswerthe Aufgabe zufallen, den Grundbesitz über die Vortheile und Nachtheile der Hypothekenbanken im Vergleich zu den Landschaften aufzuklären.

Daß auch die durch das Gesetz vom 13. Mai 1879 ermöglichten Landeskultur-Rentenbanken; selbst in den sich aus dem Zweck derselben ergebenden engen Grenzen einen irgend in Betracht kommenden Einfluß auf die Verbesserung der Grundkreditverhältnisse nicht ausüben werden, wird schon jetzt als zweifellos angenommen werden können. Bekanntlich ist durch dieses Gesetz den Provinzial- und Kommunalverbänden die Befugnis zur Errichtung derartiger Banken, denen gewisse Privilegien wie Steuer- und Stempelfreiheit, sowie das Recht der administrativen Exekution beigelegt sind, ertheilt worden. Jedoch die meisten Provinzial- bezw. Kommunallandtage haben für dieses Geschenk gedankt.

Nur die Landtage der Provinzen Schlesien und Schleswig-Holstein haben die Errichtung einer derartigen Rentenbank beschlossen, wogegen die Landtage von Ostpreußen, Westpreußen, Pommern, Sachsen, Brandenburg, Hessen und Nassau dieselbe abgelegt haben. Wenn die Mehrzahl der letztern ihrem Beschluß dadurch, daß sie die Errichtung nur „vorerst" abgelehnt haben, gewissermaßen einen provisorischen Charakter gegeben haben, so glauben wir nicht zu irren, wenn wir annehmen, daß dieses nur aus Höflichkeit gegen die gesetzgebenden Faktoren geschehen ist. Denn die für diese Ablehnung maßgebenden Gründe werden voraussichtlich nie hinfällig werden; sie wurzeln nicht in vorübergehenden Ursachen, sondern stützen sich auf die allgemeine Lage der Kreditverhältnisse.

Im Allgemeinen bleibt der von den Rentenbanken zu gewährende Kredit hinter dem der Landschaften nicht unerheblich zurück, da der Grundbesitz mit Sicherheit nur auf ein Darlehn in Höhe des 25fachen Katastral-Reinertrages bezw. innerhalb der ersten Hälfte des durch ritterschaftliche, landschaftliche oder besondere Taxe der Rentenbanken zu ermittelnden Werthes rechnen kann. Die Bestimmung, wonach ausnahmsweise, wenn es sich um die Ausführung eines Unternehmens handelt, welches die Förderung der Bodenkultur bestimmter Liegenschaften oder eines Theils derselben bezweckt, Darlehne bis zu $^3/_4$ desjenigen Werthes gewährt werden können, welchen die Liegenschaft in ihrem zeitigen Zustande hat, während die Mehrzahl der landschaftlichen Kreditinstitute nur bis zu $^2/_3$ ihrer Taxe beleihen, ist ohne erhebliche praktische Bedeutung, da auch in diesem Falle das Darlehn die Hälfte des Gesammtwerths der Liegenschaft allerdings mit Einschluß des durch die Melioration zu erzielenden Mehrwerths nicht übersteigen darf.

Wenn darauf hingewiesen wird, daß durch die Mitberücksichtigung dieses Mehrwerths dem Grundbesitz gewissermaßen die Diskontirung des zukünftigen Erfolges der Melioration ermöglicht wird, so liegt hierin ein Vortheil für denselben gegenüber der Inanspruchnahme des landschaftlichen Kredits nicht. Wird durch eine solche Melioration eine sumpfige Weide in eine werthvolle Wiese verwandelt, so berücksichtigt die landschaftliche Taxe die dadurch eingetretene Werthsteigerung des Grundstücks ebenfalls und erfährt demgemäß auch der landschaftliche Kredit eine entsprechende Steigerung.

Diesen Rentenbanken wird ferner aus dem Grunde ein gewisser Werth beigelegt, weil die Landschaften nur den incorporirten Grundbesitz bezw. den Grundbesitz bis zu einem gewissen Werth beleihen. Dieses ist ja allerdings richtig; die Werthgrenze ist jedoch in den letzten Jahren von den meisten Landschaften so erheblich herabgesetzt worden, daß die Beschränkung der Rentenbanken auf den unter derselben bleibenden Grundbesitz der Wirkungskreis dieser neuen Kreditinstitute derart einengt, daß eine erhebliche wirthschaftliche Bedeutung denselben nicht wol beigelegt werden kann.

Dazu kommt, daß die Verwaltungskosten dieser Rentenbanken, selbst wenn dieselben sich an verwandte Kreditinstitute anschließen, um so erheblicher in die Wagschale fallen, je geringer ihr Geschäftsumfang ist, und daß auch die durch die Aufnahme der Taxen entstehenden Kosten von dem Grundbesitz um so schwerer empfunden werden müssen, je geringer der Werth des abzuschätzenden Grundstücks ist, weil dieselben sich auch nicht annähernd im Verhältnis zu diesem geringern Werth ermäßigen.

III. Die Befriedigung der Forderungen des Grundbesitzes.

Die bei weitem hervorragendste Stelle hinsichtlich der Befriedigung des Grundkredits nehmen die landschaftlichen Kreditinstitute ein, die in allen denjenigen Provinzen, in denen die Grundkreditfrage einen akuten Charakter hat, bestehen*). Es sind dieses ge-

*) Von den Landschaften sind in Pfandbriefen ausgegeben:

	im Ganzen Mark	Davon zu 3½ % Mark	zu 4 % Mark	zu 4½ % Mark
1. von der Ostpreußischen Landschaft	170,029000	13,105000	156,924000	
2. von der Westpreußischen Landschaft	151,855000	25,017000	113,189000	13,649000
3. von der Neuen Westpreußischen Landschaft	65,591000		11,720000	53,971000
4. von der Schlesischen Landschaft	257,870000	113,594000	114,958000	29,318000
5. von der Pommerschen Landschaft	190,515000	40,255000	144,590000	5,670000
6. von der Kur- und Neumärkischen Landschaft	135,124000	33,731000	101,225000	168000
7. von dem Neuen Brandurgisch. Kreditinstitut	8,691000		8,691000	
8. von dem Neuen landwirthsch. Kreditverein für Posen	227,910000	Im Geschäftsbericht nicht angegeben.		
9. von dem landschaftlichen Kredit-Verbande der Provinz Posen . . .	21,402000		21,402000	
	1229,087000			

nossenschaftliche Verbände des kreditbedürftigen Grundbesitzes zur Beschaffung der nöthigen Kapitalien unter gemeinschaftlicher Verhaftung sämmtlicher Mitglieder derselben für die von der Landschaft ausgegebenen Pfandbriefe in Höhe ihrer Darlehnsschuld.

Die Landschaften unterscheiden sich also von den Hypothekenbanken darin, daß erstere Vereinigungen der Darlehnsnehmer behufs möglichst billiger Beschaffung der Darlehne, letztere Vereinigungen der Darlehnsgeber behufs möglichst günstiger Verwerthung ihrer Kapitalien sind. Aus dieser Stellung der Landschaften ergeben sich für ihren Geschäftsbetrieb folgende allgemeine Grundsätze.

Für die durch Vermittelung der Landschaften aufgenommenen Hypotheken hat der Grundbesitz nie mehr an Zinsen zu zahlen, als es der allgemeine Stand des Geldmarkts zur Zeit der Aufnahme des Darlehns bedingt; ebensowenig ist von ihm dafür, daß dasselbe seitens des Gläubigers unkündbar ist, irgendwelche besondere Entschädigung zu leisten. Da die von den Landschaften gewährten Darlehne eine völlige und zweifellose Realsicherheit genießen, so stehen die von ihnen emittirten Pfandbriefe auf dem Geldmarkt den Schuldverschreibungen des Staats und der Gemeinden also den ersten und sichersten Kapitalsanlagen im Allgemeinen völlig gleich, zumal diese Realsicherheit noch durch die gemeinschaftliche Verhaftung aller Schuldner sowie durch die zum Theil sehr erheblichen Reservefonds der Landschaften wesentlich verstärkt wird.

Der Grundbesitz erhält also die innerhalb der landschaftlichen Beleihungsgrenze liegenden Darlehne zu dem niedrigsten Zinssatz, der überhaupt nach dem Stande des Geldmarkts gewährt werden kann. Allerdings sind ja auch die Landschaften genöthigt gewesen, den Zinsfuß für die von ihnen ausgegebenen Pfandbriefe bis auf 5 % zu erhöhen, aber dieser Zinssatz war durch die ungünstigere Lage des Geldmarkts bedingt, und mußte nicht allein vom Grundbesitz, sondern ebensosehr vom Staat und von den Gemeinden, also für alle erste Anlagewerthe bewilligt werden.

Durch die Ausgabe von Pfandbriefen sind ferner die Nachtheile beseitigt, welche für den Eigenthümer einer Hypothek daraus erwachsen, daß er über die verliehenen Kapitalien oder einen Theil derselben nicht jeder Zeit verfügen kann, und daß die Kündigung derselben ganz oder für eine Reihe von Jahren ausgeschlossen ist.

Durch diese Art der Kreditbefriedigung erlangt also der Grundbesitz die Unkündbarkeit der betreffenden Hypotheken ohne Entschädigung, weil die Landschaften selbst ihren Gläubigern für die Ausschließung der Kündigung der Pfandbriefe seitens derselben keine besondere Vergütung zu bezahlen genöthigt sind. Die nothwendige Folge der Unkündbarkeit ist die, daß der Grundbesitz vor einer Erhöhung des Zinssatzes in Folge einer allgemeinen Steigerung desselben oder aus Anlaß einer vorübergehenden Nothlage geschützt ist.

Umgekehrt kommen dem Grundbesitz die Vortheile einer allgemeinen Ermäßigung des Zinssatzes regelmäßig zu Gute. Wie die Landschaften bei steigendem Zinssatz Pfandbriefe mit höherer Verzinsung auszugeben genöthigt sind, so befinden sie sich in der Lage, durch das ihnen vorbehaltene Recht der Aufkündigung der Pfandbriefe jeder Zeit eine dem Stande des Geldmarkts entsprechende Ermäßigung des Zinssatzes zu erreichen.

Dieses ist den Landschaften viel leichter als es dem Schuldner einzelnen Privatgläubigern gegenüber möglich sein würde. Denn die Landschaften haben in dem Kursstande ihrer Pfandbriefe das untrüglichste Zeichen dafür, ob die Verzinsung derselben nach Lage der Verhältnisse eine Ermäßigung erfahren kann oder nicht. Während der einzelne Schuldner bei der Kündigung der Hypothek zum Zweck der Ermäßigung des Zinssatzes immerhin ein mehr oder minder großes Risiko übernimmt, fallen diese Rücksichten bei den Landschaften fort. Da jeder Zeit Papiere, die dem Werth der landschaftlichen Pfandbriefe gleich stehen, auf den Markt gebracht werden, so können die Landschaften fast mit absoluter Gewißheit voraus bestimmen, ob die derzeitigen Pfandbriefsinhaber sich eine Zinsreduktion gefallen lassen werden bezw. ob es ihnen möglich sein wird, anderweite Pfandbriefe mit geringerem Zinssatz annähernd zum Parikurse loszuwerden.

Wenn die Landschaften bei derartigen Konvertirungen sich trotzdessen meistens der Vermittelung größerer Bankhäuser bedienen, die gegen eine verhältnismäßig unerhebliche Provision das Risiko derselben übernehmen, so geschieht dieses wol vorzugsweise, um diese Kreise für einen möglichst hohen Stand der Pfandbriefe zu interessiren und zu verhindern, daß dieselben der Konvertirung durch Drückung der Kurse entgegenwirken.

In den letzten Jahren sind jedoch einzelne Landschaften dazu übergegangen, besondere Bankinstitute — landschaftliche Darlehnskassen — zu gründen, welche gegen eine geringe Provision alle Bankgeschäfte der Landschaften und der Pfandbriefsschuldner besorgen und deren Ueberschüsse wiederum den letztern zu Gute kommen. Auf diese Weise haben einzelne Landschaften sich von den Banquiers zu emancipiren verstanden.

Es liegt in der Natur der Sache, daß die sichersten Kapitalsanlagen bei einer allgemeinen Erhöhung des Zinssatzes am längsten derselben Widerstand leisten und bei einer allgemeinen Ermäßigung des Zinssatzes am ehesten von derselben betroffen werden. Diesen doppelten Vortheil genießt der Grundbesitz hinsichtlich der von den Landschaften aufgenommenen Darlehne. Bieten die Pfandbriefe bezüglich der Sicherheit die gleichen Vortheile wie die Schuldverschreibungen des Staats, so werden sie sogar durch den Kredit desselben gestützt; die Zinsreduktionen, die der Staat in den letzten Jahren für seine Schuldverschreibungen hat eintreten lassen, sind auch den landschaftlichen Pfandbriefen bezw. dem Grundbesitz zu Gute gekommen.

Allerdings gewähren ja auch die ersten Hypotheken innerhalb der landschaftlichen Beleihungsgrenze eine absolute Sicherheit, aber wir haben bereits oben darauf hingewiesen, aus welchen Gründen der Kampf des Schuldners mit dem Privatgläubiger ein ungleicher ist. Dazu kommt, daß der Zinssatz für Hypotheken doch nicht ein derartig allgemeiner und äußerlich erkennbarer ist, wie der der staatlichen Schuldverschreibungen und landschaftlichen Pfandbriefe, die auf dem allgemeinen Geldmarkt gehandelt werden. Der Zinssatz der Privathypotheken hängt doch vielfach noch von andern Faktoren ab, sodaß der Schuldner nicht sofort erkennen kann, ob die für andere Kapitalsanlagen eingetretene Zinsermäßigung auch auf seine Hypothek Anwendung findet.

Die Folge hiervon ist, daß jede Ermäßigung des Zinssatzes nur allmählich und nach schweren Kämpfen zwischen Gläubiger und Schuldner dem Grundkredit zu Gute kommt, jede Erhöhung desselben jedoch ihm gegenüber sofort wirksam wird. Das umgekehrte Verhältnis ist bei den landschaftlichen Darlehnen der Fall. Jede Ermäßigung des Zinssatzes kann von den Landschaften sofort ausgenutzt werden, während von der Erhöhung desselben die landschaftlichen Pfandbriefe ebenso wie die Schuldverschreibungen des Staats am spätesten betroffen werden.

Hierbei darf nicht übersehen werden, daß diese Erhöhungen nur für die neu aufgenommenen Darlehne eine praktische Wirkung haben, die älteren dagegen von derselben gar nicht nachtheilig berührt werden sondern im Gegentheil sogar einen positiven Vortheil davon haben. Eine Erhöhung des Zinssatzes für derartige Kapitalsanlagen äußert sich in dem Rückgang der Kurse derselben. Die Folge davon ist, daß sich der Betrag des landschaftlichen Darlehns um so viel vermindert, als die Pfandbriefe unter Pari erworben werden können. Denn die Schuld ist an sich eine Pfandbriefschuld. Der Schuldner erhält Pfandbriefe und ist auch nur verpflichtet, solche zurückzuzahlen.

Allerdings macht die Landschaft von ihrem Kündigungs- und Auslosungsrecht Gebrauch, wenn die Pfandbriefe über Pari stehen, um dem Schuldner die Einlösung zum Parikurs zu ermöglichen. Stehn die Pfandbriefe dagegen unter Pari, so bleibt dem Schuldner die anderweite Beschaffung derselben durch Ankauf von der Börse überlassen.

Wir sehen also, daß die von dem landschaftlichen Kreditinstituten gewährten Darlehne den meisten Forderungen bereits genügen, welche der Grundbesitz zu erheben berechtigt ist, daß sie den nach dem jeweiligen Stande des Geldmarkts niedrigsten Zinssatz genießen, daß der Schuldner durch ihre Unkündbarkeit vor einer Erhöhung des Zinssatzes in Folge allgemeiner Veränderungen des Geldmarkts oder aus Anlaß vorübergehender Erschütterungen des Grundkredits wegen ungünstiger Ernten u. s. w. vollständig geschützt ist, daß ihm anderseits jedoch jede allgemeine Ermäßigung des Zinssatzes zu Gute kommt.

Dagegen haben die Landschaften bisher nicht den Zweck verfolgt, eine allmähliche Befreiung des Grundbesitzes von allen Hypotheken anzustreben, wie sie auch anderseits die vollständige Befridigung des Kreditbedürfnisses bisher nicht als ihre Aufgabe angesehen haben. Dieses sind also die beiden wesentlichsten Punkte, auf welche die Reform des Grundkreditwesens sich zu erstrecken hat.

Was zunächst die Befreiung des Grundbesitzes von den Hypotheken anlangt, so handelt es sich, wie wir oben dargelegt haben, hierbei nicht um die dauernde Erhaltung des Grund und Bodens in hypothekenfreiem Zustande, sondern lediglich darum, daß die Hypotheken innerhalb derjenigen Zeiträume, innerhalb welcher nach dem natürlichen Lauf der Dinge die Grundstücke ihren Eigenthümer wechseln müssen, getilgt werde nund somit der sich andernfalls stetig steigernden Verschuldung vorgebeugt wird. Dieses Ziel läßt sich ohne Aenderung der gegenwärtigen Grundprincipien der landschaftlichen Kreditinstitute erreichen.

Die Grundsätze, nach denen die Darlehne zur Amortisation gelangen, sind bei den einzelnen Landschaften verschieden. Einige Landschaften schreiben die Tilgung der Darlehnsschuld durch jährliche Amortisationsraten vor, soweit dieselbe einen bestimmten Prozentsatz der landschaftlichen Taxe übersteigt.

Eine derartige Amortisation, die augenscheinlich lediglich den Zweck einer Sicherung der Landschaft vor etwaigen Verlusten hat, entbehrt eines jeden rationellen Grundes; sie würde nur eine Berechtigung bei Werthobjekten haben, die einer allmählichen Werthminderung unterliegen. Wenn der Gläubiger, der ein Darlehn auf ein Haus oder ein Fabrikgrundstück gewährt, für den einen bestimmten Werthbetrag übersteigenden Theil desselben eine jährliche Amortisation vorschreibt, so ist dieses gerechtfertigt. Das Haus und die Maschinen haben in neuem Zustande ihren höchsten Werth; im Laufe der Zeit steigern sich die Reparaturkosten des Hauses, weil einzelne Theile einem schnellen Verschleiß ausgesetzt sind, und damit mindert sich der Werth desselben. Noch mehr werden Maschinen durch den Gebrauch abgenutzt und büßen dadurch an ihrem ursprünglichen Werth ein. Werden also auf Häuser oder Fabrikgrundstücke unter Zugrundelegung des Neuwerths derselben Darlehne gewährt, so wird mit der stetig zunehmenden Werthminderung dieser Pfandobjekte allmählich die Realsicherheit eine geringere; der Gläubiger muß also die Rückzahlung eines entsprechenden Theils des Darlehns verlangen, um für den Rest die ursprüngliche Realsicherheit sich zu erhalten.

Völlig anders liegen aber die Verhältnisse bei ländlichen Grundstücken. Für die Annahme, daß dieselben zur Zeit der Beleihung den höchsten Werth haben, fehlt es an jeder thatsächlichen Unterlage; im Gegentheil beweisen die praktischen Erfahrungen, daß von vorübergehenden Schwankungen abgesehen, der Werth dieser Grundstücke in Folge der durch Meliorationen des Grund und Bodens gesteigerten Ertragsfähigkeit, der Verbesserung des Inventariums u. s. w. im Allgemeinen sich stetig erhöht. Die später aufgenommenen landschaftlichen Taxen ergeben demgemäß auch fast ausnahmslos zum Theil nicht unerhebliche Werthsteigerungen.

Daß die Annahme einer Werthminderung übrigens der erwähnten Bestimmung einzelner Landschaften bezüglich der Amortisation nicht zu Grunde liegt, geht daraus hervor, daß sie nach einer gewissen Reihe von Jahren die Wiederaufnahme eines Darlehns an Stelle der amortisirten Beträge ohne neue Taxe gestatten. Aus diesem Grunde kann die fragliche Bestimmung, welche somit zur Sicherung der Landschaft nicht nothwendig ist, noch weniger von dem Gesichtspunkt der anzustrebenden Grundentlastung aus für gerechtfertigt erachtet werden.

Die meisten Landschaften schreiben eine regelmäßige Amortisation von $\frac{1}{2}$ bis $\frac{3}{4}$ % jährlich vor, verfolgen also bereits das Ziel einer allmählichen Entlastung des Grundbesitzes von allen Hypotheken. Da jedoch bei einer Amortisation von jährlich $\frac{1}{2}$ % unter Zugrundelegung einer 4prozentigen Verzinsung das Kapital erst in 56 Jahren getilgt wird, während nach unsern obigen Darlegungen ein Besitzwechsel wegen Erbfalls durchschnittlich etwa alle 30 Jahre sich zu wiederholen pflegt, so ist dieselbe zur Erreichung des anzustrebenden Ziels nicht genügend. Es bedarf vielmehr der Erhöhung der Amortisationsquote auf jährlich 2 %, um das Kapital in 28 Jahren zu tilgen.

Die hauptsächlichste Frage ist natürlich die, ob der Grundbesitz diese Last tragen kann. Die Beantwortung dieser Frage hängt davon ab, ob es möglich ist, den Grundbesitz bezüglich seiner zweiten und dritten Hypotheken aus den Händen des Privatkapitals zu befreien, und die für dieselben zu zahlenden Zinsen auf einen Betrag zu ermäßigen, wie derselbe mit Rücksicht auf das erhöhte Risiko angemessen ist. Die Vortheile, die hieraus dem Grundbesitz erwachsen, können nicht nach dem gegenwärtigen dem Schuldner überaus günstigen Stande des Geldmarkts beurtheilt werden; man muß dieselben vielmehr mit jenen Zeiten vergleichen, in denen die Kreditverhältnisse für den Grundbesitz ungünstige gewesen, und er der

Ausbeutung durch das Privatkapital in höherem Maße wie jetzt ausgesetzt war, weil die Rückkehr derselben keineswegs außer dem Bereich der Möglichkeit liegt.

Man wird nicht fehl gehen, wenn man annimmt, daß heute der Grundbesitz für seine Hypotheken durchschnittlich mindestens 1½ % weniger zu bezahlen genöthigt ist, als Ende der sechsziger Jahre und die darauf folgende Zeit. Da der Kurs der 4procentigen Pfandbriefe heute ein höherer ist als in jener Zeit vielfach der der 5procentigen Pfandbriefe, so spart der Grundbesitz bereits an dem landschaftlichen Darlehn reichlich 1 % gegen die ungünstigste frühere Zeit. Noch größer ist die Zinsersparnis bei seinen zweiten und dritten Hypotheken. Wir haben oben aus dem von Rodbertus mitgetheilten Bericht über die Lage der Kreditverhältnisse in Pommern Anfangs des Jahres 1868 ersehen, daß zu jener Zeit für zweite und dritte Hypotheken 6, 6½ ja 7 und 8 % zugestanden werden mußten. Nehmen wir aber auch nur an, daß damals der durchschnittliche Zinssatz für Darlehne hinter der Landschaft und bis zu ⅔ des Verkaufswerths des Grundstücks sich in den östlichen Provinzen auf 6½ % gestellt hat, während derselbe heute wohl nur ausnahmsweise 5 % übersteigt, so kann man bezüglich der zweiten und dritten Hypotheken die gegenwärtige Zinsersparnis mindestens auf 1½ % schätzen.

Gelingt es nun, dem Grundbesitz die Befriedigung seines Kreditbedürfnisses bis zu ⅔ des Verkaufswerths des Grundstücks zu 4½ % und durch unkündbare Hypotheken zu ermöglichen, so würde derselbe gegenwärtig mit Einschluß der zu Amortisationszwecken zu verwendenden 2 % keine wesentlich größere Last zu tragen haben, als früher von ihm allein an Zinsen und landschaftlichen Amortisationsraten bezahlt werden mußten, zumal die Unkündbarkeit auch dieser Hypotheken erhebliche Ersparnisse an Gerichts- und Notariatsgebühren sowie Provisionen für die Besorgung gekündigter Darlehne zur Folge hat.

Man wird dagegen einwenden, daß wie die vielfachen Subhastationen jener Zeit beweisen, die auf dem Grundbesitz damals ruhende Last eine zu schwere und seine wirthschaftliche Existenz gefährdende gewesen ist. Gewiß ist dieses zutreffend; aber die Subhastationen werden sich fast ausschließlich auf diejenigen Fälle beschränkt haben, in denen die Belastung des Grundstücks $^2/_3$ seines Verkaufswerths oder die Zinsen $6^1/_2$ % überstiegen haben. Außerdem sind erfahrungsgemäß die meisten Subhastationen auf erfolgte Kündigungen von Kapitalien zurückzuführen, für welche der Grundbesitz sich in jener Zeit der Kreditnoth einen anderweiten Ersatz nicht hat beschaffen können.

Nimmt man an, daß die landschaftliche Beleihungsgrenze etwa bis zu $^1/_3$ des Verkaufswerths des Grundstücks geht, so würde, da für das landschaftliche Darlehn zur Zeit nur 4 % Zinsen zu zahlen sind — von dem von einzelnen Landschaften noch zur Erhebung gelangenden Verwaltungskostenbeitrag sehen wir zunächst ab — bei Zugrundelegung einer $4^1/_2$procentigen Verzinsung für das zweite Drittheil des Verkaufswerths sich die ganze Belastung des Grundbesitzes mit Einschluß der 2 % für die Amortisation auf $6^1/_4$ % stellen.

Diese Last kann der nicht über $^2/_3$ des Verkaufswerths mit Hypotheken belastete Grundbesitz tragen, wenn Vorsorge getroffen wird, daß die Amortisationsrate in besonders ungünstigen Jahren nicht oder nur zum Theil zur Erhebung gelangt. Die hierin liegende Erleichterung des Grundbesitzes ist eine um so größere, als trotz der im Allgemeinen wenig gesicherten Lage des Grundbesitzes, es doch vorzugsweise einzelne ungünstige Jahre sind, in denen die Hypothekenlast besonders schwer empfunden wird und die seine wirthschaftliche Existenz gefährden. Die 5 oder 6 % Zinsen, die auf dem Ostpreußischen Grundbesitz lasten, wurden von demselben im Jahre 1867, in dem die ganze Provinz von einem allgemeinen Nothstand heimgesucht wurde, sicherlich schwerer getragen als 8 % in einem günstigen Jahre, und gern würde er in einem solchen Jahre diese 8 % zahlen, wenn er dafür für das Jahr 1867 eine Ermäßigung der Zinsen auf $4^1/_4$ % hätte erlangen können.

In solchen Nothstandsjahren den Grundbesitz nach Möglichkeit zu entlasten, ist eine der hauptsächlichsten Aufgaben der Grundkreditreform. Denn da in denselben die Erträgnisse des Grundstücks vielfach nicht einmal ausreichen, um die Betriebskosten zu decken, so können die Zinsen meistens nicht anders als durch Inanspruchnahme des Kredits bezahlt werden, und es liegt auf der Hand, daß das Kapital diese Nothlage durch hohe Zinsforderungen nach Möglichkeit auszunutzen bestrebt ist.

Dazu kommt, daß in solchen Jahren der Grundbesitz durch den Mangel am disponibeln Fonds vielfach genöthigt ist, Beschränkungen in seinen Betriebsausgaben eintreten zu lassen, die auch auf die Erträgnisse der folgenden Jahre einen ungünstigen Einfluß ausüben. Diese Nachtheile werden wenn nicht vermieden, so doch wesentlich gemildert, wenn es angängig ist, in besonders ungünstigen Jahren die auf dem Grundbesitz ruhende Last durch Verzicht auf Amortisation seiner Darlehnsschuld zu erleichtern und glauben wir in der Annahme nicht zu irren, daß der Grundbesitz im Allgemeinen die Verpflichtung zur Amortisation bis zu $6\frac{1}{4}\,\%$ der Gesammtschuld mit Einschluß der zu zahlendeu Zinsen als eine übermäßige Last nicht empfinden würde, wenn diese Jahre von der Amortisationspflicht ausgenommen würden.

Dieses erscheint auch schon aus dem allgemeinen Grunde nothwendig, weil die Amortisation sich nur rechtfertigen läßt, sofern die Erträgnisse des Grundstücks die Mittel dazu gewähren; die Verpflichtung zur Amortisation dagegen in Zeiten, in denen diese Mittel nur durch die Aufnahme neuer Schulden gewonnen werden können, ist irrationell. Nur in so weit als der Grundbesitz diese Last nicht übernehmen kann, würde sich die staatliche Unterstützung desselben rechtfertigen.

Bei der Frage, ob eine Ermäßigung der Amortisationsraten bezw. der gänzliche Verzicht auf dieselben in besondern Fällen angängig und praktisch durchführbar ist, kommt das Verhältnis der Landschaft einerseits zu den Pfandbriefsinhabern und anderseits zum Schuldner in Betracht.

Sollten in der That einzelne Landschaften bei den von ihnen ausgegebenen Pfandbriefen die Verpflichtung eingegangen sein, jährlich gewisse Beträge zur Amortisation zu verwenden, so würde die Beseitigung dieser Verpflichtung und an Stelle derselben die Aufnahme einer Bestimmung, wonach die Landschaften berechtigt sind, die Höhe der Amortisation festzusetzen, bezw. von derselben Abstand zu nehmen, nicht die geringsten Schwierigkeiten haben. Insbesondere darf nicht befürchtet werden, daß durch dieselbe der Kurs der Pfandbriefe auch nur im geringsten ungünstig beeinflußt werden könnte. Da in denjenigen Fällen, in denen der Kurs der Pfandbriefe unter Pari steht, die Amortisation durch freihändigen Ankauf der Pfandbriefe an der Börse bewirkt wird, und eine Aufkündigung derselben nur Statt findet, wenn der Kurs über Pari steht, so wird durch die der Landschaft ertheilte Ermächtigung, in besondern Fällen von einer Amortisation absehen zu dürfen, das Interesse der Pfandbriefsinhaber nicht verletzt, sondern der Verzicht auf die Amortisation liegt im Gegentheil im Interesse derselben.

Auch die Erhöhung der Amortisationsquote auf jährlich 2 % läßt einen Kursrückgang der Pfandbriefe nicht befürchten. Bei den unter Pari stehenden Pfandbriefen ist es für den Besitzer völlig gleichgültig, in welchem Umfange die Amortisation derselben bewirkt wird, da die zu amortisirenden Beträge freihändig angekauft werden. Ebensowenig hat bei einem Kursstande der 4prozentigen Pfandbriefe von 101 bis 102 das Kapital ein in Geld zu veranschlagendes Interesse, ob die Rückzahlung der Pfandbriefe in 50 oder in 30 Jahren beendigt wird.

Schwieriger ist es dagegen, die Bemessung der Amortisationsquote von den persönlichen Verhältnissen des Schuldners abhängig zu machen. Wenn ganze Provinzen von einem Nothstand betroffen werden, so würde der Verzicht auf die Amortisation in dem betreffenden Jahr gewiß angezeigt sein, auch wenn einzelne Grundbesitzer nicht unter demselben zu leiden haben. Häufig beschränkt sich jedoch der aus einer Mißernte entstehende Nothstand nur auf einzelne Kreise oder noch kleinere Gebiete. In derartigen Fällen liegt natürlich keine Veranlassung vor, allgemein von der Erhebung der Amortisationsquote Abstand zu nehmen, vielmehr wird es darauf ankommen, im einzelnen festzustellen, in welchen Gebieten bezw. bei welchen Grundbesitzern dieses nothwendig ist. Dieses kann jedoch in einer sehr einfachen Weise geschehen, da die Interessen der Landschaft keine Schädigung erfahren, wenn hier und da auch Grundbesitzer von der Amortisation in einem Jahr befreit werden, bei denen ein Bedürfnis hierzu nicht unbedingt vorliegt. Werden in jedem Kreise ein halbes Dutzend Vertrauensmänner der Landschaft ernannt, so würde die Bescheinigung eines derselben, daß die Erträgnisse des Grundstücks nicht hinreichen, um außer den Betriebskosten und den Kosten des nothwendigen Unterhalts sowie außer den Zinsen noch die Amortisationsquote bezw. einen Theil derselben zu entrichten, für genügend erachtet werden können, um für das betreffende Jahr eine Befreiung von derselben eintreten zu lassen.

Denn da der Antrag auf Befreiung von der Amortisation schon immerhin den Kredit des betreffenden Besitzers beeinträchtigt, so wird die Befürchtung, daß eine derartig erleichterte Form zur Erlangung derselben zu erheblichen Mißbräuchen führen und die ganze Amortisationsverpflichtung im Wesentlichen illusorisch machen würde, kaum gehegt werden können. Außerdem ist selbstverständlich eine Kontrole der betreffenden Vertrauensmänner durch die Centralverwaltung nicht ausgeschlossen.

Haben die Landschaften bisher die ganze Taxaufnahme, die von ungleich größerer Bedeutung für ihre Interessen ist, vorzugsweise in die Hände solcher Vertrauenspersonen gelegt, ohne daß sich Mißstände hieraus ergeben haben, so wird denselben die Entscheidung darüber, ob die Erträgnisse zur Amortisationsleistung ausreichen, ebenfalls ohne alle Gefahr überlassen werden können. Eine derartig erleichterte und formlose Befreiung von der Amortisationspflicht in denjenigen Fällen, in denen die persönlichen Verhältnisse des Schuldners es angezeigt erscheinen lassen, muß übrigens auch die letzten Bedenken gegen dieselbe beseitigen.

Entsprechend dem Zweck der Amortisation, die allmähliche Befreiung des Grundbesitzes von den Hypothekenschulden anzustreben, darf dem Schuldner die beliebige Disposition über die amortisirten Beträge auch selbst nach einer bestimmten Reihe von Jahren vor Tilgung der ganzen Schuld der Regel nach nicht eingeräumt werden, weil damit die ganze Amortisationspflicht in ihrer Wirkung beseitigt wird.

Nur beim Besitzwechsel wird dem Schuldner oder seinen Erben das Recht, die Löschung der amortisirten Beträge beanspruchen zu dürfen, zuzugestehen sein, sofern nicht eine anderweite Verständigung mit dem neuen Erwerber des Grundstücks erfolgt. Welche Schwierigkeiten daraus entstehen, wenn auch beim Besitzwechsel die Disposition über die durch die Amortisation frei gewordene Stelle versagt wird, haben wir oben bereits nachgewiesen. Die Amortisation hat eben den Zweck, die Interessen des Grundbesitzes dadurch zu fördern, daß die sich stetig steigernde Belastung desselben aus Anlaß von Erbfällen verhindert wird. Soweit die Erreichung dieses

Zwecks nicht in Frage kommt, erfordert die Rücksicht auf den Grundbesitz, daß jede nur irgend mögliche Erleichterung gewährt wird.

Von den Fällen des Besitzwechsels abgesehen, würden wir die Verfügung über die amortisirten Beträge dem Besitzer nur in dem einzigen Falle gestatten, wenn dieselbe zur Sicherung und Erhaltung seiner wirthschaftlichen Existenz unbedingt nothwendig ist. Kommt der Besitzer eines Grundstücks durch unverschuldete Unglücksfälle in eine Nothlage, aus der er nur durch die Freigabe der von der amortisirten Schuld inne gehabten Stelle bezw. durch die Gestattung der Wiederverwendung der amortisirten Beträge gerettet werden kann, so geht selbstverständlich die Erhaltung seiner Existenz der Erreichung des mit der Einführung der Amortisationspflicht intendirten Zwecks unbedingt vor.

Wenn der Grundbesitz die den Hypothekenbanken gegenüber obliegende Amortisationspflicht als eine schwere Last empfindet, von der er möglichst frei zu kommen bestrebt ist, so liegt dieses vorzugsweise darin, daß hier zum Schutz seiner Interessen keine Kautelen bestehen und ihm nicht eine wohlwollende Verwaltung gegenübersteht, die in der Förderung derselben ihre einzige Aufgabe erblickt, sondern eine solche, die als Vertreterin der Interessen des Kapitals lediglich dahin trachtet, auf seine Kosten den größtmöglichen Vortheil zu ziehen.

Die Durchführung dieser Amortisation ist also davon abhängig, ob es gelingt, dem Grundbesitz die Erlangung unkündbarer Kapitalien bis etwa $^2/_3$ des Kaufwerths des Grundstücks zu einem $4^1/_2$ % nicht übersteigenden Zinssatz zu sichern. Nur dann, wenn der Schuldner vor der Wiederkehr solcher Zeiten, in denen 6, 7 und 8 % Zinsen von ihm gewährt werden mußten, unbedingt geschützt und dem Privatkapital die Ausbeutung seiner Nothlage unmöglich gemacht ist, vermag er die Amortisationspflicht zu übernehmen. Dieses Ziel ist und zwar durch eine Erweiterung des Geschäftsbetriebes der Landschaften selbst zu erreichen.

Dem Drängen des Grundbesitzes auf Erweiterung der Beleihungsgrenze sind die Landschaften bisher nur in der Weise nachgekommen, daß sie eine Revision ihrer Taxen nach den von der neuern Wissenschaft und der Praxis als richtig anerkannten Grundsätzen haben eintreten lassen. Aber hiermit haben sie blos dem gesteigerten Werth der Grundstücke Rechnung getragen. Von ihrem obersten Verwaltungsgrundsatz, nur zu absolut sicherer Stelle Darlehne zu gewähren, sind sie bisher nicht abgewichen.

Wenn die meisten Landschaften bis zu ²/₃ des durch ihre Taxen festgestellten Werths der Grundstücke dieselben beleihen, so würde bereits die von uns für nothwendig erachtete Beleihungsgrenze erreicht sein, wenn der Taxwerth nicht hinter dem Kaufwerth zurückbleiben würde. Dieses ist aber bekanntlich der Fall, selbst wenn von dem Kaufwerth diejenigen Objekte in Abzug gebracht werden, welche dem eingetragenen Gläubiger nicht mitverpfändet sind, wie z. B. das Super- und Plusinventarium. Es tritt also hier die merkwürdige Erscheinung zu Tage, daß der aus der übereinstimmenden Auffassung der gesammten Grundeigenthümer hervorgehende Kaufwerth mehr oder minder erheblich den von einzelnen Sachverständigen nach den landschaftlichen Taxgrundsätzen ermittelten Werth übersteigt. Welcher Schätzungsmaßstab der zuverlässigere ist, kann nicht zweifelhaft sein. Schon die Verschiedenheit der Taxgrundsätze bei den einzelnen Landschaften läßt darüber keinen Zweifel, daß das Problem, auf Grund derselben zu einer zuverlässigen Werthsermittelung zu gelangen, noch nicht gelöst ist.

Wir müssen uns hier ein näheres Eingehn auf diese Grundsätze als außerhalb der uns gestellten Aufgabe liegend versagen, aber schon der gänzliche Mißerfolg der s. g. Grundsteuerregulirung beweist die Unmöglichkeit einer auch nur annähernd zuverlässigen Werthsermittelung durch Feststellung des Reinertrages eines Grundstücks. Wenn einige Landschaften bestimmte Einheitswerthe für die einzelnen Bodengattungen festgesetzt haben, so ist die Schwierigkeit, den Grund und Boden unter die einzelnen Werthklassen zu subsumiren, damit keineswegs beseitigt. Durch die Verminderung der Zahl der Werthklassen, die einzelne Landschaften haben eintreten lassen, wird allerdings die Vertheilung des Grund und Bodens in dieselben erleichtert, dafür jedoch die Zuverlässigkeit der Schätzung wiederum beeinträchtigt, weil die Qualität des Bodens eine viel zu verschiedene ist.

Mit Rücksicht auf diese Schwierigkeiten liegt schließlich der Schwerpunkt der ganzen Abschätzung in dem subjektiven Ermessen der Sachverständigen und dem Zweck, dem dieselbe zu dienen bestimmt ist. Dieses soll keineswegs ein Vorwurf gegen die Unpartheilichkeit der Sachverständigen sein. Wir sind jedoch überzeugt, daß wenn einer größern Anzahl von Sachverständigen ohne weitere bindende Direktive die Werthermittelung eines Grundstücks übertragen wird, jeder derselben zu andern Resultaten gelangen würde, die nicht unerheblich von einander abweichen würden. Auch würden gewiß viele Schätzungen den Kaufwerth des Grundstücks, der sich ja auch im Wesentlichen auf die Erträgnisse des Grund und Bodens und die Möglichkeit einer mehr oder minder vortheilhaften Verwerthung derselben stützt, erreichen, ja wol gar denselben übersteigen.

Um dieses zu verhindern, werden von den Landschaften Maximalwerthgrenzen festgesetzt. Dieselben verfolgen den Zweck, eine Werthermittelung unmöglich zu machen, bei der die Beleihung bis zu $^2/_3$ derselben nicht eine völlige und absolute Realsicherheit genießen würde. Auf diesen Ausweg sind unseres Dafürhaltens die Landschaften durch die landrechtliche und demnächst auch in die Vormundschaftsordnung übergegangene Bestimmung gedrängt worden, daß die Verpfändung innerhalb $^2/_3$ des Werths der ländlichen Grundstücke eine pupillarische Sicherheit bietet.

Die Praxis mußte sich sehr bald davon überzeugen, daß diese Beleihungsgrenze eine zu weite ist, wenn man unter diesem Werth den „Verkaufswerth" des Grundstücks versteht. Denn wenn auch, wie wir oben dargelegt, eine angemessene Realsicherheit bis zu $^2/_3$ dieses Verkaufswerths angenommen werden kann, so ist diese Realsicherheit doch nicht eine absolute und eine solche, bei der nach menschlicher Voraussicht ein Verlust als unbedingt ausgeschlossen angesehen werden muß, wie es die pupillarische Sicherheit verlangt. In Folge dessen mußten die Taxen ermäßigt werden, um bis zu $^2/_3$ derselben ohne Gefahr Darlehne gewähren zu können. Hiermit wurde der relativ sichere Boden der Schätzung nach dem Verkaufswerth, der bei allen übrigen Objekten der Werthsermittelung zu Grunde gelegt wird, für den ländlichen Grundbesitz verlassen.

Richtiger würde es sein, die Beleihungsgrenze im Verhältnis zum Kaufwerth herabzusetzen, wenn man zu der wol gerechtfertigten Ueberzeugung gelangt, daß der Kaufwerth der ländlichen Grundstücke Schwankungen ausgesetzt ist, die eine Gefährdung der bis zu $^2/_3$ desselben eingetragenen Darlehen zur Folge haben könnten. In diesem Falle hätte der Kaufwerth, der verhältnismäßig leicht zu ermitteln ist, beibehalten werden können.

Uebrigens gewährten früher auch einzelne Landschaften Darlehne auf Grund des Kaufwerthes. So bewilligte z. B. die Ostpreußische Landschaft Darlehne bis zu $^1/_3$ des Kaufpreises, wenn nach einer ziemlich summarischen Prüfung seitens derselben der gezahlte Kaufpreis als ein angemessener befunden wurde. Diese Bestimmung ist jetzt allerdings aufgehoben, jedoch nach unserer Erfahrung nicht wegen besonderer Mißstände, die sich bei Handhabung derselben ergeben haben, sondern wol vorzugsweise im Interesse der Einheitlichkeit, weil aus der Beleihung auf Grund des Kaufpreises nicht allen landschaftlich associirten Besitzern gleiche Rechte erwuchsen. Denn für diejenigen, welche das Grundstück vielleicht vor Decennien zu einem geringen Preise erworben und dasselbe durch eigne Arbeit und eignes Kapital zu dem jetzigen Werth gebracht hatten, mußte die Beleihung auf Grund des Kaufpreises völlig werthlos sein.

Diese Bedenken, die wir übrigens keineswegs als einen genügenden Grund für die Beseitigung dieses Beleihungsmaßstabs anerkennen können, würden in Wegfall kommen, wenn allgemein der Verkaufswerth der Beleihung zu Grunde gelegt wird. Die Ermittelung desselben, mit der selbstverständlich eine allgemeine Feststellung des Werths und der Ertragsfähigkeit des Grund und Bodens verbunden werden müßte, würde weniger schwierig sein und zuverlässigere Resultate ergeben, als die gegenwärtigen Taxen, da schon die sich regelmäßig wiederholenden Grundstücksverkäufe einen zweckmäßigen Anhalt für den Verkaufswerth der einzelnen Grundstücke gewähren, und die landschaftlichen Sachverständigen mit Rücksicht auf die ihnen inne wohnende eingehendere Kenntnis der lokalen Verhältnisse schon jetzt mit ziemlicher Sicherheit das Verhältnis des Kaufwerths der einzelnen Grundstücke zu einander und diesen selbst anzugeben in der Lage sein würden. Selbstverständlich würden beim Verkaufswerth diejenigen Werthobjekte, welche nicht mit verpfändet werden, außer Berücksichtigung zu lassen sein.

Jedoch nicht in der zuverlässigen Werthsermittelung des Grundbesitzes, nicht in der Erweiterung der landschaftlichen Beleihungsgrenze, sondern in der völligen Aufgabe des obersten Verwaltungsgrundsatzes der landschaftlichen Kreditinstitute, ausschließlich Darlehne zu gewähren, die eine nach menschlicher Voraussicht absolute Realsicherheit genießen, liegt die Reform des Grundkreditwesens; durch die dem Grundbesitz diejenigen Forderungen erfüllt werden, die er überhaupt zu erheben berechtigt ist.

Nicht die ersten Hypotheken sind das Schmerzenskind des Grundbesitzes, sondern die zweiten und dritten. Diesen Hypotheken, soweit sie sich innerhalb derjenigen Grenze befinden, bis zu welcher der verpfändete Grundbesitz eine wenn auch nicht absolute, so doch genügende Realsicherheit zu bieten vermag, die Vortheile der Unkündbarkeit seitens des Gläubigers und des im Verhältnis zu der Realsicherheit angemessenen Zinsfußes zu verschaffen, ist die Aufgabe, die der Reform des Grundkreditwesens gestellt ist.

Diese Aufgabe kann durch die Erweiterung der landschaftlichen Beleihungsgrenze nicht gelöst werden. So lange die Landschaften für die von ihnen gewährten Darlehne nur diejenigen Zinsen erheben, welche der Staat für seine Schuldverschreibungen, die die absolut sicherste Kapitalsanlage bieten, zu zahlen genöthigt ist, müssen sie für dieselben ebenfalls eine absolute Sicherheit verlangen, und wenn auch in einzelnen Fällen bei einer Erweiterung der Beleihungsgrenze eine solche als vorhanden angenommen werden kann, in keinem Fall würde eine Beleihung bis zu $^2/_3$ des Kaufwerths diese absolute Sicherheit genießen.

Ist aber mit der Beleihung bis zu dieser Grenze ein gewisses wenn auch geringes Risiko verbunden, so können Darlehne bis zu derselben nur gewährt werden, wenn von dem Schuldner eine diesem Risiko entsprechende Prämie außer den Zinsen gewährt wird. Die Ausdehnung des landschaftlichen Kredits auf derartige nicht völlig sichere Darlehne setzt also voraus, daß die Landschaften neben den Zinsen eine Prämie für das übernommene Risiko erheben, daß sie also außer der Gewährung von Darlehnen auch die Hypothekenversicherung in ihren Geschäftskreis hineinziehen. In dieser Erweiterung ihres Geschäftskreises liegt die nothwendige Reform des Grundkreditwesens.

Wenn wir oben von einer absoluten Sicherheit gesprochen, die

die Schuldverschreibungen des Staats und die landschaftlichen Darlehne innerhalb der gegenwärtigen Beleihungsgrenze gewähren, so sind wir hierbei dem gewöhnlichen Sprachgebrauch gefolgt, der diese Kapitalsanlagen als absolut sichere bezeichnet. Rechtlich und thatsächlich ist jedoch der Begriff der Sicherheit kein absoluter, sondern stets nur ein relativer. Auch der Kredit des Staats kann durch unglückliche Kriege oder Revolutionen erschüttert und die Schuldverschreibungen desselben können entwerthet werden. Ebenso kann der Grundbesitz durch dieselben Ereignisse, oder durch einen vollständigen Umschwung in den landschaftlichen Produktionsverhältnissen des Inlandes oder des Auslandes eine erhebliche Einbuße seines Werths erleiden. Diese Möglichkeiten sind jedoch so fern liegende oder werden wenigstens von dem Kapital als so fern liegende angesehen, daß auf dieselben weiter keine Rücksicht genommen und auf eine Prämie für das durch diese Eventualitäten bedingte Risiko verzichtet wird, so lange es an einer andern Kapitalsanlage fehlt, bei der die Möglichkeit eines Verlustes noch geringer ist.

Selbstverständlich können die Landschaften die bisherigen Vortheile dem Grundbesitz nur gewähren, wenn das Risiko bei den von ihnen ausgegebenen Pfandbriefen kein größeres ist, als bei den andern sichersten Kapitalsanlagen, weil sonst ihr Kurs einen entsprechenden Rückgang erfahren würde. Dieses kann aber nicht blos dadurch erreicht werden, daß sie eine absolute Realsicherheit für die von ihnen gewährten Darlehne beanspruchen, sondern ebensosehr dadurch, daß sie entsprechend dem größern Risiko eine größere Reserve zur Ausgleichung desselben und zur Deckung etwaiger Ausfälle zur Disposition haben.

Auf diesem Grundsatz beruhen alle Versicherungsgesellschaften. Mit den einzelnen Objekten der Versicherung ist keineswegs das gleiche Risiko verbunden, und wenn trotzdessen diejenigen Gesellschaften, welche Versicherungen mit dem denkbar größten Risiko übernehmen, ihren Gläubigern dieselbe Garantie für die Erfüllung ihrer Verbindlichkeiten zu bieten vermögen wie andere, deren Risiko ein ungleich geringeres ist, so liegt dieses eben darin, daß sie sich eine entsprechend höhere Prämie zahlen lassen, und daß demgemäß den größern Lasten auch erheblichere Mittel zur Ausgleichung derselben gegenüberstehen.

Wenn also die Landschaft für diejenigen Darlehne, denen die absolute Sicherheit — in dem oben angegebenen Sinne — mangelt, neben den Zinsen eine das übernommene Risiko deckende Versicherungsprämie erhebt, so ist ein Rückgang des Kurses der von ihr ausgegebenen Pfandbriefe als ausgeschlossen anzusehen, denn etwaige Ausfälle, von denen sie bezüglich der ausgeliehenen Darlehne betroffen wird, finden durch die Versicherungsprämie ihre Deckung.

Man wird hiergegen einwenden, daß die Erfahrungen auf dem Gebiet der Hypothekenversicherung in keiner Weise genügen, um mit annähernder Sicherheit die Höhe der Prämie feststellen zu können, welche zur Deckung des übernommenen Risikos erhoben werden muß. Gewiß ist das zur Zeit vorhandene Material weder vollständig noch zuverlässig genug, um auf Grund desselben die Prämie genau berechnen zu können; eine für den Zweck völlig ausreichende Vervollständigung dieses Materials würde sich jedoch ohne große Schwierigkeit ermöglichen lassen.

Würde man auf die Ursachen der Zwangsverkäufe während eines Zeitraums von etwa 10 Jahren und die bei denselben eingetretenen Verluste an Hypothekenforderungen näher eingehen, so ließe sich auf Grund dieses Materials die Versicherungsprämie annähernd ermitteln, und würde höchstens befürchtet werden können, daß dieselbe zu hoch ausfiele, weil die Landschaft aus Gründen, auf die wir demnächst noch zurückkommen werden, Verlusten bei Zwangsverkäufen weniger ausgesetzt ist als Privatgläubiger. Endlich bestehen auch schon einzelne Aktiengesellschaften, deren Geschäftsbetrieb die gewerbsmäßige Versicherung von Hypotheken gegen Ausfälle bildet; die Ermittelung annähernd zuverlässiger Prämiensätze kann also besondere Schwierigkeiten nicht haben.

Uebrigens hat diese ganze Frage eine ungleich geringere Bedeutung, wenn die Landschaften die Hypothekenversicherung übernehmen, als wenn besondere Gesellschaften dieselbe zum Gegenstand des Gewerbebetriebes machen. Es tritt hier dasselbe ein wie bei den Verwaltungskosten. Die von den Landschaften erhobenen Verwaltungskostenbeiträge werden, so weit dieselben nicht thatsächlich in Anspruch genommen werden, den Schuldnern ratirlich auf ihr Amortisationskonto gut geschrieben oder zur Verstärkung des Reservefonds verwandt, wogegen die an die Hypothekenbanken zu zahlenden für den Grundbesitz ein für alle Mal verloren sind. Ebenso würde eine zu hohe Normirung der Versicherungsprämien seitens der Hypothekenversicherungsgesellschaften den Grundbesitz zur Ungebühr belasten, wogegen die durch Verluste nicht in Anspruch genommenen Prämien seitens der Landschaften ebenfalls zur Amortisation der Schuldbeträge Verwendung finden würden.

Ist die nothwendige Voraussetzung der Ausdehnung des landschaftlichen Geschäftsbetriebes auf die Hypothekenversicherung die unbedingte Sicherheit der von den Landschaften ausgegebenen Pfandbriefe, die unter keinen Umständen auch nur im Mindesten verringert werden darf, so läßt sich dieselbe durch eine reichlichere Bemessung der Versicherungsprämie ohne Nachtheil für den Grundbesitz erfüllen.

Ebensowenig darf von einer erheblichen Vermehrung der landschaftlichen Pfandbriefe, die selbstverständlich eintreten würde, wenn die große Mehrzahl der Privathypotheken in landschaftliche Darlehne umgewandelt werden, ein irgend wesentlicher Kursrückgang derselben befürchtet werden.

Zunächst würde eine derartige Umwandlung sich naturgemäß erst allmählich vollziehen. Außerdem läßt sich mit ziemlicher Sicherheit annehmen, daß die meisten Privatgläubiger an Stelle ihrer Hypotheken entsprechende Pfandbriefbeträge annehmen würden, zumal wenn ihnen für diesen Fall noch besondere kleine Vortheile z. B. der Bezug der Pfandbriefe zum Parikurse unter Umständen auch noch eine kleine Konvertirungsprämie, die natürlich vom Grundbesitz zu tragen wäre, in Aussicht gestellt würden. Denn im Allgemeinen wird angenommen werden können, daß dasjenige Kapital, welches die Anlage in Hypotheken innerhalb der ersten ²/₃ des Kaufwerths der Grundstücke beliebt hat, dieses nicht sowohl wegen der höhern Verzinsung, sondern vor Allem wegen der gebotenen Sicherheit gethan hat. Erleidet nun auch durch eine Umwandlung der Privathypotheken in Pfandbriefe die Höhe der erhaltenen Zinsen eine Einbuße, so wird dafür die Sicherheit der Kapitalsanlage eine größere.

Uebrigens beweisen die Erfahrungen, welche bei dem Erwerb der Privateisenbahnen und der dadurch bedingten Umwandlung großer Massen von Aktien, die eine höhere aber nicht gesicherte

Verzinsung gewährten, in Preußische Staatspapiere gemacht worden sind, daß im Großen und Ganzen die offerirte Konvertirung von dem Privatkapital angenommen worden ist, und daß die erhebliche Vermehrung der Preußischen Konsols einen Druck auf den Kurs derselben nicht auszuüben vermocht hat.

Daß die meisten Privathypotheken der Umwandlung in landschaftliche Pfandbriefe zustimmen würden, wird um so mehr anzunehmen sein, als dieselben vorzugsweise sich in dem Eigenthum solcher Kapitalisten befinden, welche den Spekulationen an der Börse ferne stehen und von denselben grundsätzlich nichts wissen wollen.

Gerade dem den landschaftlichen Kreditanstalten zu Grunde liegenden Princip der gemeinsamen Verhaftung sämmtlicher associirten Grundbesitzer für die von der Landschaft ausgegebenen Pfandbriefe entspricht die Eintheilung der gewährten Darlehne in bestimmte Gefahrenklassen und die Erhebung einer Versicherungsgebühr für diejenigen Darlehne, welche eine absolute Sicherheit nicht genießen; denn nur unter dieser Voraussetzung sind die Leistungen der einzelnen Grundbesitzer thatsächlich gleich. Eine jede Erweiterung der landschaftlichen Beleihungsgrenze dagegen steigert das von der Gesammtheit zu tragende Risiko und wendet, da die Inanspruchnahme des landschaftlichen Kredits keineswegs eine gleiche ist, dem einen Grundbesitzer auf Kosten des andern unberechtigte Vortheile zu.

Wie es keiner Versicherungsgesellschaft einfällt, die Prämie für völlig massive Gebäude und für Holzgebäude mit Strohdach bei der Uebernahme der Versicherung gegen Feuersgefahr gleich zu normiren, und wie insbesondere bei den Versicherungsgesellschaften auf Gegenseitigkeit eine derartige gleiche Normirung der Prämie sich als eine ungerechtfertigte Begünstigung der Einen auf Kosten der Andern charakterisiren würde, so ist es auch gerecht und billig, wenn die Schuldner eine nach Maßgabe der größern oder geringern Realsicherheit der aufgenommenen Hypotheken sich abstufende Prämie an die Landschaft zahlen. Dieses ist um so mehr nothwendig, als auch die ersten Hypotheken, wie wir oben dargelegt, eine absolute Realsicherheit nicht genießen und demgemäß auch bezüglich dieser eine gewisse Versicherung zugleich mit dem Darlehnsvertrage verbunden ist.

Das Korrelat einer jeden Erweiterung der landschaftlichen Beleihungsgrenze ist also eine Erhöhung der von dem Grundbesitz zu leistenden Prämie.' Wird dieser Grundsatz anerkannt, so verliert die Frage einer zuverlässigen Werthsermittelung zwar nicht alle Bedeutung, aber dieselbe vermindert sich wesentlich. Von dieser Werthsermittelung hängt dann der Regel nach nicht die Gewährung des Darlehns überhaupt, sondern vorzugsweise nur die Bemessung der Prämie ab. Denn wird die Beleihungsgrenze bis zu $^2/_3$ des Kaufwerths des Grundstücks ausgedehnt, so wird in den überwiegend meisten Fällen schon bei einer summarischen Prüfung des Werths und der Erträgnisse desselben die Beleihung selbst außer Frage sein und es sich nur darum handeln, in welche Gefahrenklasse die betreffenden Darlehne einzuschätzen sind.

Auch diese Frage verliert dadurch wesentlich an praktischer Bedeutung, daß die etwa ersparten Prämien den betreffenden Grundbesitzern ebenfalls zu Gute kommen. Es würde dann vorzugsweise darauf ankommen, die Darlehne nach annähernd gleichen Grundsätzen in die einzelnen Gefahrenklassen zu vertheilen, die richtige Abgrenzung dieser Gefahrenklassen selbst würde jedoch ohne Beeinträchtigung der Interessen des betheiligten Grundbesitzes den Erfahrungen der Zukunft überlassen bleiben können.

Durch eine derartige Aenderung der landschaftlichen Grundsätze würde nicht allein die Werthsermittelung eine sehr wünschenswerthe Vereinfachung und damit eine Ermäßigung der Kosten erfahren, sondern es wäre auch die Möglichkeit gegeben, gewissen die Realsicherheit beeinflussenden Faktoren durch Bemessung der Prämiensätze Rechnung zu tragen.

Wie die Zahl der Gefahrenklassen und die Abstufungen derselben zweckmäßig zu normiren sein möchte, ist eine Sache der praktischen Erfahrung. Wird das Princip anerkannt, so kann diese Frage eine Schwierigkeit nicht bieten. Unseres Dafürhaltens würde es genügen, wenn 3 Gefahrenklassen festgesetzt würden, die die Darlehne bis zu $^1/_3$, $^1/_2$ und $^2/_3$ des Kaufwerths umfaßten.

Die erste Klasse würde dann im Wesentlichen mit der gegenwärtigen landschaftlichen Beleihungsgrenze zusammenfallen, also diejenigen Darlehne umfassen, welche nach den bisherigen Erfahrungen eine absolute Realsicherheit genießen und Verlusten überhaupt nicht ausgesetzt sind. Für diese würden außer den für nothwendig erachteten Verwaltungskosten nur die für die landschaftlichen Pfandbriefe zu zahlenden Zinsen zur Erhebung gelangen, wogegen für die Darlehne der beiden andern Gefahrenklassen noch ein das Risiko deckender Versicherungszuschlag hinzutreten würde.

Sollte man die bisherigen speciellen Taxen nicht entbehren zu können glauben, so würde die Beleihungsgrenze bis zu demjenigen Theil derselben auszudehnen sein, der im Allgemeinen etwa ²/₃ des Kaufwerths der Grundstücke entspricht, und würden dann in ähnlicher Weise 3 Gefahrenklassen zu bilden sein. Da die Taxgrundsätze der einzelnen Landschaften völlig von einander verschieden sind, so werden sich für alle gleiche Theilzahlen nicht ergeben; besondere Schwierigkeiten würden hieraus um so weniger entstehen, als auch gegenwärtig die von den einzelnen Landschaften festgesetzten Beleihungsgrenzen im Verhältnis zu den eignen Taxen große Verschiedenheiten aufweisen. So gewährt z. B. die Ostpreußische Landschaft Darlehne bis zu ²/₃, die meisten andern Landschaften dagegen nur bis zur Hälfte ihrer respektiven Taxen.

Diese Verschiedenheit in der Beleihungsgrenze beweist übrigens schlagend, wie wenig zuverlässig die bisherigen landschaftlichen Werthsermittelungen sind. Denn wenn die Ostpreußische Landschaft bei der Beleihung bis zu ²/₃ ihrer Taxe ebensowenig von Verlusten betroffen ist, wie andere Landschaften, die nur bis zur Hälfte ihrer Taxen Darlehne gewähren, so geht hieraus hervor, daß nach der Taxe der Ostpreußischen Landschaft sich für die Grundstücke geringere Werthe ergeben, als nach den Taxen der andern Landschaften. Dieses stimmt auch mit unsern sonstigen Erfahrungen überein. Denn es sind uns mehrfach Fälle bekannt, in denen die Taxe der Ostpreußischen Landschaft kaum ²/₃ des Kaufwerths der betreffenden Grundstücke erreicht hat. Für die Abstufung der Gefahrenklassen lassen sich also einheitliche Grundsätze nicht festsetzen; bei der Prüfung dieser Frage kann die Mitwirkung der Männer der praktischen Erfahrung nicht entbehrt werden.

Welcher Nutzen dem Grundbesitz aus einer derartigen Ausdehnung des landschaftlichen Geschäftsbetriebes auf die Hypothekenversicherung erwächst, ergiebt sich bereits aus unsern obigen Darlegungen. Durch dieselbe erlangt der Grundbesitz die gleichen

Vortheile, die er bisher nur für die bisherigen landschaftlichen Darlehne genossen hat, für seine zweiten und dritten Hypotheken, soweit dieselben ⅔ des Kaufwerths nicht übersteigen, also noch eine genügende Realsicherheit zu bieten vermögen.

Der Grundbesitz wird also auch bezüglich dieser Darlehne vor einer Ausbeutung seitens des Privatkapitals sowie der Hypothekenbanken geschützt; er zahlt für dieselben an Zinsen nur genau so viel, als mit Rücksicht auf die Realsicherheit und das dadurch bedingte Risiko eines Verlustes wirthschaftlich berechtigt und nothwendig ist; er genießt den Vortheil einer allgemeinen Ermäßigung des Zinssatzes, ohne von einer allgemeinen Erhöhung desselben berührt zu werden; mit einem Wort alle Forderungen, die er an die Reform des Hypothekenwesens zu stellen berechtigt ist, werden erfüllt. Da wir oben diese Vortheile bereits ausführlicher behandelt haben, so erübrigt hier eine nochmalige eingehendere Erörterung derselben. Nur die Frage, wie sich die Gesammtzinsen für diese neuen landschaftlichen Darlehne mit Einschluß der zu zahlenden Versicherungsprämien etwa stellen werden, bedarf noch einer kurzen Erläuterung.

Obwohl es wirthschaftlich durchaus berechtigt und nothwendig ist, daß, wenn eine Hypothek eine absolute Sicherheit nicht genießt, an den Gläubiger für das übernommene Risiko eine Prämie gezahlt werden muß, so übersteigen doch gegenwärtig die von dem Grundbesitz für zweite und dritte Hypotheken dem Privatgläubiger zu zahlenden Zinsen trotz der verhältnismäßig günstigen Lage der Kreditverhältnisse das berechtigte Maß ganz erheblich.

Es liegt dieses einerseits darin, daß in der That das von den einzelnen Privatgläubigern zu übernehmende Risiko ein ungleich größeres ist, als wenn das gesammte Risiko von einer Stelle getragen wird, und sodann vor Allem darin, daß der Grundbesitz bezüglich der Befriedigung seines Kreditbedürfnisses für diese Hypotheken auf das Privatkapital angewiesen ist, letzterem also mehr bewilligt werden muß, als das von demselben zu übernehmende Risiko ausmacht, weil es sich sonst überhaupt von der Gewährung hypothekarischer Darlehne zurückziehen und einer andern sichern Anlage den Vorzug geben würde.

Spricht also z. B. die Wahrscheinlichkeit dafür, daß von 400

Hypotheken, die mit $^{3}/_{3}$ des Kaufwerths der Grundstücke auslaufen, je eine jährlich gänzlich ausfällt, so wird und kann kein Privatgläubiger mit einer Versicherungsprämie von $^{1}/_{4}$ % für das übernommene Risiko zufrieden sein, weil ihm dann aus der Uebernahme des Risikos bezw. aus der Gewährung des Darlehns zu dieser Stelle kein Vortheil erwächst, die Prämie vielmehr nur genau das Risiko deckt. Ebensowenig würde in einem derartigen Fall eine der bestehenden Hypothekenversicherungsgesellschaften sich für die Versicherung dieser Hypothek gegen Verlust mit einer Prämie von $^{1}/_{4}$ % begnügen, da sich dann jährlich Gewinn und Verlust für sie ausgleichen würde, während sie, abgesehen von den ihr entstehenden und aus dem Gewinn zu deckenden Verwaltungskosten, auch noch für ihre Aktionäre einen Vortheil erstrebt und zu beanspruchen berechtigt ist.

Ganz abgesehen also von der Gefahr der Ausbeutung, der der Grundbesitz in Zeiten ungünstiger Kreditverhältnisse ausgesetzt ist, muß derselbe auch unter den günstigsten Verhältnissen dem Kapital für die Uebernahme des Risikos bei nicht absolut sicheren Hypotheken eine höhere Prämie bezahlen, als dieses Risiko selbst rechtfertigt und zur Deckung desselben nothwendig ist.

Hiermit ist der dem Grundbesitz aus der landschaftlichen Hypothekenversicherung erwachsende Vortheil bereits dargethan. Denn abgesehen davon, daß durch die Trennung der Hypothekenversicherung von der Darlehnsgewährung doppelte Verwaltungskosten sowohl den Versicherungsgesellschaften als den Landschaften entstehen, die natürlich vom Schuldner getragen werden müssen, so braucht derselbe bei der landschaftlichen Hypothekenversicherung keinen Pfennig mehr zu zahlen, als das von den Landschaften zu tragende Risiko bezw. die dadurch entstehenden Verluste ausmachen.

Diesen Vortheil ziffermäßig und genau zu berechnen, ist allerdings schwierig, da das zur Disposition stehende Material eine zuverlässige Ermittelung der bei den Hypotheken thatsächlich entstandenen Ausfälle und somit des zu übernehmenden Risikos nicht gestattet. Berücksichtigt man jedoch, daß nicht blos der Gläubiger, welcher ein nicht unbedingt sicheres Darlehn bei der Hypothekenversicherungsgesellschaft gegen Verlust versichert, sondern auch diese letztere selbst einen Gewinn von dem Geschäft der Gewährung bezw.

der Versicherung nicht völlig sicherer Darlehne machen wollen und auch machen müssen, so wird man kaum zu niedrig greifen, wenn man die durch den Ausfall von Hypotheken, welche innerhalb $^2/_3$ des Kaufwerths der Grundstücke bleiben, jährlich entstehenden Verluste auf durchschnittlich $^1/_4$ % der gesammten Darlehne schätzt.

Diese Annahme findet auch durch die Darlehnsbedingungen der Preußischen Central-Bodenkredit-Aktiengesellschaft Bestätigung, welche neuerdings hinter landschaftlichen Pfandbriefen Darlehne zu 4$^1/_2$ % Zinsen — mit Ausschluß der Amortisationsquote und der auf $^1/_6$ bis $^1/_3$ % normirten Verwaltungskosten — gewährt, wogegen sie für erststellige Darlehne eine Verzinsung von 4 % verlangt. Denn da bei letztern die sonstigen Darlehnsbedingungen ungünstiger sind, indem für Disagio, Emissionskosten u. s. w. 7 %, bei den mit 4$^1/_2$ % verzinslichen Darlehnen hinter der Landschaft dagegen nur 4 bezw. 2$^1/_2$ % an die Gesellschaft geleistet werden müssen, so bleibt nach der Schätzung derselben das durch die Gewährung der zweitstelligen Darlehne zu übernehmende Risiko erheblich unter $^1/_2$ %.

Berücksichtigt man ferner noch, daß die Central-Bodenkredit-Aktiengesellschaft wie alle Hypothekenbanken nicht aus Wohlwollen für den Grundbesitz, auch nicht zur „Hebung des Realkredits", sondern lediglich zur Hebung der Dividende ihrer Aktionäre diese zweitstelligen Darlehne gewährt und daß sie deshalb die Darlehnsbedingungen nicht günstiger festsetzt, als nothwendig ist, um das Privatkapital aus denselben zu verdrängen, so wird man gewiß die obige Schätzung, wonach eine Prämie von durchschnittlich $^1/_4$ % ausreichen würde, um die bei der Gewährung von Darlehnen bis zu $^2/_3$ des Kaufwerths entstehenden Ausfälle zu decken, als eine im Allgemeinen zutreffende erachten müssen.

Aber nehmen wir selbst an, daß die Prämie in der zweiten der von uns oben erwähnten Gefahrenklassen, welche alle Darlehne bis zur ersten Hälfte des Kaufwerths mit Ausschluß der in der ersten Gefahrenklasse befindlichen umfassen würde, $^1/_3$ % und in der dritten Gefahrenklasse $^2/_3$ % betragen würde, so stellt sich der Durchschnitt für alle Darlehne mit Ausschluß der nach den gegenwärtigen Verwaltungsgrundsätzen der Landschaften bereits gewährten oder zu gewährenden, welche wie bisher wegen ihrer völligen Sicherheit eine

Prämie überhaupt nicht zahlen würden, auf ½ % derselben. Der Grundbesitz würde also, da gegenwärtig der Zinsfuß für sichere Kapitalsanlagen und die erststelligen Darlehne 4 % beträgt, für die neuen mit etwa ⅔ des Kaufwerths auslaufenden landschaftlichen Darlehne an Zinsen und Versicherungsprämien durchschnittlich 4½ % zu zahlen haben.

Auf diesem Wege wird also das Ziel erreicht, das wir als die nothwendige Voraussetzung einer wesentlichen Erhöhung der Amortisation bezeichnet haben. Diese Erhöhung wird also dadurch ermöglicht und somit die allmählige Befreiung des Grundbesitzes von allen Hypotheken gesichert.

Wenn wir bei dieser Berechnung diean die Landschaften zu zahlenden Verwaltungskostenbeiträge außer Berücksichtigung gelassen haben, so haben wir uns hierzu aus dem Grunde für berechtigt erachtet, weil durch eine derartige Erweiterung ihres Geschäftsbetriebes die Verwaltungskosten der Landschaften eine kaum nennenswerthe Steigerung erfahren würden und schon die bisherigen Beiträge zur Deckung derselben durchaus genügen.

Haben wir oben darauf hingewiesen, daß unter keinen Umständen die bisherige Sicherheit der landschaftlichen Pfandbriefe durch die Ausdehnung des Geschäftsbetriebes der Landschaften auf die Hypothekenversicherung auch nur im Mindesten in Frage gestellt werden darf, so glauben wir durch die überreichliche Bemessung der Versicherungsprämien hierfür in völlig ausreichender Weise Sorge getragen zu haben. Wir sind überzeugt, daß diese Prämien auch nicht annähernd durch die thatsächlich entstehenden Verluste werden in Anspruch genommen werden. Soweit dieses nicht der Fall, würden dieselben zur Verstärkung der Reservefonds dienen, wodurch die Sicherheit der Pfandbriefe sich von Jahr zu Jahr steigern würde.

Um diese Sicherheit noch weiter zu verstärken und namentlich sie von vorn herein über jeden Zweifel auch selbst dann zu erheben, wenn in den ersten Jahren in Folge unerwarteter Ereignisse das Durchschnittsmaß erheblich übersteigende Ausfälle unvermeidlich sein sollten, würde die Erhebung eines Beitrages zu dem Reservefonds von etwa 2—3 % der Darlehne bei Gewährung derselben vorzuschreiben und ein weiterer Theil der Amortisationsrate von etwa $^1/_2$ % in Specialreserve zu stellen sein. Hiermit wäre eine unbedingte Sicherheit für die Pfandbriefe geschaffen, die in keiner Weise der der staatlichen Schuldverschreibungen nachstehen würde.

Nach einer längeren Reihe von Jahren würde dann nach Maßgabe der gemachten Erfahrungen darüber Beschluß zu fassen sein, in welcher Höhe die in Specialreserve gestellten Amortisationsbeträge sowie die ursprünglich zum Reservefonds geleisteten Zahlungen definitiv zur Tilgung der betreffenden Darlehne Verwendung finden können. Auch würde event. eine Ermäßigung der für die einzelnen Gefahrenklassen zu erhebenden Prämiensätze in Erwägung zu nehmen sein, sofern, wie wir mit Bestimmtheit glauben annehmen zu dürfen, die Erfahrungen bestätigen sollten, daß dieselben mit $^1/_2$ und $^3/_4$ % im Verhältnis zu den thatsächlich entstandenen Ausfällen zu hoch bemessen sind. Doch dieses alles sind Detailfragen mehr technischer Natur, über die eine Verständigung der betheiligten Kreise leicht zu erreichen sein wird, nachdem einmal die Hypothekenversicherung im Princip von den Landschaften acceptirt ist.

Erwähnen möchten wir nur noch, daß zur dauernden Informirung der landschaftlichen Verwaltungsorgane über die Kreditfähigkeit der associirten Grundbesitzer und über die wichtigern die Sicherheit der eingetragenen Forderungen beeinträchtigenden Veränderungen sich die Einführung des Instituts der Vertrauensmänner, wie solche sich bei der Reichsbank außerordentlich bewährt haben, dringend empfehlen würde. Erfahrungsgemäß entstehen die meisten Verluste an hypothekarischen Forderungen dadurch, daß der Grundbesitzer, der seine wirthschaftliche Existenz gefährdet sieht, die Bewirthschaftung des Grund und Bodens vernachlässigt oder denselben durch Raubbau übermäßig aussaugt, das Inventarium verringert und somit das Grundstück allmählich deteriorirt.

Diesen landschaftlichen Vertrauensmännern würde nun die Pflicht obliegen, darüber zu wachen, daß dieses nicht geschieht bezw. etwaige darauf abzielende Maßnahmen sofort zur Kenntnis der landschaftlichen Verwaltung gebracht werden, damit diese die zur Verhinderung einer weiteren Deterioration geeigneten Maßregeln alsbald ergreifen kann. Werden die Bezirke dieser Vertrauensmänner nicht zu groß bemessen, so werden dieselben im Allgemeinen ohne besondere Untersuchung von derartigen die Sicherheit der landschaftlichen Darlehne gefährdenden Veränderungen Kenntnis erhalten. Auf diese Weise wird es möglich sein, etwaige Verluste der Landschaften auf das geringste Maß zu reduziren und die erhobenen Prämienbeträge zum größeren Theil auf die Amortisation der Schuld zu verwenden.

Die Frage der Ausdehnung der landschaftlichen Thätigkeit auf die Hyptekenversicherung bald einer ernsten Prüfung und Entscheidung zu unterziehen, halten wir für ein um so dringenderes Bedürfnis, als das Streben der Hypothekenbanken auf Erweiterung ihrer Beleihungsgrenze im Grunde genommen auf weiter nichts hinausläuft als auf die Verbindung der Darlehnsgewährung mit der Hypothekenversicherung.

Denn ob ein Theil der Zinsen ausdrücklich als Prämie für das in Folge der verminderten Realsicherheit gesteigerte Risiko bezeichnet wird oder nicht, ist völlig gleichgiltig. Rechtlich und thatsächlich charakterisirt sich ein jedes Darlehnsgeschäft, bei dem die Rückzahlung des Darlehns nicht absolut sicher gestellt ist, was eigentlich nie der Fall, zugleich als ein Versicherungsgeschäft, da die Prämie in dem Zinsbetrage mitenthalten ist.

Wir haben bereits oben darauf hingewiesen, daß die Bedenken gegen eine Erweiterung der Beleihungsgrenze der Hypothekenbanken durchaus unzutreffend sind, und daß die Beibehaltung der gegenwärtigen beschränkenden Bestimmungen weder durch die Rücksichtnahme auf die Pfandbriefsbesitzer geboten ist, noch den Interessen des Grundbesitzes entspricht.

Gewiß vermögen nur die landschaftlichen Kreditinstitute die Forderungen des Grundbesitzes zu befriedigen; im Vergleich zum Privatkapital gewähren jedoch auch die Hypothekenbanken gewisse Vortheile vor Allem den der Unkündbarkeit der Darlehne, welche sie noch immer als das kleinere Uebel erscheinen lassen. Besonders mit Rücksicht darauf, daß der Central-Bodenkredit-Aktiengesellschaft die selbstständige Werthermittelung der Grundstücke überlassen und damit die beliebige Hinausrückung der Beleihungsgrenze bis zu $^{2}/_{3}$ des vollen Kaufwerths der Grundstücke ermöglicht ist, erscheint die Beschränkung der andern Hypothekenbanken bezüglich ihrer Beleihungsgrenze auf die Dauer unhaltbar, zumal dadurch die Central-Bodenkredit-Aktiengesellschaft ein durch keine besondern Verhältnisse zu rechtfertigendes Monopol erhält.

Gerade bei denjenigen Hypotheken, welchen eine absolute Realsicherheit nicht geboten werden kann, ist die Unkündbarkeit für den Grundbesitz von besonderm Werth, weil diese am meisten unter der Ungunst der Kreditverhältnisse zu leiden haben. Verzichten also die Landschaften definitiv auf die Gewährung von Darlehnen, deren Sicherheit keine absolute ist, so würde im Interesse des Grundbesitzes den Hypothekenbanken diese Erweiterung ihres Geschäftsbetriebes nicht vorenthalten werden dürfen. Die dann nothwendig werdende Aenderung der Koncessionsbedingungen würde übrigens eine geeignete Gelegenheit bieten, um die Statuten der betreffenden Hypothekenbanken einer Revision zu unterwerfen und die bei ihrem Geschäftsbetrieb hervorgetretenen Mißstände zu beseitigen.

IV. Die Betheiligung des Staats an der Lösung der Grundkreditfrage.

Wenn die Ueberzeugung, daß der Staat die Pflicht und die Aufgabe hat, der Förderung der landwirthschaftlichen Interessen in höherem Maße, als es bisher geschehen ist, seine Fürsorge zuzuwenden und durch positive Maßnahmen zu bethätigen, in verhältnismäßig kurzer Zeit in weitern Kreisen Eingang gefunden hat, und auch in der Wissenschaft die Stimmen immer zahlreicher und vernehmlicher geworden sind*), welche diese Pflicht des Staats als eine sehr dringliche bezeichnen, so ist dieses ein erfreulicher Beweis dafür, daß die Bedeutung der Landwirthschaft für den nationalen Wohlstand immer mehr und mehr erkannt und gewürdigt wird.

Diese Bedeutung läßt es berechtigt und nothwendig erscheinen, daß der Staat eine der dringendsten Forderungen des Grundbesitzes

---

*) Sehr zutreffend bemerkt Schmoller in „die amerikanische Konkurrenz und die Lage der mitteleuropäischen besonders der deutschen Landwirthschaft" Heft 1 des Jahrbuchs für Gesetzgebung, Verwaltung und Volkswirthschaft pro 1882:

Nur zu oft hat Handel und Industrie, hat das städtische Kapital den Rahm abgeschöpft von der Thätigkeit des Ganzen; sie sind die verwöhnten Lieblingskinder der modernen Gesellschaft und des modernen Staats. Sie sollten nicht so sehr grollen, wenn für das Aschenbrödel „Landwirthschaft" auch einmal was geschieht.

die Reform des Grundkreditwesens selbst in die Hand nimmt und durch positive Unterstützung die befriedigende Lösung derselben erleichtert. Denn wenn auch der Grundbesitz schließlich die aus der gegenwärtigen Gestaltung der Grundkreditverhältnisse ihm erwachsenden Nachtheile durch die Aenderung der Verwaltungsgrundsätze der landschaftlichen Kreditinstitute mildern und im Wesentlichen beseitigen kann, so rechtfertigt sich die staatliche Theilnahme und Unterstützung des Realkredits nicht blos aus Rücksichten der Gerechtigkeit und Billigkeit, sondern dieselbe ist sogar nothwendig, um dem Staat einen legitimen Einfluß auf die Umgestaltung der Grundbesitzverhältnisse zu sichern.

Wenn unsere Ausführungen an anderer Stelle über die Begünstigungen des Handels und der Industrie im Vergleich zu der Landwirthschaft seitens der Gesetzgebung der letzten Decennien von freihändlerischer Seite bekämpft und als übertrieben bezeichnet worden sind, so glauben wir fernerhin einen derartigen Widerspruch nicht befürchten zu dürfen, wenn wir uns für unsere Ansicht auf die Autorität desjenigen Mannes berufen, der, obwohl er nicht mehr einen dominirenden Einfluß auf die Gesetzgebung ausübt, noch immer eine hervorragende Stellung im freihändlerischen Heerlager einnimmt, nämlich auf die des Abgeordneten Lasker.

Derselbe äußerte sich bei seiner Vernehmung vor dem Ausschuß des Bundesraths betreffend die Enquête über das Hypotheken-Bankwesen wörtlich folgendermaßen:

> „Endlich muß ich die Nachtheile erwähnen, die die Gesetzgebung den östlichen industrielosen Provinzen zugefügt hat. Unsere Stempelgesetze, unser Zoll- und Steuersystem sind auf die industriellen Gegenden berechnet, manchmal im guten manchmal im schlechten Sinn; aber sie mögen den Handel mit dem schädlichen Mittel der Schutzzölle, sie mögen ihn durch die freie Entfaltung des Verkehrs begünstigen, immer benachtheiligen sie den Grundbesitz zum Vortheil des kaufmännischen Verkehrs."
>
> „Meine Meinung zielt auf die Thatsache, daß unsere Gesetze den Handel in einer Weise befördern, von welcher die Ackerbautreibenden entweder keinen Nutzen oder sogar Schaden haben, und daß das Steuersystem

eine gleiche Richtung genommen hat. Irgendwo müssen die Folgen der Ungleichheit zum Vorschein kommen. Während an der Berliner Börse entweder mündlich oder mittelst stempelfreier Schlußscheine, oder gegen 15 Sgr. Stempel die bedeutendsten Geschäfte abgeschlossen werden, also ein steuerfreier Umsatz möglich ist, wird der Grund und Boden bei der Aufnahme und Uebertragung von Hypotheken, bei den Eintragungen namentlich beim Umsatz durch Kauf außerordentlich schwer besteuert. Die Ueberschuldung in jenen (den drei nordöstlichen) Provinzen und das zu geringe im Grundbesitz beschäftigte Kapital hängen nach meinem Dafürhalten, unzweifelhaft zusammen mit dem Besteuerungsmodus, welcher den Grund und Boden unverhältnismäßig belastet."

und an anderer Stelle:

„Der Personalkredit der Grundbesitzer ist zur Zeit noch über Gebühr gehemmt. Schuld daran sind verschiedenartige Gründe: die unnützen Personalverpflichtungen, das beschränkte Bankwesen und dessen vorwiegende Tendenz, welche den Grundbesitz nur wenig Theil nehmen läßt an den Krediterleichterungen. Unsere Banken sind überwiegend eingerichtet für die Industrie; die Privilegien und die Allmacht der Preußischen Bank treffen den Grundbesitz besonders schwer, weil sie durch ihre Aufgabe, durch die Wahl Berlins als Hauptsitz und durch ihre ganze Organisation darauf hingewiesen ist, ihre Krediterleichterungen der Industrie zuzuwenden; — der Personalkredit der Grundbesitzer ist vernachlässigt, bis zu einem gewissen Umfang sogar durch die Gesetze unterdrückt."

Ein anderer Vorwurf gegen die Gesetzgebung wie dieser wird auch von den Agrariern nicht erhoben; sie behaupten genau dasselbe wie Lasker, daß die Gesetzgebung keine paritätische gewesen, daß Handel und Industrie im Vergleich zu der Landwirthschaft bevorzugt worden, und daß die ungünstige Lage der letztern zum großen Theil auf diese Zurücksetzung und Vernachlässigung durch die Gesetzgebung zurückzuführen ist.

Diese Anklage ist aber eine sehr schwere, ja die schwerste, die überhaupt gegen die Gesetzgebung erhoben werden kann, denn es liegt in derselben nicht blos der Vorwurf der Parteilichkeit sondern auch der des mangelnden Verständnisses für die wirthschaftlichen Bedürfnisse und Interessen des Landes. Die Forderung, dieses Unrecht zu sühnen, ist nur die logische Konsequenz dieser Anklagen, und wir begreifen in der That nicht, wie Lasker, nachdem er denselben in so scharfer Weise Ausdruck gegeben, in der Grundkreditfrage zu keinem andern Resultat als dem, daß der Staat „positiv" wenig thun könne, gelangen und wenige Jahre darauf der Uebertragung der Privilegien der Preußischen Bank auf die Reichsbank seine Zustimmung ertheilen konnte.

Wir meinen, daß diese verschiedene Behandlung des Handels und der Industrie einerseits und der Landwirthschaft anderseits auf keinem Gebiet so eklatant hervortritt, ja sich fast ziffermäßig berechnen läßt, wie auf dem des Kreditwesens und daß daher der Staat gerade hier die dringendste Veranlassung gehabt hätte, durch „positive" Maßregeln zu Gunsten des Realkredits sein Interesse für die Landwirthschaft zu bethätigen und das derselben zugefügte Unrecht zu sühnen.

Auch der krasseste Egoismus muß einräumen, daß wenn der Staat durch die Verleihung des Rechts zur Ausgabe unverzinslicher Noten an die Preußische bezw. Reichsbank den Personalkredit unterstützt und fördert, dem Realkredit dagegen die gleichen Vortheile versagt, von einer gleichmäßigen Behandlung der einzelnen Produktionszweige nach Maßgabe ihrer wirthschaftlichen Bedeutung und von einer ausgleichenden Gerechtigkeit des Staats nicht die Rede sein kann. Wie Handel und Industrie bezüglich der Befriedigung ihres Kreditbedürfnisses fast ausschließlich auf den Personalkredit angewiesen sind, so ist es der Grundbesitz auf den Realkredit. Beide haben deshalb den gleichen Anspruch auf „positive" Förderung durch den Staat.

Bekanntlich wurde durch das Gesetz vom 14. März 1875 der Reichsbank das Recht zur Ausgabe von 250 Millionen Mark durch Metall nicht gedeckter Noten beigelegt. Dieser Betrag hat sich inzwischen auf etwa 275 Millionen Mark erhöht, da verschiedene Banken auf das Recht der Notenemission verzichtet haben, und um die betreffenden Beträge nach dem Gesetz sich die für die Reichsbank festgesetzte Maximalgrenze erhöht hat. Würde man diese 275 Millionen auf die einzelnen Staaten nach Verhältnis der Bevölkerung vertheilen, so entfallen auf Preußen etwa 165 Millionen Mark. Diesen Betrag hat also der Staat dem Personalkredit unverzinslich zur Disposition gestellt, um diesen Betrag die zur Befriedigung desselben dienenden Werthmittel erhöht.

Allerdings erhält ja das Reich die Hälfte des Reingewinns, soweit derselbe $4\frac{1}{2}$ % des eingezahlten Bankkapitals übersteigt, und hat die Einnahme hieraus für das Jahr 1881 etwa 2,600000 M. betragen*). Rechnet man hierzu noch die Hälfte des zum Reservefonds geflossenen Betrages, der zur Hälfte ebenfalls Eigenthum des Reichs ist, mit etwa 649000 Mark sowie endlich die Hälfte der an Preußen für die Aufgabe seiner Rechte an die Preußische Bank zu zahlenden Entschädigung von 1,866000 Mark mit 933000 Mark, um welchen Betrag sich der dem Reich zufallende Gewinnantheil erhöhen würde, wenn diese Verpflichtung nicht auf der Reichsbank ruhte, so stellt sich der Gesammtgewinn des Reichs auf etwa 4,182000 Mark, von denen auf Preußen $\frac{3}{5}$ mit rund 2,500000 M. entfallen. Letzterer Betrag bildet also die Einnahme, die Preußen von den auf seinen Antheil entfallenden 165 Millionen ungedeckter Noten bezieht, was eine Verzinsung von etwa $1\frac{1}{2}$ % ergiebt.

Würde dem Grundbesitz zur Förderung und Unterstützung des Realkredits in Preußen ebenfalls das Privilegium zur Ausgabe von nur 165 Millionen Mark unverzinslicher Noten gegen die gleiche Entschädigung, wie solche für die der Reichsbank eingeräumte Befugnis auf Preußen entfällt, gewährt werden, so würde, da der gegenwärtige Zinsfuß für erste Hypotheken 4 % beträgt, der aus der zinsbaren Anlegung der 165 Millionen Mark zu diesem Zinssatz dem Grundbesitz erwachsende Vortheil nach Abzug der an den Staat zu leistenden Entschädigung jährlich über 4 Millionen

---

*) In den frühern Jahren ist der Gewinnantheil des Reichs zum Theil wesentlich hinter diesem Betrage zurückgeblieben. Derselbe betrug:

1876	—	1,954000 M.
1877	—	2,148000 „
1878	—	2,156000 „
1879	—	609000 „
1880	—	1,782000 „

Mark betragen. Auf eine Unterstützung in dieser Höhe hat also der Grundbesitz Anspruch, wenn von einer einigermaßen paritätischen Förderung seiner Interessen im Verhältnis zu denen des Handels und der Industrie die Rede sein soll.

Wenn Lasker die Verleihung des Rechts zur Ausgabe unverzinslicher Noten als Mittel zur Förderung des Grundkredits „gänzlich" zurückweist, weil abgesehn von der schwierigen Frage, in welchem Umfange ohne Gefahr mit Papiergeld zu wirthschaften sei, die Notenemission ein Hindernis gegen die *freie Entfaltung des Bankwesens und der Kreditanstalten* sei, so hat der Grundbesitz an dieser freien Entfaltung der Kreditanstalten nicht das mindeste Interesse und fallen diese Bedenken fort, wenn es sich um die Einräumung des Rechts der Notenemission an landschaftlich organisirte Genossenschaften handelt.

Kann aber eine Vermehrung der Noten aus allgemeinen Gründen nicht für zulässig erachtet werden, so bedarf der Realkredit jedenfalls in erheblicherem Maße der staatlichen Unterstützung als der Personalkredit. Dieses beweist schon der Umstand, daß den größten Theil des Jahres Geld gegen absolut sichere Wechsel zu einem Zinssatz zu haben ist, der ganz wesentlich hinter dem für absolut sichere Hypotheken zu zahlenden zurückbleibt, ja vielfach wenig mehr als die Hälfte desselben erreicht.

Dem widerspricht allerdings anscheinend die Thatsache, daß der Zinssatz der Reichsbank in den beiden letzten Jahren durchschnittlich 4,42 bezw. 4,24 % betragen hat. Dieser Widerspruch ist jedoch nur ein scheinbarer, da seit dem Jahre 1880 die von der Reichsbank publicirten Diskontosätze nicht einmal für die von ihr selbst gewährten Darlehne maßgebend sind, vielmehr auch die Reichsbank sich genöthigt gesehen hat, um der Konkurrenz des Privatkapitals zu begegnen, ganz wesentlich ihre Zinsforderungen zu ermäßigen und erheblich unter die publicirten Diskontosätze herabzugehen*).

*) Nach dem Jahresbericht der Aeltesten der Berliner Kaufmannschaft für 1881 betrug der Privatdiskont in Berlin während der Monate Februar bis Mitte Juni fast ausnahmslos unter 3 % bei einem Bankdiskont von 4 %, und erreichte in der Zeit von Mitte Februar bis Mitte März den niedrigsten Stand mit $2^1/_8$ %. In der Zeit von Mitte Juni bis Mitte August

Ist aber der Zinssatz, welchen Handel und Industrie zu zahlen genöthigt sind, bei gleicher Sicherheit im Durchschnitt ein wesentlich geringerer als der für hypothekarische Darlehne, so folgt hieraus, daß der Personalkredit eher die staatliche Unterstützung durch die Verleihung des Rechts zur Ausgabe ungedeckter Noten entbehren kann als der Grundkredit.

Der Umstand, daß die Rechte der Reichsbank bis zum Jahre 1891 nicht geschmälert werden dürfen, hindert nicht, diese Frage schon jetzt zum Gegenstand einer eingehenderen Prüfung zu unterziehen, um bei der demnächstigen definitiven Entscheidung eine angemessene Rücksichtsnahme auf die Interessen der Landwirthschaft zu sichern. Die Bankfrage darf nicht einseitig sondern nur in Verbindung mit der Grundkreditfrage gelöst werden. Ertheilt der Staat Privilegien, so hat derjenige Produktionszweig den größten Anspruch darauf, der ihrer am dringendsten bedarf*).

Wird die Verpflichtung einer staatlichen Unterstützung des Grundkredits und das Bedürfnis hierzu anerkannt, so wird über die Art und Weise derselben um so leichter eine Verständigung erzielt werden können, als schließlich der Grundbesitz kein erhebliches Interesse daran hat, ob der Staat durch die Gewährung von Baar-

---

betrug der Privatdiskont $3^1/_4$ bis $3^3/_4$ % der Bankdiskont 4 %, von Mitte August bis Ende September und von Ende November bis Ende December der Privatdiskont $4^1/_4$ bis $4^7/_8$ %, der Bankdiskont 5 % und endlich in der Zeit vom 1. October bis Ende November der Privatdiskont $4^3/_4$ bis $5^3/_8$ %, der Bankdiskont dagegen $5^1/_2$ %. Es ergiebt dies im Durchschnitt für das ganze Jahr einen Privatdiskontsatz von $3^1/_2$ %.

*) Noch bedenklicher ist das der Reichsbank ertheilte Notenprivilegium von dem Gesichtspunkt aus, daß den Eigenthümern der Reichsbankantheile, deren Zahl Ende 1881 wenig mehr als 7600 betragen hat, durch dasselbe auf Kosten der Gesammtheit Vortheile eingeräumt werden, deren financielle Bedeutung eine ganz erhebliche ist, zumal wenn berücksichtigt wird, daß von den 40000 Bankantheilen nicht weniger als 10484, also über der vierte Theil sich im Eigenthum von Ausländern befinden. Sieht man auch selbst davon ab, daß auf diese Weise das ausländische Kapital einen Einfluß auf die Verwaltung der Reichsbank auszuüben in der Lage ist, so wird doch mit Recht in Zweifel gezogen werden müssen, ob eine derartige Begünstigung einzelner insbesondere ausländischer Kapitalisten berechtigt ist. Ende des Jahres 1878 befanden sich sogar nicht weniger als 11382 Bankantheile im Eigenthum von Ausländern.

zuschüssen oder die Verleihung des Rechts zur Ausgabe ungedeckter Noten dieser Verpflichtung Genüge leistet.

Da jedoch über das Recht der Notenausgabe nur in Verbindung mit der allgemeinen Regelung des Bankwesens definitive Entscheidung getroffen werden kann, diese aber nach dem Reichsbankgesetz bis zum Jahre 1890 ausgeschlossen ist, so würde ein der Billigkeit entsprechender Ausgleich zwischen den Interessen des Personal- und des Realkredits vorläufig darin gefunden werden können, wenn der Staat wenigstens diejenigen Beträge, welche er als Entschädigung für die Gewährung des Banknotenprivilegiums von der Reichsbank direkt und als Antheil an dem dem Reiche zufallenden Verwaltungsüberschuß derselben erhält, zur Unterstützung des Realkredits verwenden möchte.

Wird in der die Interessen der Börse und des Kapitals vertretenden Presse es schon jetzt vielfach als nicht gerechtfertigt bezeichnet, daß das Reich für das im Interesse des Verkehrs der Reichsbank ertheilte Recht der Notenemission financielle Vortheile bezieht, ohne daß ihm eine entsprechende Gegenleistung zur Last fällt, so würden durch die Verwendung dieser Beträge zu Gunsten des Realkredits diese Bedenken ihre Erledigung finden.

Da ferner anzunehmen ist, daß die Erträgnisse der Reichsbank und damit der dem Staat zufallende Antheil an denselben mit der größern oder geringern Inanspruchnahme des Banknotenprivilegiums in einem gewissen ursächlichen Zusammenhange stehen, so würde auch der Grundbesitz an den Vortheilen dieses Privilegiums und zwar in ähnlichem Verhältnis wie Handel und Industrie Theil nehmen. Hiermit wäre wenigstens im Princip das Recht des Grundbesitzes auf paritätische Behandlung seiner Kreditinteressen anerkannt und die bisherige Ungerechtigkeit beseitigt.

Diese Beträge, die sich für das Jahr 1881 auf etwa 3½ Millionen Mark belaufen haben, würden den bestehenden landschaftlichen Kreditinstituten nach Verhältnis ihrer räumlichen Ausdehnung und des Grundsteuerreinertrages zu überweisen sein, da eine Kombination beider den zuverlässigsten Vertheilungsmaßstab bilden würde. Werden auf diese Weise die disponibeln Mittel der Landschaften verstärkt, so wird die Ausdehnung ihres Geschäftsbetriebes auf die Hypothekenversicherung wesentlich erleichtert.

Aber nicht blos wegen der gegenwärtigen bedrängten Lage des Grundbesitzes sowie aus Rücksichten der Gerechtigkeit und Billigkeit erscheint die staatliche Unterstützung des Realkredits gerechtfertigt, sondern dieselbe sichert dem Staat auf einfache Weise einen erheblichen Einfluß auf die Umgestaltung der Grundbesitzverhältnisse, dessen er aus socialpolitischen Gründen nicht länger entbehren kann. Auch in Zukunft werden Zwangsverkäufe trotz der in Aussicht genommenen Umgestaltung des Grundkreditwesens vorkommen, und so bedauerlich derartige Besitzveränderungen nicht blos für die davon Betroffenen, sondern auch für die wirthschaftlichen Interessen des Landes und den Nationalwohlstand sind, so gewähren dieselben wenigstens ein geeignetes Mittel, um eine anderweite Vertheilung des Grundbesitzes anzubahnen und zu erleichtern.

Die Bedeutung, welche die dem Arbeiter gebotene Gelegenheit zum eigenthümlichen Erwerb von Grund und Boden für die Lösung der socialen Frage hat, haben wir an anderer Stelle zum Gegenstand der eingehendsten Untersuchung gemacht*), so daß wir hier von einer ausführlichern Erörterung dieser Frage um so mehr Abstand nehmen können, als eine solche weit über den Rahmen dieser Abhandlung hinaus gehen würde.

Wir begnügen uns, die Resultate unserer dortigen Untersuchungen dahin zusammenzufassen, daß durch den eigenthümlichen Besitz von Grund und Boden nicht blos die wirthschaftliche Lage des Arbeiters verbessert, sondern auch seine sociale Stellung gehoben wird, indem durch die in Folge einer intensiveren Bearbeitung desselben ermöglichte Steigerung der Erträgnisse sein Realeinkommen erhöht und er bezüglich der Befriedigung der nothwendigsten Lebensbedürfnisse und Sicherung derselben bei eintretender Arbeitsunfähigkeit und bei vorübergehend nothwendiger Einschränkung der industriellen Produktion unabhängig von den wechselnden Konjunkturen des Weltmarkts und dem Geldeinkommen aller übrigen Konsumenten wird.

Die Lösung der socialen Frage liegt also wesentlich auf agrarischem Gebiet. Der Erwerb von Grund und Boden ist das sicherste Mittel, die Arbeiter mit der Staatsordnung zu verbinden und sie

*) Vergl. die wirthschaftlich-socialen Aufgaben unserer Zeit S. 115 ff.

den destruktiven und die staatliche Existenz gefährdenden Bestrebungen der Socialdemokratie zu entfremden, da der Grundeigenthümer die sittlichen Grundlagen einer jeden Staatsgemeinschaft das Privateigenthum und das Erbrecht im eigensten Interesse anerkennen muß und wird.

Die Richtigkeit unserer Ansichten wird durch alle Versuche bestätigt, die nach dieser Richtung hin praktisch gemacht worden sind. Als Beispiel hierfür mögen einzelne Stellen eines von dem Vorsitzenden des Vereins zur Förderung des Wohls der arbeitenden Klassen in Waldenburg Herrn Dr. Ritter an den Verfasser Anfangs dieses Jahres gerichteten Briefes hier wiedergegeben werden:

> „Sie haben vollkommen Recht, daß der Kampf gegen die Socialdemokratie vornehmlich mit Erfolg geführt wird durch Mittel, welche den industriellen Arbeitern Gelegenheit geben, ihre Scholle für sich und ihre Familie bearbeiten und nützen zu können.
>
> Das hat unser Verein von vorn herein im Auge gehabt und er kann sich sehr wesentlicher Erfolge rühmen. Die Arbeiterfamilien drängen sich förmlich nach Zutheilung von Gartenland und sind außerordentlich dankbar. Ich schreibe dieser Wirksamkeit des Vereins zum großen Theile den Rückgang der hiesigen Socialdemokratie, wie er sich bei den letzten Reichstagswahlen gezeigt hat, zu.
>
> Es sind jetzt betheilt 240 Familien. Davon sind 20 Weber, 80 Fabrikarbeiter, 80 Bergleute und die übrigen kleine Handwerker. Die freie Zeit des Arbeiters und seiner Familie genügt völlig zur intensiven Bearbeitung ihres Bodens, den sie gartenmäßig kultiviren. Aus der Arbeit bleiben die Leute deshalb nicht fort; im Gegentheil sie sind bei ihrer industriellen Thätigkeit frischer und arbeitslustiger, weil sie des Abends nicht in den Kneipen herumliegen, sondern mit der Familie plaudernd den Garten pflegen und ruhig ausschlafen können.
>
> Gerade in dieser kleinen Vertheilung liegt ein großer Erfolg. Jede Familie wird damit in den Mußestunden gut fertig und erzielt durch intensivere Düngung und Spaten-

arbeit relativ mehr als auf größeren Flächen*). Diese kleinen Gärten machen durchweg einen saubern Eindruck und zeigen große Fruchtbarkeit, die lediglich das Resultat sorgfältiger Arbeit ist."

Wenn trotz dieser überaus günstigen Resultate, die ja auch vorzugsweise dem Arbeitgeber zu Gute kommen, nur in verschwindend wenigen Ausnahmefällen versucht worden ist, dem Arbeiter den Erwerb von Grund und Boden zu erleichtern und zu ermöglichen, so wird der Staat auch auf diesem Gebiete sich nicht blos auf eine anregende und fördernde Thätigkeit beschränken dürfen, sondern bei der Wichtigkeit der in Frage kommenden Interessen die Initiative ergreifen müssen.

Dieses wird ihm erleichtert, wenn ihm eine gewisse Disposition über die von den landschaftlichen Kreditinstituten in der Zwangsversteigerung erworbenen Grundstücke als Gegenleistung für die denselben gewährte Unterstützung eingeräumt wird. Ohne die financiellen Interessen dieser Kreditinstitute zu schädigen, könnte dem Staat die Entscheidung über die anderweite Verwerthung der erworbenen Grundstücke vorbehalten bleiben; er müßte darüber zu befinden haben, ob nach Lage der örtlichen und sonstigen Verhältnisse die ungetheilte Wiederveräußerung derselben stattfinden darf, oder ob eine Theilung und in welchem Umfange zu erfolgen hat.

In einzelnen Gegenden wird eine Vermehrung des bäuerlichen Grundbesitzes, in andere eine noch weitere Parcellirung, die auch dem Arbeiterstande den Erwerb von Grund und Boden ermöglicht, vorzuziehen sein. Da die Landschaft im Allgemeinen in der Zwangsversteigerung die Grundstücke unter ihrem wirklichen Werth erwerben wird, und sie selbst bei der Wiederveräußerung kein Geschäft machen soll, so erwachsen auch dem neuen Erwerber aus dieser landschaftlichen Vermittelung besondere Vortheile.

---

*) Nach den Mittheilungen in dem Jahresbericht des genannten Vereins für 1881 haben die Erträgnisse des den Arbeitern überwiesenen Grund und Bodens nach genauen Ermittelungen bezw. nach den eigenen Angaben der Arbeiter zwischen 200 und 300 Mark pro Morgen geschwankt, ja in einzelnen Fällen sogar 400 bis 500 Mark erreicht. Es sind dieses Erträge, die bei keiner Großwirthschaft auch nur annähernd erzielt werden können. Allerdings muß bemerkt werden, daß jeder Arbeiter nur etwa 18 □ Ruthen überwiesen erhalten hat.

Sofern vom Staat die Veräußerung in solch kleinen Parcellen verlangt wird, wie sie nach den landschaftlichen Grundsätzen nicht beliehen werden dürfen, würde die Landschaft in Höhe des ihr vom Staat in dem betreffenden Jahr gewährten Zuschusses das Risiko für die Kaufgelder, soweit dieselben nicht baar entrichtet werden, zu übernehmen haben. Auf diese Weise würden durch die dem Grundkredit gewährte staatliche Unterstützung auch zugleich die wichtigsten socialpolitischen und wirthschaftlichen Interessen des Landes gefördert, und der der Zwangsversteigerung unterliegende Grundbesitz auf die diesen Interessen am meisten entsprechende Art nutzbar gemacht werden.

Da die landschaftlichen Kreditinstitute überhaupt nur zur Sicherung der von ihnen gewährten Darlehne Grundbesitz erwerben, so erscheint es billig, daß die Wiederveräußerung desselben und die dadurch bedingten Handlungen des Hypothekenamts steuer- und stempelfrei erfolgen. Ist der Kaufstempel schon dann ein großes Unrecht, wenn der Grundbesitz Erwerbszwecken dienen soll, so ist er überhaupt völlig verwerflich in denjenigen Fällen, wo lediglich aus dem Grunde, weil sich zur Zeit ein geeigneter Käufer für das zur Zwangsversteigerung gekommene Grundstück nicht findet, die Landschaft vorübergehend das Eigenthum an demselben zu übernehmen genöthigt ist. Hier, wo es sich häufig nur um Monate ja nur um Wochen handelt, während welcher das Grundstück sich im landschaftlichen Eigenthum befindet, ist die Erhebung einer einprocentigen Steuer vom ganzen Werth desselben eine Unbill, wie sie sich in der staatlichen Steuerpolitik vielleicht nicht zum zweiten Mal vorfindet. Denn derjenige, welcher das Grundstück von der Landschaft erwirbt, muß dann den doppelten Werthstempel bezahlen, d. h. wenn man als Regel annimmt, daß das eigene Vermögen des Käufers den dritten Theil des Kaufpreises ausmacht, 6 % seines Vermögens.

Mit Recht hat der Abgeordnete Lasker bei seiner schon mehrfach erwähnten Vernehmung darauf hingewiesen, daß man die dem Grundbesitz durch die Aufnahme und Uebertragung von Hypotheken sowie durch die Eintragungen und Veräußerungen an Kosten und Stempelgebühren entstehenden Lasten „nach Generationen“ berechnen müsse. Erst bei einer solchen Berechnung tritt die dem Grundbesitz aufgebürdete Last klar zu Tage.

Nimmt man an, daß mit Ausnahme derjenigen Grundstücke, welche sich entweder nicht im freien Verkehr befinden, oder bei denen thatsächlich die Vererbung auf Descendenten die Regel bildet, alle 30 Jahre eine Veräußerung stattfindet, so reicht schon das eine Procent, das der Staat als Werthstempel erhebt, hin, um Zins auf Zins gerechnet, nach wenig über hundert Jahren den ganzen Werth des Grundstücks zu absorbiren. Da ferner bei Zugrundelegung einer 4procentigen Verzinsung das Kapital sich in etwa 15 Jahren verdoppelt, so kann man ermessen, welche ungeheure Belastung der in Generationen zur Hebung gelangte Besitzstempel für den Grundbesitz bildet.

Ist dieser Stempel, worüber alle Parteien einig sind, ein Unrecht, so würde in der That kaum in der Uebernahme sämmtlicher Hypothekenlasten durch den Staat eine angemessene Sühne desselben gefunden werden können, weil dieser Betrag immer noch hinter demjenigen zurückbleiben würde, den der Staat unter Hinzurechnung der Zinsen und Zinseszinsen zur Ungebühr im Laufe der Zeit von dem Grundbesitz erhoben hat*).

---

*) So berechtigt hiernach der Anspruch des Grundbesitzes auf Beseitigung des Werthstempels bei Veräußerungen der Grundstücke ist, so würde es vielleicht, um den Besitzwechsel nicht zu sehr zu erleichtern, vorzuziehen sein, den Betrag desselben den landwirtschaftlichen Kreditinstituten zu überweisen, welche ihn zu Gunsten des Eigenthümers und zwar eventuell zur Amortisation der Hypothekenschulden verwenden müßten.

Während der Drucklegung geht uns die Mittheilung zu, daß der Abgeordnete Dr. Oetker den Antrag eingebracht hat, die Staatsregierung um baldthunlichste Vorlegung eines Gesetzentwurfes zu ersuchen, durch welchen der Werthstempel von 1 % angemessen ermäßigt wird. Wir brauchen wol nicht zu sagen, daß dieser Antrag unsere vollste Sympathie hat.

Der landwirthschaftliche Personalkredit.

I. Die Beschränkung der hypothekarischen Belastung.

Kann der Grundbesitz nur in so weit einen Realkredit beanspruchen, als das Grundstück thatsächlich eine Realsicherheit zu bieten vermag, und muß die der Reform des Grundkreditwesens gestellte Aufgabe demgemäß als gelöst erachtet werden, wenn dem Grundbesitz die Ausnutzung seines Realkredits innerhalb dieser Grenzen zu angemessenen Bedingungen gesichert wird, so fällt der Reform des Personalkreditwesens die Aufgabe zu, dem Grundbesitz die Befriedigung seines Kreditbedürfnisses in denjenigen Fällen zu ermöglichen, in denen die Voraussetzungen für die Inanspruchnahme des Realkredits nicht vorliegen.

Diese Befriedigung darf aber nur in den für den Personalkredit überhaupt maßgebenden Rechtsformen geschehen, wie auch nur die Sicherungsmittel der persönlichen Schuldverbindlichkeiten (Wechsel, Faustpfand, Bürgschaft) Anwendung finden dürfen. Denn wo keine Realsicherheit vorhanden ist, kann keine eingeräumt werden.

Die Erschütterungen, denen der Grundbesitz zeitweise ausgesetzt ist, sind nicht zum geringsten Theil darauf zurückzuführen, daß die Form der Befriedigung des Grundkredits, die hypothekarische Verpfändung, auch da gewählt worden ist, wo lediglich die Voraussetzungen des Personalkredits vorlagen. Zwischen beiden Arten der Kreditbefriedigung eine strengere Grenze aufzurichten, ist ein dringendes Bedürfnis.

Wenn nach Lage der heutigen Gesetzgebung der Personalgläubiger berechtigt ist, im Wege der Zwangsexekution seine Forderung auf ein Grundstück eintragen zu lassen, obwohl dasselbe bereits weit über seinen Werth mit Hypotheken belastet ist, und demnächst das Grundstück zur Zwangsversteigerung zu bringen, bei der nicht allein er selbst sondern auch andere Gläubiger mit ihren Forderungen ausfallen, so sind dieses Mißstände, deren schleunige Beseitigung im Wege der Gesetzgebung dringend geboten erscheint.

Wie oft würde es nicht dem Besitzer möglich sein, durch Fleiß und Sparsamkeit seine wirthschaftliche Lage wiederum zu verbessern und allen seinen auch den rein persönlichen Verpflichtungen nachzukommen; aber nein, lediglich dem formalen Recht des Gläubigers, aus allen Vermögensobjekten des Schuldners seine Befriedigung suchen zu dürfen, muß seine wirthschaftliche Existenz zum Opfer fallen, müssen Millionen voreingetragener Hypotheken verloren gehen. Das summum jus, summa injuria kann kaum zutreffender illustrirt werden, als durch diese Zurücksetzung aller wirthschaftlichen und socialpolitischen Interessen gegenüber dem formalen Recht des Gläubigers.

Wenn man gegenwärtig damit umgeht, die Gesetzgebung dahin zu ändern, daß die voreingetragenen Gläubiger durch den Zwangsverkauf nicht berührt werden, so verdient diese Absicht zwar alle Anerkennung; dieselbe gewährt aber nur den eingetragenen Hypothekengläubigern einen Schutz gegen die Schädigung ihrer Interessen durch Ausübung des Exekutionsrechts nacheingetragener Gläubiger; dem Grundbesitzer bietet eine derartige Bestimmung dagegen keine Garantie gegen den Verlust seines Eigenthums lediglich aus Gründen des formalen Rechts. Denn nach derselben erfolgt der Zuschlag in der Zwangsversteigerung, wenn so viel geboten wird, daß diejenigen Hypothekenforderungen Deckung finden, welche vor der Forderung des Extrahenten eingetragen stehen.

Obwohl also die zwangsweise Eintragung der Forderung sowie der zwangsweise Verkauf des Grundstücks dem Gläubiger nicht den geringsten Nutzen bringen, so verliert der Schuldner trotzdessen Haus und Hof, wird der fleißige, strebsame Grundbesitzer zum Proletarier, der Steuerzahler zum Almosenempfänger, weil das Gesetz dem Gläubiger die Exekution in alle Objekte gestattet, die formell sich im Eigenthum des Schuldners befinden. Obwohl bei einem über den Werth verschuldeten Grundbesitz thatsächlich ein exequibles Werthobjekt gar nicht vorhanden ist, also ein materielles Interesse des Gläubigers gar nicht in Frage kommt, hängt es doch lediglich von seinem freien Belieben ab, die wirthschaftliche Existenz des Schuldners zu vernichten, und damit zugleich die finanziellen Interessen von Staat und Gemeinde zu schädigen und zwar vielleicht wegen einer ganz unbedeutenden Schuldforderung.

Man wird hiergegen einwenden, daß der Gläubiger schon aus eigenem Interesse, die zwangsweise Eintragung seiner Forderung nur dann nachsuchen und die Zwangsversteigerung veranlassen wird, wenn er wenigstens eine gewisse Aussicht hat, auf diese Weise die Befriedigung seiner Forderung zu erlangen, weil die immerhin erheblichen Kosten der Eintragung und Zwangsversteigerung von ihm vorgeschossen werden müssen, ohne daß er bei einem insolventen Schuldner Aussicht hat, dieselben je wiedererstattet zu erhalten.

Dem widerspricht jedoch die praktische Erfahrung, wie dieses schon daraus hervorgeht, daß man zum Schutz der voreingetragenen Hypothekengläubiger die vorhin erwähnte Aenderung der Gesetzgebung für nothwendig erachtet. Thatsächlich gehen jährlich Millionen an eingetragenen Forderungen verloren, weil die betreffenden Grundstücke weit über den Werth hinaus belastet sind.

Zum großen Theil liegt dieses allerdings daran, daß die Einklagung der Forderungen in die Hände der Advokaten gelegt und diesen auch die Wahl der Exekutionsmittel überlassen ist. Nichts ist aber für die Advokaten lukrativer als Exekutionsanträge, bei denen es sich meistens nur um die Ausfüllung gedruckter Formulare handelt. So lange also der Gläubiger selbst solvent oder die Gebührenforderung des Advokaten durch Kostenvorschüsse gedeckt ist, hat letzterer das größte Interesse daran, alle Exekutionsmittel zu erschöpfen, unabhängig davon, ob ein Erfolg von denselben zu erwarten ist oder nicht.

Die Möglichkeit, daß der Gläubiger durch den Zwangsverkauf befriedigt wird, ist ja in den seltensten Fällen von vorn herein absolut ausgeschlossen, und dieses genügt dem Advokaten, um seinem Gewissen und dem Gläubiger gegenüber die Ausnutzung aller gesetzlichen Exekutionsmittel zu rechtfertigen.

In vielen Fällen geschieht allerdings die zwangsweise Eintragung von Forderungen auf Grundstücken, die bereits über den Werth hinaus belastet sind, lediglich zu dem Zweck, um einen Druck auf den Schuldner auszuüben. Hierdurch werden die allgemeinen wirthschaftlichen Interessen vielleicht noch mehr geschädigt als durch den Zwangsverkauf selbst. Der Schuldner befindet sich vollständig in der Hand seines Gläubigers, der ihn jeden Augenblick durch den Antrag auf Zwangsversteigerung von Haus und Hof treiben kann.

Was ist natürlicher, als daß in solchen Fällen der Schuldner die größten Anstrengungen macht, vor allem diesen Gläubiger durch Zins- oder Abschlagszahlungen zufrieden zu stellen. Dieses ist vielfach nur auf Kosten seiner Wirthschaft möglich; die Unterhaltung der Gebäude wird vernachlässigt, das irgend entbehrliche Inventarium veräußert, der Grund und Boden über die Gebühr in Anspruch genommen, mit einem Wort, der Raubbau beginnt. Ist es dem Schuldner unmöglich, die gesammten Zinsen der eingetragenen Hypotheken bezahlen zu können, so werden wiederum die zuletzt eingetragenen Gläubiger zuerst berücksichtigt, weil im Falle der Kündigung der ersten Hypotheken die Beschaffung eines Ersatzes an Stelle derselben geringere Schwierigkeiten bietet.

Auf diese Weise wird also das an sich materiell völlig werthlose Recht der zwangsweisen Eintragung der Forderung auf einem überschuldeten Grundstück ein Mittel der Ausbeutung des Schuldners, der völlig abhängig von der Gnade des Gläubigers, alle Forderungen desselben befriedigen muß, um schließlich, wenn ihm dieses nicht mehr möglich ist oder andere Hypotheken ebenfalls gekündigt werden, dieser Ausbeutung dennoch zum Opfer zu fallen.

Desgleichen werden die voreingetragenen Gläubiger durch die Ausübung dieses Rechts in ihrem Interesse auf das empfindlichste geschädigt. Sie müssen vielfach auf den pünktlichen Eingang der Zinsen verzichten, damit Diejenigen, denen geringere Rechte als ihnen an dem Grundstücke zustehen, befriedigt werden können. Durch die erwähnten Deteriorationen wird die ihnen eingeräumte Realsicherheit vermindert und damit die Sicherheit ihrer Forderungen selbst gefährdet.

Alle diese Nachtheile können nur vermieden werden, wenn der Staat seine Rechtshilfe zur zwangsweisen Eintragung von Forderungen über den Werth der Grundstücke hinaus völlig versagt. Wo nichts ist, hat sogar der Kaiser sein Recht verloren. Wenn der Gläubiger trotzdessen zuweilen durch die Eintragung solcher Forderungen eine theilweise Befriedigung derselben erlangt, so geschieht dieses fast ausnahmslos auf illegitime Weise.

Ebenso wie die Schuldhaft meistens als Zwangsmittel gegen wohlhabende Anverwandte oder Freunde des Schuldners zur Androhung und Ausführung gelangte, wie sie dem hartherzigen Gläubiger auf Kosten des wohlwollenden Befriedigung verschaffte, wie sie jede Möglichkeit, durch angestrengtere Thätigkeit und größern Fleiß die Schulden zu bezahlen und seine Vermögenslage wiederum zu verbessern, dem Schuldner nahm, in ähnlicher Weise wirkt die Eintragung auf überschuldetem Grundbesitz. Die psychische und geistige Marter des Schuldners, der bei der Schuldhaft der bei weitem größte Antheil an ihren Erfolgen zu Gunsten der Befriedigung des Gläubigers zufiel, ist bei der völligen Abhängigkeit, in die der Schuldner durch diese Eintragung geräth, keine geringere.

Dazu die Schädigung, welche den voreingetragenen Gläubigern durch dieselbe zugefügt wird! Allen diesen erheblichen sittlichen, socialpolitischen und wirthschaftlichen Nachtheilen gegenüber ist es allein die Rücksicht auf das formale Recht, welche der Einschränkung der Exekutionsbefugnis des Gläubigers auf wirkliche Werthobjekte des Schuldners entgegentritt.

Das einzige Bedenken, welches gegen eine derartige Einschränkung des Exekutionsrechts erhoben werden könnte, ist das, daß es außerordentlich schwierig sein würde, eine allgemeine Grenze festzusetzen, über welche hinaus der Grundbesitz eine Realsicherheit nicht zu bieten vermag, und deshalb die zwangsweise Eintragung von Forderungen auszuschließen ist. Wir verkennen diese Schwierigkeit keineswegs; es ist genau dieselbe, die der einheitlichen Werthermittelung des Grundbesitzes zum Zweck der staatlichen Besteuerung entgegentritt.

Hat sich jedoch bei der Besteuerung die Gesetzgebung über diese Schwierigkeiten hinwegsetzen zu dürfen geglaubt, so sehen wir in der That nicht ein, weshalb sie es nicht auch einmal zum Vortheil des Grundbesitzes thun sollte. Ist die Grundsteuer eine einigermaßen gerechte, so bildet sie auch eine genügende Grundlage für die Werthermittelung zum Zweck der Festsetzung einer Grenze für die zwangsweise Eintragung. Beruht jedoch die Grundsteuer auf unrichtigen Werthschätzungen, so verletzt dieselbe ungleich schwerer die Privatrechte des Grundbesitzes als die Normirung einer zu niedrigen Eintragungsgrenze die des Kapitals.

Denn der über den angemessenen Betrag hinaus belastete Grundbesitz kann sich dem Verlust nie entziehen, das Grundstück vermindert sich im Werth um den kapitalisirten Betrag derjenigen Grundsteuer, die es mehr zahlen muß, als ein anderes gleichwerthiges Grundstück, das Unrecht ist ein dauerndes, während der Gläubiger, dessen Exekutionsrecht durch das Gesetz über das nothwendige Maß hinaus eingeschränkt ist, dieses vorher weiß und sich vor Verlusten durch angemessene Beschränkung des gewährten Kredits schützen kann.

Dagegen muß aber der Grundbesitz entschieden protestiren, daß die Grundsteuer bald als eine den Grundbesitz im Verhältnis zum Werth durchaus angemessen belastende Steuer, bald als die unzuverlässigste und unrichtigste Grundlage einer Werthermittelung bezeichnet wird, je nachdem es seinen Interessen nachtheilig ist.

Uebrigens würden wir bei unserm Standpunkt zur Grundsteuerfrage eine Einschränkung des Exekutionsrechts des Gläubigers nicht in dem Maße befürworten können, wenn in der That die Grundsteuer die einzige Grundlage für die Ermittelung der Grenze derselben wäre. Dieses ist jedoch nicht der Fall, vielmehr bilden in denjenigen Provinzen, in denen landschaftliche Kreditinstitute bestehen, und das ist in allen für diese Frage vorzugsweise in Betracht kommenden der Fall, die von denselben aufgenommenen Werthtaxen eine für diesen Zweck im Allgemeinen sichere und zuverlässige Grundlage.

Denn die Landschaften haben selbst an einer richtigen Werthermittelung der zu beleihenden Grundstücke das größte Interesse, und soweit überhaupt menschliches Können ausreicht, vermögen sie auch in ihrem kleinern Gebiet diese Aufgabe zu lösen. Gehen die Landschaften zu einer Beleihung auf Grund des Kaufwerths der Grundstücke über, bezw. modificiren sie derart ihre Taxen, daß nach denselben im Allgemeinen eine Beleihung bis zu $^2/_3$ des Kaufwerths zulässig ist, so würden auch die zwischen den einzelnen Landschaften jetzt noch bestehenden Verschiedenheiten in den Taxgrundsätzen verschwinden. Die Festsetzung der Exekutionsgrenze auf Grund des Grundsteuerreinertrages würde dagegen nur in denjenigen Gebieten, wo Landschaften nicht bestehen bezw. bei den landschaftlich nicht beliehenen Grundstücken zu erfolgen haben.

Was den Umfang dieser Beschränkung anlangt, so sind wir nicht der Ansicht, daß die Grenze derselben so bemessen werden sollte, daß dem Gläubiger die zwangsweise Eintragung seiner Forderung in allen Fällen gestattet wird, in denen auch nur eine entfernte Möglichkeit vorliegt, bei einem Zwangsverkauf des Grundstücks ganz oder theilweise Befriedigung derselben zu erlangen. Bei allen derartigen Maßnahmen können vielmehr lediglich die Durchschnittsergebnisse zu Grunde gelegt werden.

Die zwangsweise Eintragung darf also nur bis zu dem Betrage gestattet werden, bis zu welchem nach den gemachten Erfahrungen bei einem Zwangsverkauf die Befriedigung des Gläubigers erwartet werden darf. Hierüber zuverlässige Grundlagen zu erhalten, kann nicht schwer werden. Die landschaftlichen Akten müssen genaue Auskunft darüber geben, welche mit landschaftlichen Darlehnen belasteten Grundstücke zur Zwangsversteigerung gekommen sind, und wie sich der Kaufpreis im Verhältnis zur Taxe gestellt hat.

Auf Grund der Ergebnisse einiger Jahre würde sodann ein Durchschnitt zu ermitteln sein, wobei die eingetragenen Forderungen der Ersteher dem Kaufpreis noch würden zugeschlagen werden können, da erfahrungsgemäß zur Ersparung von Stempel- und Gerichtskosten in den meisten Fällen das Gebot nur in der Höhe gemacht zu werden pflegt, daß die voreingetragenen Gläubiger gedeckt werden.

Wir sind überzeugt, daß diese Ermittelungen ergeben werden, daß nur ganz ausnahmsweise bei der Zwangsversteigerung der Preis der Grundstücke die landschaftliche Taxe übersteigen, nie jedoch $^3/_4$ des allgemeinen Kaufwerths der betreffenden Grundstücke erreichen wird und daß somit, wenn die Grenze für die zu gestattende zwangsweise Eintragung auf den letztern Betrag festgesetzt wird, dadurch die berechtigten Interessen der persönlichen Gläubiger in keiner Weise verletzt werden.

Wenn bei der Zwangsversteigerung der gezahlte Kaufpreis voraussichtlich stets nicht unerheblich hinter den wirklichen Kaufwerth der Grundstücke zurückbleibt, so liegt der Grund vorzugsweise in den Deteriorationen, die über den Werth hinaus belastete Grundstücke, wie oben erwähnt worden, in den weitaus meisten Fällen zu erleiden haben.

Sollten aber auch durch eine derartige Beschränkung der zwangsweisen Belastung in vereinzelten Fällen dem persönlichen Gläubiger Nachtheile zugefügt werden, indem ihm Exekutionsobjekte entzogen werden, aus denen er bei besonders günstigen Verhältnissen doch möglicherweise eine wenn auch nur theilweise Befriedigung seiner Forderung erhoffen könnte, so meinen wir, daß diese Bedenken gegen die erheblichen Schäden aller Art, die mit der völlig uneingeschränkten Belastung verbunden sind, zurückstehen müssen.

Diese Frage kann nicht von dem einseitigen Standpunkt der Römischen Rechtsprincipien entschieden werden. Der Staat hat ausgleichende Gerechtigkeit zu üben und findet er, daß die wirthschaftlichen und socialen Interessen durch die schrankenlose Ausübung gewisser Rechte beeinträchtigt werden und zwar in höherm Maße, als die allgemeinen Interessen durch diese Ausübung gefördert werden, so ist eine angemessene Beschränkung nicht nur zu entschuldigen, sondern sie ist sogar geboten, und der Staat verletzt seine ihm gegen die Gesammtheit seiner Angehörigen obliegenden Pflichten, wenn es aus formalen Rechtsbedenken auf dieselbe verzichtet.

Eine jede Beschränkung der Rechte verletzt die Interessen Einzelner. Wenn der Staat heute die Exekution in das Handwerkszeug der Handwerker nicht gestattet, wenn er das nothwendige Hausgeräth oder einen Theil der Pension der pensionirten Staatsbeamten von der Exekution ausschließt, so werden dadurch die Rechte der Gläubiger nicht minder beeinträchtigt. Dieselben humanitären und wirthschaftlichen Rücksichten, die in diesen Fällen bestimmend gewesen sind, rechtfertigen in noch viel höherem Maße die Beschränkung der Zwangsexekution in das Immobiliarvermögen, zumal wenn dieselbe nur in denjenigen Fällen Platz greift, in denen ohnehin dem Gläubiger aus der Ausübung seines Rechts nur ganz ausnahmsweise ein berechtigter Vortheil erwächst.

Aber nicht allein die zwangsweise Eintragung von Forderungen, sondern auch die freiwillige Verpfändung über den eine Realsicherheit nicht mehr bietenden Betrag hinaus bedarf der Einschränkung. Eine Forderung, der eine Realsicherheit nicht eingeräumt werden kann, weil eine solche nicht mehr vorhanden ist, darf nicht durch Verpfändung des Grundstücks sondern nur durch die Sicherungsmittel der persönlichen Schuldverbindlichkeiten gesichert werden.

Dieselben wirthschaftlichen und socialpolitischen Gründe, welche eine Beschränkung der zwangsweisen Belastung gerechtfertigt und nothwendig erscheinen lassen insbesondere die Rücksicht auf den Grundbesitzer und die voreingetragenen Gläubiger sprechen auch gegen die unbeschränkte Gestattung der Verpfändung der Grundstücke durch den Eigenthümer. Wir stehen nicht auf dem Standpunkt volenti non fit injuria und beneficia non obtruduntur.

Kommt eine solche Einschränkung der Dispositionsfreiheit der großen Masse der Grundbesitzer zu Gute, so rechtfertigt sich dieselbe aus Rücksichten des öffentlichen Wohls, auch selbst wenn Einzelne darunter zu leiden haben. Die Frage ist stets, werden die allgemeinen Interessen mehr durch eine angemessene Einschränkung oder durch völlige Freigabe der Verpfändung gefördert; die Beantwortung derselben kann nach unsern obigen Ausführungen nicht zweifelhaft sein.

Uebrigens handelt es sich auch bei der Einschränkung der freiwilligen Verpfändung nicht blos um die Interessen des Eigenthümers und allgemeine wirthschaftliche und socialpolitische Rücksichten, sondern ebensosehr um die Privatrechte der voreingetragenen Gläubiger. Die kolossalen Verluste, welche dieselben durch die von nacheingetragenen Gläubigern veranlaßten Zwangsversteigerungen erleiden, beweisen dieses Interesse wol am schlagendsten. In den meisten Fällen wären diese Verluste vermieden, wenn die Grundstücke freihändig hätten verkauft und mit dem Verkauf bis zu einem günstigeren Zeitpunkt hätte gewartet werden können.

Die durch eine Belastung über den Werth der Grundstücke den voreingetragenen Gläubigern zugefügten Nachtheile werden auch durch die in Aussicht genommene Aenderung der Gesetzgebung keineswegs völlig beseitigt. Die nacheingetragenen Gläubiger werden nur etwas vorsichtiger in der Beantragung des Zwangsverkaufs sein, wenn ihnen die Kosten desselben für den Fall, daß die voreingetragenen Forderungen nicht heraus geboten werden, wenn auch nur vorschußweise zur Last fallen. Desto energischer werden sie sich die Ausbeutung des Schuldners angelegen sein lassen.

Die Aussaugung des Grund und Bodens, die Deteriorirung der ganzen Wirthschaft wird einen noch größeren Umfang annehmen, als es bisher schon der Fall gewesen ist. Schließlich wird den voreingetragenen Gläubigern nichts anderes übrig bleiben, um sich aus dieser Zwangslage zu befreien, als selbst den Zwangsverkauf zu beantragen und damit die Kosten des Verfahrens und das Risiko eines Verlustes ihrer Forderung zu übernehmen.

Würde also die Beschränkung der freiwilligen Verpfändung in demselben Umfange wie die der zwangsweisen Eintragung schon aus Rücksichten für die Sicherheit der voreingetragenen Forderungen gerechtfertigt und ebenso wie letztere praktisch durchführbar sein, so haben die Landschaften es selbst in der Hand, die aus einer Ueberlastung des verpfändeten Grundbesitzes mit Hypotheken ihren Forderungen drohenden Gefahren durch statuarische Bestimmungen von sich abzuwenden.

Gewähren dieselben Darlehne in dem oben angegebenen Umfange nur unter der Bedingung, daß der Schuldner auf eine freiwillige Belastung seines Grundstücks über einen bestimmten Betrag hinaus verzichtet, und stipuliren sie das im Grundbuch für sie einzutragende Recht, daß die gesammte landschaftliche Darlehnsschuld sofort fällig ist und zurückgezahlt werden muß, wenn der Schuldner seine Verpflichtung verletzt, so wird für den landschaftlich-associirten Grundbesitz praktisch dasselbe erreicht, als durch eine gesetzliche Beschränkung der freiwilligen Verpfändung, weil in den weitaus meisten Fällen der Schuldner gar nicht daran denken kann, an Stelle der landschaftlichen Kapitalien andere zu erhalten, eine Verletzung der eingegangenen Verpflichtung mithin unvermeidlich die Zwangsversteigerung seines Grundstücks zur Folge haben würde.

Eine Ausnahme würde nur dann eintreten, wenn der neue Gläubiger auch gleichzeitig die Landschaft befriedigt; in diesem wohl äußerst selten vorkommenden Fall werden wenigstens die Rechte voreingetragener Gläubiger durch die ungebührliche Belastung des Grundstücks mit Hypotheken nicht berührt.

Selbstverständlich könnte ein derartiges Vorgehen der Landschaften nur als ein Akt der Nothwehr gerechtfertigt werden, wenn die Gesetzgebung den voreingetragenen Gläubigern einen genügenden Schutz ihrer Interessen dauernd versagt. Ist letzteres aber der Fall, so würden die Landschaften bei einer Erweiterung ihrer Beleihung bis zu ²/₃ des Kaufwerths der Grundstücke hierzu unbedingt genöthigt sein, da andernfalls erhebliche Verluste unvermeidlich sein würden, die durch die solidarische Verhaftung aller Grundbesitzer eine Erhöhung der Versicherungsprämien und somit eine allgemeine Belastung des Grundbesitzes zur Folge haben müßten.

Man wird hiergegen einwenden, daß dann die Vortheile der landschaftlichen Kreditinstitute gerade dem am meisten verschuldeten Grundbesitz, also demjenigen, der ihrer am dringendsten bedarf, versagt sein würden. Wir sind nicht dieser Ansicht, glauben vielmehr, daß nach einer verhältnismäßig kurzen Uebergangszeit, für welche, sofern die Person des Grundstücksbesitzers genügende Garantien bietet, unter angemessener Kontrole der landschaftlichen Vertrauensmänner eine höhere Belastung zugestanden werden könnte, es nur ausnahmsweise vorkommen würde, daß auf den landschaftlichen Kredit wegen unzureichender Höhe desselben verzichtet werden müßte.

Ist aber der Eigenthümer des Grundstücks einmal dahin gekommen, daß dasselbe ausschließlich mit landschaftlichen Hypotheken belastet ist, so würde die Beschränkung einer weiteren Verpfändung ihm selbst in gleicher Weise zu Gute kommen und wesentlich dazu beitragen, ihm die Erhaltung seines Besitzes zu sichern.

Wird der Grundsatz als richtig anerkannt, daß die hypothekarische Belastung des Grundbesitzes über den eine Realsicherheit nicht mehr bietenden Betrag hinaus, und zwar sowohl die zwangsweise als auch die freiwillige, eine wirthschaftliche Berechtigung nicht hat und demgemäß aus überwiegenden Gründen des öffentlichen Wohls durch Verbotsgesetze oder auf andere Weise gehindert werden sollte, so ist die Frage, wo diese Grenze zweckmäßig zu ziehen sei, mehr die Sache der praktischen Erfahrung als der wissenschaftlichen Untersuchung.

Wenn nun die praktischen Erfahrungen ergeben, daß der einen gewissen Werth nicht erreichende Grundbesitz keine oder nur eine geringe Realsicherheit zu bieten vermag, so ist es lediglich die nothwendige Konsequenz dieses Grundsatzes, daß die Verpfändungsbefugnis bei solchem Grundbesitz eine entsprechend größere Einschränkung erfahren bezw. ganz ausgeschlossen werden muß. Diese Erfahrungen liegen aber vor und finden in den, allen Statuten der landschaftlichen Kreditanstalten gemeinsamen Bestimmung, daß Grundstücke bis zu einem bestimmten Werth von der landschaftlichen Beleihung auszuschließen sind, ihren Ausdruck.

Der Grund hierfür liegt darin, daß Grundstücke, deren Erträgnisse einen bestimmten Betrag nicht erreichen, selbstständige Werthobjekte gar nicht bilden, weil die Erträgnisse im Allgemeinen die Betriebskosten nicht übersteigen. Grundstücke, die keinen höhern Ertrag abwerfen, als nothwendig ist, um den zur Bewirthschaftung derselben erforderlichen Arbeitskräften eine auskömmliche Existenz zu sichern, haben an sich nicht einmal einen gemeinen Werth im Sinne des Allg. Landrechts, unter dem nach Th. I Tit. 2 § 112 derjenige Nutzen zu verstehen ist, den eine Sache einem jeden Besitzer gewähren kann. Denn solche Grundstücke können nur Demjenigen einen Nutzen gewähren, der seine Arbeitskraft auf die Bewirthschaftung derselben verwendet und dieser Nutzen ist kein größerer, als der Werth, den die Arbeitskraft selbst repräsentirt.

Wollte ein Kapitalist auch tausend derartige räumlich von einander getrennte Grundstücke erwerben, er würde keinen Pfennig Ueberschuß aus denselben erzielen, weil die Erträgnisse jedes einzelnen durch die Kosten des Unterhalts der zur Bewirthschaftung nothwendigen Arbeiter absorbirt werden. Der legitime Realkredit setzt aber einen Ueberschuß der Einnahmen über die Betriebskosten voraus, durch den die Verzinsung der aufgenommenen Hypotheken unter normalen Verhältnissen gesichert ist. Wo ein solcher Ueberschuß von vorn herein als ausgeschlossen angesehen werden muß, kann von einem Realkredit nicht die Rede sein.

Wenn dem gegenüber darauf hingewiesen wird, daß thatsächlich auch solche Grundstücke mit Hypotheken belastet sind, deren Erträgnisse die Betriebskosten nicht übersteigen, ja daß in den Industriegebieten, wo der Grundbesitz zum Theil außerordentlich zersplittert ist, auf den kleinsten Parcellen Forderungen hypothekarisch eingetragen sind, und daß auch die Zinsen für dieselben bezahlt werden, so beweist dieses nichts gegen unsere Behauptung.

In derartigen Fällen verzichtet entweder der Eigenthümer auf die volle Entschädigung für seine Arbeitsleistung, weil der eigenthümliche Besitz von Grund und Boden ihm höher steht, oder er verwendet nur einen Theil seiner Arbeitskraft auf die Bearbeitung des Grundstücks und bezahlt die Zinsen von den Erträgnissen seiner auf andern Gebieten verwertheten Arbeit. Die Eintragung der Forderungen hat hier allein den Zweck, dem Gläubiger ein Vorzugsrecht an dem Erlöse im Falle eines nothwendigen oder freiwilligen Verkaufs des Grundstücks zu sichern.

Aber nicht jedes Grundstück, das einen Kaufwerth repräsentirt, ist ein geeignetes Objekt für die Inanspruchnahme des Realkredits. Der Kaufwerth wird durch Angebot und Nachfrage festgestellt, und so lange es Personen giebt, die den eigenthümlichen Besitz eines Grundstücks selbst dann wünschen, wenn die Erträgnisse desselben keinen Ueberschuß über den Werth der auf die Bearbeitung verwandten Arbeitskraft gewähren, werden auch solche Grundstücke einen Kaufpreis erzielen.

Eine Realsicherheit den eingetragenen Hypotheken vermögen sie jedoch ebensowenig zu bieten, wie ein Bauplatz, der vielleicht viele Tausende Werth ist, weil beide keine Erträgnisse gewähren, aus denen die Zinsen der Hypotheken gedeckt werden können. Die Erfüllung der sich ebenfalls auf die Zahlung der Zinsen erstreckenden Verbindlichkeit des Schuldners ist nicht durch den Besitz des Grundstücks, sondern lediglich durch seine Veräußerung gesichert.

Ob die Landschaften in jedem Falle die richtige Werthgrenze, bis zu welcher Grundstücke eine Realsicherheit bieten, gezogen haben, kann ja gewiß zweifelhaft sein. Der Grundsatz wird aber als berechtigt anerkannt werden müssen, daß Grundstücke, deren Erträgnisse den zum Unterhalt einer Familie nothwendigen Betrag nicht übersteigen, sowohl von der freiwilligen als auch von der zwangsweisen Belastung mit Hypotheken unbedingt ausgeschlossen werden müssen, wenn nicht der Besitzer in völlige Abhängigkeit von dem Gläubiger gerathen soll.

Ergiebt sich diese Beschränkung schon aus der Natur des Realkredits, so sprechen für dieselbe auch die wichtigsten socialpolitischen und wirthschaftlichen Erwägungen. Ist der Besitz von Grund und Boden das geeignetste Mittel, die Gefahr einer gewaltsamen Auflehnung gegen die bestehende Staats- und Gesellschaftsordnung seitens der kommunistischen Bewegung zu beseitigen, so ist es um so nothwendiger, die zur Erhaltung desselben geeigneten Maßnahmen zu treffen, als es gerade der kleine Grundbesitz ist, der der Gefahr einer Ausbeutung durch das Kapital am meisten ausgesetzt ist. Denn da die landschaftlichen Kreditinstitute ihn von der Beleihung ausschließen und das solide Privatkapital ebenfalls wegen mangelnder Realsicherheit sich von ihm fern hält, so ist er überwiegend auf das unsolide angewiesen, dessen Forderungen durch keine Konkurrenz eingeschränkt sind.

Wenn das nothwendige Handwerkszeug des Handwerkers und der zum Unterhalt nothwendige Lohn des Arbeiters der Beschlagnahme nicht unterliegt, wenn dem pensionirten Beamten ein Theil seiner Pension belassen werden muß, so ist dieses bereits eine Anerkennung des Princips, daß überwiegende öffentliche Interessen eine Einschränkung des formalen Rechts des Gläubigers bedingen, und daß diese Interessen verletzt werden, wenn dem Gläubiger die Vernichtung der wirthschaftlichen Existenz des Schuldners gestattet wird.

Die gleichen öffentlichen Interessen rechtfertigen es, daß derjenige Grundbesitz, dessen Erträgnisse das zum Unterhalt einer Familie nothwendige Maß nicht übersteigen, von der Exekution überhaupt ausgeschlossen wird. Geschieht dieses aber, so darf auch die freiwillige Verpfändung desselben nicht gestattet werden, weil dieselbe mit Rücksicht darauf, daß ein solcher Grundbesitz der Exekution unterliegende Erträgnisse nicht abwirft, der Zwangsverkauf also das einzige Mittel sein würde, um dem Gläubiger die Befriedigung seiner Forderung zu ermöglichen und zu sichern, ohne Werth für den Gläubiger und also gegenstandslos sein würde.

Aus den gleichen Gründen darf die freiwillige und zwangsweise hypothekarische Belastung derjenigen Grundstücke, welche einen höhern Betrag abwerfen, nur in soweit zugelassen werden, als derselbe das Existenzminimum einer Familie übersteigt, also ein Ueberschuß der Einnahmen über die Betriebskosten vorliegt; nur in soweit ist ein für die Inanspruchnahme des Realkredits geeignetes Objekt vorhanden.

Die Schwierigkeiten, welche der praktischen Durchführung dieser Grundsätze entgegenstehen, werden allgemein überschätzt. In den weitaus meisten Fällen wird bereits aus der Größe und dem Grundsteuerreinertag entnommen werden können, daß die Erträge der Grundstücke den zum Unterhalt einer Familie nöthigen Betrag nicht übersteigen.

Dieses ist ohne Weiteres in allen denjenigen Fällen anzunehmen, wo die Bewirthschaftung eines Grundstücks ohne Betriebsinventarium lediglich durch die persönliche Arbeitsleistung des Besitzers und seiner Familie geschieht. Diese würden also ohne Ausnahme von der hypothekarischen Belastung auszuschließen sein, womit dem Arbeiter der eigenthümliche Besitz eines kleinen Grundstücks dauernd gesichert wäre.

Bei den landschaftlich nicht beleihungsfähigen Grundstücken mit eigentlichem landwirthschaftlichen Betriebe würde auf folgende Weise der Zweck, dem Besitzer das Eigenthum an einem seine Existenz sichernden Grundstück zu gewährleisten, erreicht werden können.

Jeder Eigenthümer eines solchen Grundstücks erhält eine allen andern hypothekarischen Belastungen vorangehende gesetzliche Hypothek in solcher Höhe, als zum Erwerb eines zum Unterhalt einer Familie hinreichenden Grundstücks nöthig ist. Ueber diese Hypothek darf er weder während seiner Besitzzeit verfügen, noch findet eine zwangsweise Beschlagnahme derselben statt.

Bei einer zwangsweisen Veräußerung des Grundstücks, die der Eigenthümer selbst zu beantragen berechtigt ist, wenn nach dem pflichtmäßigen Ermessen des Gerichts dasselbe derart mit Hypotheken belastet ist, daß dem Eigenthümer nicht das Existenzminimum verbleibt, gelangt die Hypothek zu Gunsten des Eigenthümers zur Hebung, jedoch darf der Betrag derselben zu keinem andern Zweck als zum Erwerb eines andern Grundstücks und zwar nur eines solchen, das mit Hypotheken nicht belastet ist, verwandt werden.

Bei der Umschreibung des letztern auf den Namen des neuen Besitzers würde zugleich ein die Verpfändungsbefugnis der jeweiligen Besitzer ausschließender Vermerk in das Grundbuch einzutragen sein, der zugleich die Wirkung hat, daß das Grundstück dauernd von einer zwangsweisen Belastung und Veräußerung befreit ist.

Die Verwendung der gesetzlichen Hypothek zu dem angegebenen Zweck könnte, wenn es für nothwendig erachtet werden sollte, staatlicherseits dadurch kontrolirt werden, daß die Auszahlung des Kaufpreises für das neu erworbene Grundstück direkt an den Verkäufer desselben durch eine geeignete Staatskasse erfolgt, sobald dieser die Auflassungserklärung zu Gunsten des neuen Erwerbers abgegeben hat. Ueber den Betrag der gesetzlichen Hypothek könnte dem Eigenthümer des zur Zwangsversteigerung gelangten Grundstücks eine Bescheinigung gegeben werden, durch die er sich zum Zweck des Erwerbs eines andern Grundstücks legitimiren kann.

Wird bei der Zwangsversteigerung der Betrag der gesetzlichen Hypothek nicht herausgeboten, so sind die nacheingetragenen Hypotheken zu löschen und ist durch Eintragung im Grundbuch die fernere Belastung des Grundstücks auszuschließen. Die Höhe der gesetzlichen Hypothek würde 3000 bis 4000 Mark nicht zu überschreiten brauchen. Erwirbt der Besitzer binnen einer reichlich zu bemessenden Frist kein anderes Grundstück, welcher Fall wol nie vorkommen wird, so würde der Betrag der Hypothek zur Befriedigung der auf dem ersten Grundstück eingetragenen und nicht zur Hebung gelangten Hypotheken zu verwenden sein.

Um den Wiedererwerb geeigneter Grundstücke zu erleichtern, empfiehlt sich die Mitwirkung der Landschaften, welche von den in der Zwangsversteigerung erworbenen Grundstücken geeignete Parcellen zu diesem Zweck zur Disposition zu stellen hätten.

Selbstverständlich dürfen die wohlerworbenen Rechte der gegenwärtigen Gläubiger durch eine derartige in die Grundkreditverhältnisse tief eingreifende Maßregel nicht beeinträchtigt werden. Auch dies hat keine Schwierigkeit. Durch die Bestimmung, daß die erwähnte gesetzliche Hypothek nur denjenigen Hypotheken vorgeht, welche nach Ablauf eines bestimmten Termins eingetragen werden, sind die Rechte derselben durchaus genügend gewahrt.

Wenn wir Grundstücke ohne eigentlichen landwirthschaftlichen Betrieb generell von der hypothekarischen Belastung ausschließen wollen, so geschieht dieses vorzugsweise, um einer betrügerischen Schädigung des Kapitals durch die betreffenden Grundbesitzer vorzubeugen. Im praktischen Effekt ist es völlig gleichgiltig, ob Grundstücke im Werthe von einigen Hundert Mark überhaupt nicht belastet werden dürfen, oder ob der Eigenthümer derselben eine allen andern hypothekarischen Belastungen vorangehende gesetzliche Hypothek in dem angegebenen Betrage an denselben hat. Weder in dem einen noch in dem andern Falle kann der Gläubiger auf eine Befriedigung seiner Forderung aus dem dem Schuldner gehörigen Grundbesitz hoffen; im erstern Falle wird ihm jedoch diese Unmöglichkeit klarer vor Augen geführt und er dadurch unter Umständen vor Verlusten bewahrt.

Der Unterschied in der Begrenzung des Realkredits für den landschaftlich beleihungsfähigen größern und den kleinern Grundbesitz liegt also darin, daß bei ersterem über die Beleihungsgrenze hinaus sowohl die freiwillige wie die zwangsweise Belastung ausgeschlossen, bei letzterm dagegen die Beleihung des Privatkapitals nur in soweit zugelassen ist, als die Sicherung des Existenzminimums dieses gestattet. Bei den größeren Grundstücken ist also der Realkredit nach oben, bei den kleinern nach unten begrenzt.

Diese Unterscheidung ist keine willkürliche. Sie beruht darauf, daß bei kleinen Grundstücken der Eigenthümer seine physische Arbeitskraft auf die Bearbeitung derselben verwendet, bei größern dagegen der Besitzer mehr eine beaufsichtigende Thätigkeit hat. Dieselbe Maßregel, die dem erstern durch die Gewährleistung eines zum Unterhalt seiner Familie genügenden Besitzthums seine wirthschaftliche Existenz sichert, würde dem letztern einen wesentlichen Vortheil nicht bieten, da es ihm mit Rücksicht auf seine Lebensgewohnheiten sowie seine bisherige sociale Stellung und seine Erziehung unmöglich sein würde, seine Existenz durch physische Arbeitsleistung auf einem Grundstück, dessen Werth 3000 bis 4000 Mark nicht übersteigt, zu erhalten. Deshalb muß bei dem größeren Grundbesitz das Bestreben mehr darauf gerichtet sein, den Verlust des Grundstücks zu hindern.

Allerdings scheidet ja die landschaftliche Beleihungsgrenze nach diesem Gesichtspunkt den Grundbesitz nicht ganz zutreffend in größern und kleinern, vielmehr verwerthen auch viele Besitzer landschaftlich beleihungsfähiger Grundstücke lediglich ihre physische Arbeitskraft und würde demgemäß auch für diese die Sicherheit des Besitzes eines zum Unterhalt hinreichenden Grundstücks vorzuziehen sein. Aber diese formelle Grenze hat doch immerhin einen gewissen Werth, da sie nach außen hin leicht erkennbar ist. Eventuell würde es auch keine Schwierigkeiten haben, die Werthgrenze, bis zu welcher dem Eigenthümer eines Grundstücks eine gesetzliche Hypothek unter den angegebenen Bedingungen zusteht, noch weiter zu erhöhen.

Man hat in andern Ländern — in einigen Staaten Amerikas — den Grundbesitz vor der Vernichtung seiner wirthschaftlichen Existenz in Folge einer übermäßigen Inanspruchnahme seines Realkredits durch das sog. Heimstättengesetz zu schützen versucht, welches jedem Eigenthümer eines Grundstücks das Recht beilegt, einen bestimmten Theil desselben, der jedoch einen gewissen Werth nicht übersteigen darf, der Zwangsexekution zu entziehen und sich somit dauernd zu sichern.

Auch unser Vorschlag, jedem Eigenthümer eine gesetzliche Hypothek an seinem Grundstück einzuräumen, läuft auf dasselbe hinaus, nur mit dem Unterschiede, daß bei demselben dem Eigenthümer ein ideeller Theil, bei dem Heimstättengesetz dagegen ein realer Theil seines Grundstückes der Zwangsexekutiou entzogen wird.

Der Grund, weshalb wir es vorziehn, dem Eigenthümer einen ideellen und nicht einen realen Theil seines Grundstücks zu gewährleisten, liegt vorzugsweise darin, daß es sich bei uns nicht um neue Ansiedelungen und den bei solchen wirksamsten und einfachsten Rechtsschutz des Grundstücksbesitzers, sondern darum handelt, wie dieser Schutz gewährt werden kann, ohne daß für den landwirthschaftlichen Betrieb, der sich unter der Herrschaft anderer Rechtsgrundsätze entwickelt hat, anderweite Nachtheile entstehen. Da bisher das ganze Grundstück ungetheilt den eingetragenen Gläubigern verhaftet war und dem Besitzer das Recht, einen Theil desselben der Zwangsexekution zu entziehen, nicht zustand, so konnte auch der landwirthschaftliche Betrieb auf die Möglichkeit, daß je ein solches Recht praktisch werden könnte, keine Rücksicht nehmen.

Derjenige, der eine ueue Ansiedelung unter der Herrschaft des Heimstättengesetzes gründet, steht von vornherein vor der Frage, welchen Theil des Grundstücks er von der hypothekarischen Verpfändung und der Zwangsexekution ausschließen will, und befindet sich demgemäß in der Lage, seinen ganzen Betrieb so einzurichten, daß dieser Theil als selbstständiges Grundstück demnächst vortheilhaft bewirthschaftet werden kann, und daß auch das Restgrundstück durch die Abtrennung desselben eine möglichst geringe Werthverminderung erfährt.

Es findet also von vornherein eine Theilung des gesammten Grund und Bodens in zwei Grundstücke statt, von denen nur das eine der hypothekarischen Verpfändung und den sich hieraus ergebenden rechtlichen Konsequenzen unterliegt. Beide werden zwar gemeinschaftlich aber nicht als ein ungetheiltes Ganze bewirthschaftet, vielmehr besteht zwischen ihnen gewissermaßen das Verhältnis der Personalunion.

Der ganze Betrieb wird stets auf die Möglichkeit einer Trennung der Verwaltung beider Grundstücke von einander Rücksicht nehmen. Die Meliorationen des Grund und Bodens, insbesondere die Bewässerungs- und Entwässerungsanlagen, sowie die Wegeanlagen werden so ausgeführt werden, daß nicht das eine Grundstück wirthschaftlich absolut abhängig von dem andern ist. Gebäude werden, soweit solche überhaupt nothwendig, entweder auf beiden Grundstücken nach Maßgabe des Bedürfnisses eines jeden derselben errichtet oder so ausgeführt werden, daß eine Translocirung derselben ohne große Mühe geschehen kann.

Bei einem solchen Betriebe bietet die Trennung der Verwaltung beider Grundstücke keine wesentlichen wirthschaftlichen Schwierigkeiten. Das Heimstättengesetz nöthigt den Eigenthümer, der von der Wohlthat desselben Gebrauch machen will, von seinem Grund und Boden einen wirthschaftlich selbstständigen Theil abzuzweigen und denselben im Wesentlichen als besonderes Grundstück zu verwalten und zu nutzen.

Anders liegen die Verhältnisse, wenn die Bestimmungen des Heimstättengesetzes bei uns zur Einführung gelangen sollten. Von den stets als ein einheitliches Ganze bewirthschafteten Grundstücken würde ohne Nachtheil nur in seltenen Fällen ein Theil abgetrennt und selbstständig verwaltet werden können. Die nach den Bedürfnissen des ganzen Grundstücks bemessenen Gebäude würden auf dem abgetrennten Theil desselben entbehrt, dagegen für das Restgrundstück nicht ganz ausgenutzt werden können.

Die Abtrennung würde für beide Grundstücke vielfach eine wesentliche Veränderung der Fruchtfolge und der Schlageintheilung zur Folge haben, die ohne mehr oder minder erhebliche Ausfälle sich nicht bewirken läßt. Neue Wege würden angelegt und die bestehenden verändert werden müssen. Kurz, es wären Verluste an Kapital und Arbeitskraft unvermeidlich. Sowohl der Nutzungs- als der Verkaufswerth des Restgrundstückes würde eine Einbuße erleiden.

Allerdings würden diese mehr vorübergehenden Nachtheile durch die Vortheile, die dem Grundbesitz aus dem durch die Bestimmungen des Heimstättengesetzes ihm gewährten Rechtsschutz sowie der Sicherung seiner wirthschaftlichen Existenz erwachsen, weit überwogen. Lassen sich jedoch diese Nachtheile durch die von uns vorgeschlagene Einräumung einer gesetzlichen Hypothek für den Eigenthümer vermeiden, so wird dieser Weg jedenfalls den Vorzug verdienen. Er führt zu demselben Ziel, wie das Heimstättengesetz; er sichert ebenso wie dieses dem Eigenthümer den dauernden Besitz eines zum Unterhalt seiner Familie ausreichenden Grundstücks, nur daß dieses Grundstück nicht ein realer Theil seines früher besessenen ist.

Endlich glauben wir, daß dem Grundbesitz durch die ihm durch das Heimstättengesetz eingeräumte Befugnis die Befriedigung seines Grundkreditbedürfnisses mehr erschwert werden würde als durch die gesetzliche Hypothek des Eigenthümers. Wie das Privatkapital und die landschaftlichen Kreditinstitute schon jetzt keinen Anstand nehmen, hypothekarische Darlehne zu bewilligen, wenn auch in der zweiten Abtheilung des Grundbuchs dingliche Lasten, die denselben vorangehen, eingetragen stehen, und lediglich den Werth dieser Lasten in Abzug bringen, wenn die Beleihung auf Grund einer Taxe geschieht, so würde auch bei der gesetzlichen Hypothek die Höhe des bewilligten Kredits ausschließlich um den Betrag derselben sich mindern.

Dagegen würde das durch das Heimstättengesetz dem Eigenthümer eingeräumte Recht dem Gläubiger die Gewinnung eines sicheren Urtheils darüber, ob und in welchem Umfange dadurch, daß ein Theil des Grnndstücks seinem Exekutionsrecht entzogen ist, die durch das Restgrundstück gebotene Realsicherheit beeinträchtigt wird, erschweren. Dieses würde eine gewisse Unsicherheit in der Werthschätzung und demgemäß eine Einschränkung des Realkredits wenigstens so lange, bis sichere Erfahrungen nach dieser Richtung hin vorliegen, zur Folge haben.

Gewiß werden diese Vorschläge vielfach Widerspruch finden,

aber dagegen glauben wir von vornherein protestiren zu müssen, daß die Frage einer Beschränkung der hypothekarischen Belastung gewissermaßen als ein Kampf der Interessen des Grundbesitzes und des Kapitals aufgefaßt, und das Verlangen nach derselben von dem Gesichtspunkte der Standesprivilegien aus beurtheilt wird.

Giebt es kaum eine wirthschaftliche und socialpolitische Frage, über die die Ansichten aller Parteien so völlig übereinstimmen, wie darüber, daß die höchsten Interessen des Staates eine Erhaltung des kleinen Grundbesitzes dringend geboten erscheinen lassen, so ist es gewiß ungerechtfertigt, gegen die auf die Erreichung dieses Zwecks gerichteten Bestrebungen den Vorwurf einseitiger Interessenpolitik zu erheben.

Würde die Erfahrung darthun, daß der Vermögensverfall, in den jährlich Tausende von Kaufleuten gerathen, die gleichen socialen und wirthschaftlichen Nachtheile im Gefolge hat wie die zahllosen Zwangsversteigerungen von Grundstücken, so würde die Beseitigung dieser Nachtheile ebenfalls eine über das Interesse der betheiligten Privatpersonen hinausgehende Nothwendigkeit sein.

Daß es sich bei der Frage der Beschränkung einer ungebührlichen hypothekarischen Belastung nicht um einen Gegensatz zwischen den Interessen des Kapitals und denen des Grundbesitzes handelt, geht schon daraus hervor, daß das solidere Kapital, also dasjenige, welches in den verhältnismäßig sichersten Hypotheken angelegt ist, durch diese Belastung ebenso gefährdet ist als der Grundbesitz selbst. Sprechen nicht die kolossalen Verluste, die gegenwärtig das Kapital bei der hypothekarischen Beleihung ertragen muß, mehr als alle theoretischen Erörterungen dafür, daß die völlig schrankenlose Freiheit des Besitzers auch dem Kapital selbst ernste Gefahren bringt.

Nicht das solide Kapital, also dasjenige, welches eine genügende Realsicherheit beansprucht, sondern lediglich das spekulative Kapital wird durch eine Beschränkung der freiwilligen und der zwangsweisen Belastung berührt. Gegen dieses ist auch die in Aussicht genommene Aenderung der Gesetzgebung, wonach die voreingetragenen Gläubiger durch das Zwangsverfahren nicht berührt, und die Grundstücke nur dann dem neuen Käufer zugeschlagen werden sollen, wenn der Kaufpreis derselben Deckung gewährt, gerichtet.

Auch die Konstituirung einer gesetzlichen Hypothek zu Gunsten des Eigenthümers berührt das solide Kapital wenig. Dasselbe bemißt eben die Höhe des dem Besitzer eines Grundstücks bewilligten hypothekarischen Kredits nach der gebotenen Realsicherheit; die Beschränkung der hypothekarischen Belastung trifft also diesen, nicht das solide Kapital, das in Folge derselben einfach ebenfalls eine entsprechende Einschränkung des Kredits eintreten läßt.

Das einzige Bedenken, welches gegen eine Einschränkung der freiwilligen und der zwangsweisen Belastung der Grundstücke erhoben werden könnte, wäre also das Interesse des Grundbesitzes selbst, insbesondere die Gefahr, ob ihm durch diese Beschränkung die Befriedigung seines Kreditbedürfnisses nicht wesentlich erschwert, ja unmöglich gemacht wird.

Muß es jedoch schon im hohen Grade auffallen, daß dieses Bedenken überwiegend von derjenigen Seite geltend gemacht wird, welche im Allgemeinen in der Vertretung der Interessen des Grundbesitzes einseitige Sonderbestrebungen erblickt, wogegen gerade aus den landwirthschaftlichen Kreisen selbst eine Beschränkung der Belastung lebhaft befürwortet wird, so wird dasselbe durch die Thatsache, daß die überaus ungünstige Lage, in der sich gegenwärtig der Grundbesitz insbesondere der kleine befindet, vorzugsweise durch die zu große hypothekarische Belastung desselben, also nicht durch einen Mangel an Kredit, sondern durch die ungerechtfertigte Inanspruchnahme desselben hervorgerufen und begünstigt worden ist, zweifellos widerlegt. Wird in der That durch eine solche Beschränkung überwiegend das Interesse des Grundbesitzes berührt, und die berufenen Vertreter desselben erachten dieses für wünschenswerth und geboten, so sollte man sich dabei beruhigen und die Abwägung, wie sich die Vortheile und Nachtheile dieser Maßregel zu einander stellen, in erster Reihe dem sachverständigen Ermessen der betheiligten Kreise überlassen.

Uebrigens glauben wir dargethan zu haben, daß die vorgeschlagene Beschränkung der Inanspruchnahme des Realkredits sich aus der Natur desselben mit Nothwendigkeit ergiebt. Dem Erlaß solcher Bestimmungen braucht deshalb keineswegs, wie v. Miaskowski*)

*) „Wie kann der Verschuldung des Grundbesitzes in Zukunft gesteuert werden". Landwirthschaftliche Jahrbücher Bd. XI. Heft 4.

meint, „eine Revolution in den geltenden Rechtsbegriffen" vorangegangen zu sein, sondern dieselben finden im Gegentheil in dem allgemeinen Rechtsbewußtsein ihre Stütze und ihre Rechtfertigung. Wo keine Realsicherheit geboten werden kann, da täuscht der Grundbesitz sich und die Gläubiger, wenn er den Realkredit in Anspruch nimmt. Denn die nothwendige Voraussetzung des Realkredits ist das Vorhandensein einer Realsicherheit. Nur der persönliche Kredit ist unbeschränkt, wogegen der Realkredit in der gebotenen Realsicherheit seine natürliche Grenze findet.

Der gegen die Beschränkung der hypothekarischen Belastung zu erhebende und vielfach erhobene Einwand, daß damit dem Grundbesitz auch gleichzeitig die Aufnahme von Darlehnen zu Meliorationszwecken erschwert wird, ist mindestens bei dem kleinen Grundbesitz durchaus unzutreffend. Bildet die Belastung mit Hypothekenschulden zum Zweck der Meliorirung schon bei größern Grundstücken die seltene Ausnahme, so ist dieselbe bei solchen Grundstücken, deren Erträgnisse den zum Unterhalt einer Familie nothwendigen Betrag nicht oder nur wenig übersteigen, völlig entbehrlich.

Die Kosten, welche die Meliorationen bei Grundstücken von 10, 20, 30 Morgen beanspruchen, sind verhältnismäßig so unbedeutend, daß dieselben auch ohne Inanspruchnahme des Realkredits, wie die praktischen Erfahrungen beweisen, bestritten werden können. Wollte man die Nothwendigkeit der hypothekarischen Belastung lediglich von diesem Gesichtspunkt aus rechtfertigen, so würde dieselbe überhaupt bezweifelt werden müssen, da im Allgemeinen die Erträgnisse guter Jahre die Mittel gewähren, um wirthschaftlich berechtigte Meliorationen ausführen zu können.

II. Der eigentliche Personalkredit.

Die Auffassung, daß dem Grundbesitz durch eine Beschränkung der hypothekarischen Belastung die Befriedigung seines Kreditbedürfnisses erschwert oder gar unmöglich gemacht werden könnte, ist eine irrthümliche. Ist es das Vertrauen zu der persönlichen Redlichkeit, das dem Kaufmann und dem Fabrikanten ohne Realsicherheit die zu ihrem Geschäftsbetrieb nöthigen Kapitalien ohne Schwierigkeit zuführt, welche Gründe berechtigen dann zu der Annahme, daß der

Grundbesitz dieses Vertrauen weniger verdient. Nur Derjenige, welcher den Grundbesitzern geringere Rechtlichkeit zutraut als den Kaufleuten, kann in der Beschränkung des Realkredits eine Gefahr für denselben erblicken. Nur wenn man der Ansicht ist, daß jeder Grundbesitzer die Vermuthung eines Schwindlers, dem Geld und Geldeswerth nur gegen völlige Sicherheit bietende Pfandobjekte anvertraut werden dürfen, jeder Kaufmann aber die eines Biedermanns für sich hat, dessen ehrliches Gesicht und dessen reine Hände eine ausreichende Bürgschaft für die rechtzeitige Erfüllung der übernommenen Verbindlichkeiten sind, ist die Befürchtung berechtigt, daß den Besitzern von Grundstücken die Ausnutzung ihres Personalkredits weniger gesichert ist als den Kaufleuten und Industriellen.

Gerade die schärfere Trennung zwischen Personal- und Realkredit und die Beschränkung des letztern auf die eine Realsicherheit bietenden Verpfändungen kommt auch dem soliden Personalkredit zu Gute. Während gegenwärtig der Darlehnsgeber sich vielfach über die ihm vom Schuldner angebotene Realsicherheit täuscht und im Vertrauen auf dieselbe eine weitere Prüfung der Persönlichkeit des Schuldners glaubt entbehren zu können, nöthigt diese Beschränkung den Gläubiger zu einer sorgfältigeren und eingehenderen Prüfung der persönlichen Verhältnisse des Schuldners. Eine solche ist aber der Hebung des Personalkredits in hohem Maße förderlich.

Haben die großen Verluste, welche das Kapital bei der hypothekarischen Beleihung des Grund und Bodens über den eine Realsicherheit nicht mehr bietenden Betrag hinaus erlitten hat, das Vertrauen zu der Kreditfähigkeit des Grundbesitzes überhaupt erschüttert, so kann dieses Vertrauen nur wiederkehren und befestigt werden, wenn dem Gläubiger jeder Irrthum darüber genommen wird, daß in diesen Fällen die Rückzahlung der Schuld lediglich von dem Fleiß, der Intelligenz und der Ehrlichkeit des Grundbesitzers abhängt und er auf diese Weise veranlaßt wird, den Kredit auf solche Persönlichkeiten zu beschränken, die denselben in der That verdienen.

Uebrigens darf die Bedeutung des Personalkredits für den Grundbesitz nicht überschätzt werden. Wie der Geschäftsbetrieb des Kaufmanns und des Industriellen die regelmäßige Inanspruchnahme des Personalkredits bedingen, und nur in Ausnahmefällen der Realkredit zur Beschaffung der nothwendigen Kapitalien herangezogen wird, so ist beim Grundbesitz genau das umgekehrte der Fall. Während Handel und Industrie fast ausschließlich auf Kredit kaufen und verkaufen, veräußert der Grundbesitz seine Produkte lediglich gegen baar und bedarf demgemäß auch für seine Ausgaben eines Kredits nicht. Unter normalen Verhältnissen stehen die Ausgaben des Grundbesitzes nicht nur der Höhe, sondern auch den Fälligkeitsterminen nach fast unveränderlich fest, wogegen Handel und Industrie durch die Schwankungen des Marktes häufig zu Ausgaben genöthigt werden, die in keiner Weise vorauszusehen waren.

Da der Grundbesitz seine Betriebskosten überwiegend durch Naturalleistungen deckt, so bilden die Zinsen für die eingetragenen Kapitalien den Hauptausgabeposten für ihn. Diese Zinsen sowohl wie die Betriebskosten müssen aus den Erträgnissen des Grundstücks bestritten werden; andere Einnahmequellen giebt es für den Grundbesitz nicht. Anderseits findet der Grundbesitz auf dem öffentlichen Markt stets Käufer für seine zur Befriedigung nothwendiger Lebensbedürfnisse unentbehrlichen Produkte, wogegen die Erzeugnisse der Industrie vielfach der Mode oder andern Zufälligkeiten unterworfen und vorübergehend unverwerthbar sind. Die zu bestimmten Terminen fälligen Ausgaben des Grundbesitzes finden der Regel nach durch die ebenfalls zu bestimmten Terminen zu erwartenden Einnahmen Deckung; der Einnahme- und Ausgabeetat des Grundbesitzes steht in normalen Zeiten ziemlich fest.

Die Inanspruchnahme des Personalkredits ist für den Grundbesitz nur in besondern Ausnahmefällen ein Bedürfnis. Nur wenn seine Einnahmen in Folge unerwarteter Ereignisse hinter dem durchschnittlichen Betrage zurückbleiben, tritt mangels genügender Reservefonds die Nothwendigkeit an ihn heran, zur Deckung der Ausgaben auf eine anderweite Beschaffung der nöthigen Mittel auf dem Wege des Kredits Bedacht zu nehmen. Da die persönlichen Bedürfnisse des Besitzers ebenso wie die Betriebskosten überwiegend aus den Erträgnissen des Grundstücks befriedigt werden und von ganz besonders ungünstigen Jahren abgesehen, auch durch dieselben befriedigt werden können, so handelt es sich auch in diesen Fällen meistens nur um die Zinsen für die hypothekarischen Darlehne.

Die Inanspruchnahme des Personalkredits ist also vorzugsweise nur zu dem Zweck nothwendig, um den aus der Inanspruchnahme des Realkredits entspringenden Verflichtungen gerecht zu werden. Hieraus folgt, daß die eine Ermäßigung dieser Verpflichtungen bewirkende Umgestaltung der Grundkreditverhältnisse auch auf den Umfang des benöthigten Personalkredits von wesentlichem Einfluß ist. Alle Maßnahmen, die dazu geeignet sind, die Leistungen des Grundbesitzes für die eingetragenen Hypotheken in ungünstigen Jahren zu ermäßigen, vermindern also auch das Bedürfnis, im Wege des Personalkredits für die unerwarteten Ausfälle Deckung zu verschaffen. Zu diesen gehört es also, daß, wie wir oben verlangt haben, in solchen Jahren, in denen die Erträgnisse zur Bestreitung der Zinsen und der Betriebskosten unzureichend sind, von einer Amortisationsleistung Abstand genommen wird.

Dient der Personalkredit überwiegend zur Befriedigung der Realgläubiger, so haben die letzteren ebenfalls ein erhebliches Interesse, die Ausnutzung desselben dem Grundbesitz zu möglichst günstigen Bedingungen zu erleichtern und zu ermöglichen. Insbesondere ist dieses bei den landschaftlichen Kreditinstituten der Fall, die ohnehin in der Förderung der Interessen desselben ihre einzige Aufgabe erblicken.

Wenn wir oben darauf hingewiesen haben, daß dem Schuldner die Verfügung über die von ihm gezahlten Amortisationsbeträge nur eingeräumt werden soll, wenn in der That seine wirthschaftliche Existenz gefährdet ist, so tritt diese Voraussetzung ein, sobald die Hypothekenzinsen und die Betriebskosten aus den Erträgnissen des Grundstücks nicht bestritten werden können. Denn da im Allgemeinen der Grundbesitz auch selbst in verhältnißmäßig guten Jahren zufrieden sein kann, wenn es ihm möglich ist, Zinsen, Amortisationsquoten, Betriebs- und Unterhaltungskosten zu bestreiten, so lassen sich der Regel nach größere Ausfälle einzelner Jahre nur in längeren Zeiträumen decken; folgen nun, ehe dieses geschehen ist, noch weitere Jahre mit unzureichenden Erträgnissen, so ist es häufig dem Besitzer unmöglich, seinen Verpflichtungen rechtzeitig nachzukommen, und sein wirthschaftlicher Ruin ist unvermeidlich.

Ist es also gerechtfertigt, daß in solchen Fällen dem Grundbesitz die Amortisationsbeträge, also die Ersparnisse früherer Jahre zur Disposition gestellt werden, um Zinsen und Betriebskosten bestreiten zu können, so erleidet dadurch der Personalkredit eine weitere und sehr erhebliche Einschränkung.

Dem der Amortisation zu Grunde liegenden Gedanken einer allmähligen Befreiung des Grundbesitzes von allen hypothekarischen Belastungen entsprechend, werden die Amortisationsbeträge dem benöthigten Grundbesitz zunächst nur in Form von Darlehnen seitens der landschaftlichen Kreditinstitute zur Disposition zu stellen sein, deren Rückzahlung zu erfolgen hat, sobald die Erträgnisse der folgenden Jahre dieses irgend gestatten. Da diese Kreditinstitute als Realgläubiger selbst das dringendste Interesse daran haben, daß das Grundstück in dem bisherigen Wirthschafts-Zustande erhalten wird und keine Deteriorirung erleidet, und die Zinsen für die Hypothekendarlehne sogar direkt wiederum in ihre Kassen zurückfließen, so findet auch vom Standpunkt des Hypothekengläubigers aus die Verwendung der aus dem Grundstücke entnommenen Amortisationsbeträge zu Gunsten des verpfändeten Grundstücks und zur Erhöhung der Realsicherheit des Gläubigers seine Rechtfertigung.

Zur Gewährung von Meliorationsdarlehnen würden die Amortisationsbeträge ebenfalls angemessene Verwendung finden können. Auch hier handelt es sich um eine Werthsteigerung des verpfändeten Grundstücks, die ebensosehr dem Interesse des Schuldners wie dem des Gläubigers entspricht. Nach Ausführung der Melioration würde der landschaftliche Kredit entsprechend der eingetretenen Werthsteigerung zu erhöhen und der in Folge dessen dem Grundbesitz gewährte Darlehnsbetrag wiederum dem Amortisationskonto zuzuführen sein. Zwar würde dieses vorzugsweise ein Buchungsmanöver sein, jedoch darf der Zweck der Amortisation nicht dadurch beeinträchtigt werden, daß die Beträge derselben anders als bei einer wirklichen Nothlage des Besitzers in Angriff genommen werden. Aus diesem Grunde würde auch der Theil des Meliorationsdarlehns, der durch das von der Landschaft auf Grund der Werthsteigerung bewilligte Hypothekendarlehn nicht gedeckt wird, in möglichst kurzer Frist dem Amortisationskonto wieder zu erstatten sein.

Durch Lombardirung der amortisirten Pfandbriefe bei der Reichsbank wird es den Landschaften leicht sein, die zur Gewährung dieser Darlehne nothwendigen Baarbestände sich zu verschaffen.

Hat also der Grundbesitz im Allgemeinen, von der hypothekarischen Verpfändung abgesehen, gar nicht das Bedürfnis eines regelmäßigen Kredits, ja setzt die Inanspruchnahme des Personalkredits schon ein anormales Verhältnis wenn nicht gar eine Nothlage voraus, so sind dauernde Einrichtungen, die lediglich diesem Zweck dienen, weder nothwendig noch vortheilhaft. Insbesondere können wir dem Vorschlage Schmoller's, lokale landwirthschaftliche Kreditgenossenschaften zu bilden, deren Aufgabe es wäre, den Personal-, Buch- und Wechselkredit sowie den Meliorationskredit geringeren Umfanges des Grundbesitzes zu befriedigen, nicht zustimmen*).

Die Gefahr, durch eine übermäßige Erleichterung des Personalkredits den Grundbesitz zu unproduktiven Ausgaben zu verleiten, ist eine sehr große. Diese liegt vorzugsweise darin, daß die Verbesserungen der Bodenkultur und des landwirthschaftlichen Betriebes überhaupt fast unbegrenzt sind und demgemäß auch die Ausgaben, die dieselben beanspruchen. Diese Verbesserungen sind aber nur zum geringsten Theil rentabel; andere hängen bezüglich der Rentabilität von vielen sich einer jeden Voraussicht und Berechnung entziehenden Faktoren ab.

Fehlt dem Grundbesitz im Allgemeinen schon der kaufmännische Sinn, der genau kalkulirt und nichts unternimmt, wovon nicht ein die Chancen des Risikos ausgleichender Vortheil zu erwarten steht, so wird das an sich anerkennenswerthe Bestreben der möglichsten Vervollkommnung des Betriebes vielfach zu Meliorationen verleiten, die zwar wünschenswerth und nützlich, aber nicht, worauf es allein ankommt, rentabel sind. Allerdings sollen nach Schmoller's Ansicht diese Genossenschaften dem Meliorationskredit erst in zweiter Reihe und auch nur in mäßigen Grenzen dienen. Aber wenn, wie wir nachgewiesen haben, für den Grundbesitz ein regelmäßiges Kreditbedürfnis zu andern Zwecken nicht besteht, so werden diese Genossenschaften in günstigen Jahren sich genöthigt sehen, wenn sie nicht

*) In den Landwirthschaftlichen Jahrbüchern Bd. XI. Heft 4. „Einige Bemerkungen über die zunehmende Verschuldung des deutschen Grundbesitzes und die Möglichkeit ihr entgegen zu wirken."

überhaupt auf eine nutzbare Anlegung ihrer Fonds verzichten wollen, vorzugsweise zu Meliorationszwecken Kredit zu gewähren und würden somit geradezu vielfach unrentable Meliorationen veranlassen.

Sind also derartige Kreditgenossenschaften für gewöhnliche Zeiten entbehrlich, weil ein regelmäßiges legitimes Kreditbedürfnis für den Grundbesitz gar nicht besteht, so sind sie in Zeiten der Noth völlig ungenügend, um die dann unvermeidlichen Ansprüche des Grundbesitzes zu befriedigen. Denn ein durch Mißernten oder sonstige Unglücksfälle veranlaßter Nothstand beschränkt sich meistens nicht auf einige wenige Grundbesitzer, sondern der Regel nach werden von demselben größere Gebiete betroffen, deren Wirthschafts- und klimatische Verhältnisse im Allgemeinen gleiche sind.

In solchen Fällen würden die von den Grundbesitzern selbst gebildeten Kreditgenossenschaften sofort ihren Dienst versagen. Gerade die lokale Abgrenzung ist der hauptsächlichste Fehler derselben, weil auch das Kreditbedürfnis meistens ein lokal abgegrenztes ist, und es in Folge dessen gar nicht zu vermeiden ist, daß ein Theil der Genossenschaften die Ansprüche des Grundbesitzes nicht zu befriedigen vermag, während es dem andern an einer Gelegenheit zur nutzbaren Anlegung seiner Fonds überhaupt fehlt.

Soweit nicht die Verwendung der Amortisationsbeträge in besonders ungünstigen Jahren die Inanspruchnahme eines andern Kredits entbehrlich macht, kann derselbe bei einem sich auf größere Gebiete erstreckenden Nothstand nur dadurch befriedigt werden, daß das in andern disponible Kapital heran gezogen wird. Hieraus ergiebt sich mit Nothwendigkeit, daß eine über das ganze Staatsgebiet sich erstreckende Organisation dem Zweck am meisten entspricht, weil diese am vollkommensten den Ausgleich zwischen dem Geldbedarf einzelner Gebiete und Provinzen und dem Geldüberfluß anderer gestattet.

Eine solche Organisation besteht bereits in der Deutschen Reichsbank, deren Geschäftsbetrieb sich über das ganze Reich erstreckt. Bedarf es also der Gründung besonderer Kreditgenossenschaften zur Befriedigung des landwirthschaftlichen Personalkredits nicht, so bietet die Nutzbarmachung der Reichsbank zu diesem Zweck noch den besondern Vortheil, daß die nicht unerheblichen Verwaltungskosten, die solche Kreditgenossenschaften beanspruchen würden, erspart bleiben. Gerade dadurch, daß die Befriedigung des kaufmännischen industriellen und landwirthschaftlichen Kredits in eine Hand gelegt wird, werden die Nachtheile, die damit verbunden sind, das Kreditbedürfnis des Grundbesitzes kein regelmäßiges sondern nur in vereinzelten Jahren aber dann vielfach mit um so größerer Intensivität auftretendes ist, vermindert bezw. beseitigt.

Wie den Landschaften die Befriedigung des Realkredits zufällt, so sollte die Reichsbank in der Befriedigung des landschaftlichen Personalkredits ihre Aufgabe erblicken. Hierauf hat der Grundbesitz wegen des der Reichsbank vom Staate verliehenen Privilegs der Ausgabe ungedeckter Noten ein gewisses Anrecht, das durch die staatliche Unterstützung des Realkredits noch keineswegs beseitigt werden würde.

Wenn bisher die Reichsbank dieser Aufgabe nur in höchst unvollkommener Weise gerecht geworden ist, so beruht dieses vorzugsweise auf ihren zum Theil durch Gesetz festgestellten Verwaltungsgrundsätzen. Diese tragen den Bedürfnissen des Handels und der Industrie, aber nicht denen des Grundbesitzes gebührende Rechnung. Es ist dieses keineswegs ein Vorwurf, den wir gegen die Reichsbank erheben; der Grund hierfür liegt vielmehr darin, daß die Bedürfnisse des Handels und der Industrie, man könnte fast sagen durch die Erfahrungen von Jahrhunderten festgestellt worden sind, während diejenigen des landwirthschaftlichen Kredits sich eine allgemeine Anerkennung noch nicht zu verschaffen vermocht haben.

Die Erklärung für diese Thatsache ist eine sehr einfache. Abgesehen davon, daß solange der Erwerb von Grund und Boden nicht vollständig frei gegeben und die der hypothekarischen Verpfändung desselben entgegen stehenden Beschränkungen aufgehoben worden, überhaupt das Bedürfnis außerhalb des Realkredits dem Grundbesitz Kapitalien zu verschaffen, kaum bestand, so mußte der Umstand, daß dieses Bedürfnis auch nachher keineswegs ein gleichmäßiges und dauerndes sondern stets nur für gewisse Gebiete und in mehr oder minder langen Zeiträumen hervortretendes war, die sachgemäße Erkenntnis der zur Befriedigung desselben nothwendigen Einrichtungen unmöglich machen oder mindestens überaus erschweren.

Eine große Anzahl von Banken, welche den Geldverkehr zwischen Handel und Industrie vermitteln, unterhalten mit den betheiligten Kreisen eine dauernde Verbindung; sie hören jeden Wunsch derselben und befinden sich durch jahrelange Erfahrungen in der Lage, seine Berechtigung prüfen zu können. Die Bestrebungen des Handels und der Industrie auf Anerkennung ihrer durch die Bedürfnisse des Verkehrs bedingten Forderungen finden in der fast ausschließlich in den Centren des Handels und der Industie vertretenen Presse von Bedeutung eine energische Unterstützung.

Auf alle diese Mittel zur Erforschung und Anerkennung seiner Kreditbedürfnisse hat der Grundbesitz bisher verzichten müssen. Unter den Mitgliedern und den Stellvertretern des Centralausschusses sowie unter den Mitgliedern und den Beigeordneten der Bezirksausschüsse der Reichsbank ist der Grundbesitz gar nicht vertreten, wenn man nicht einige Banquiers, die dieser Bezeichnung noch das Wort „Rittergutsbesitzer“ beizufügen beliebt haben, als die Vertreter desselben ansehen will. Die großstädtische Presse hat erst ganz in neuerer Zeit ein Interesse für die landwirthschaftlichen Fragen gezeigt, deren Prüfung und richtige Würdigung für sie um so schwieriger ist, als der Grundbesitz selbst nur vereinzelt sich einer thätigen Mitarbeit zu unterziehen pflegt.

Die Folge hiervon war, daß, da es an der richtigen Erkenntnis der Kreditbedürfnisse des Grundbesitzes mangelte, ohne weiteres die bei dem kaufmännischen Kredit gemachten Erfahrungen auch für den landwirthschaftlichen Personalkredit als maßgebend angesehen wurden, und es dem Grundbesitz überlassen blieb, sich mit den für den kaufmännischen Kredit angemessenen Normen und Verwaltungsgrundsätzen abzufinden, so gut es eben gehen mochte.

Auf den gleichen Standpunkt stellte sich die Gesetzgebung. Nicht blos verzichtete sie auf eine Fürsorge für den Realkredit überhaupt, sondern sie berücksichtigte vorzugsweise die Bedürfnisse des kaufmännischen Kredits, und indem sie sich auf die bezüglich desselben gemachten Erfahrungen stützte, übertrug sie die sich aus denselben ergebenden Konsequenzen auch auf den Grundbesitz, ohne auf die besondern Bedürfnisse desselben genügende Rücksicht zu nehmen. Von diesem Gesichtspunkt aus findet unsere Kreditgesetzgebung im weitesten Sinne also die Bank-, Wechsel-, Hypotheken-Subhastations-Gesetzgebung eine Erklärung wenn auch nicht Rechtfertigung.

Befriedigen Handel und Industrie ihr Kreditbedürfnis fast

ausschließlich durch Wechsel, so sind die bezüglich des Wechselverkehrs festgestellten Normen und Verwaltungsgrundsätze auch für den Grundbesitz maßgebend geworden. Die zwischen den Bedürfnissen des Grundbesitzes und denen des Handels und der Industrie bestehenden Verschiedenheiten müssen deshalb auch vorzugsweise auf dem Gebiet des Wechselverkehrs hervortreten und praktische Anerkennung finden.

Wir wollen hier nicht in eine Erörterung der Frage weiter eintreten, ob überhaupt der Wechsel eine geeignete Form der Kreditbefriedigung für den Grundbesitz ist, und ob, wenn diese Frage verneint wird, es nothwendig und wirthschaftlich berechtigt war, die Wechselfähigkeit auch auf den Grundbesitz auszudehnen, da wie von keiner Seite bestritten werden kann und auch nicht bestritten wird, die Gewährung der Wechselfähigkeit insbesondere für den kleinen wirthschaftlich sehr abhängigen Grundbesitz erhebliche sociale und wirthschaftliche Mißstände im Gefolge gehabt hat und noch hat. Diese Frage erachten wir wenigstens zur Zeit für abgethan und eine theoretische Erörterung derselben hat demgemäß einen geringen Werth. Wir haben uns lediglich darauf beschränkt, die für den Grundbesitz erreichbaren Ziele darzulegen, und zu diesen gehört unseres Dafürhaltens die Beseitigung der Wechselfähigkeit desselben nicht*).

Dagegen hat der Grundbesitz einen Anspruch darauf, daß der Wechselverkehr sich in solchen Formen bewegt, die seinen Bedürfnissen entsprechen. Bekanntlich unterscheidet das Gesetz zwischen

*) Ohne hier auf die Vortheile und die Nachtheile einer Beschränkung der Wechselfähigkeit näher eingehen zu wollen, glauben wir, daß die hauptsächlichsten Bedenken gegen die Ausdehnung derselben auf die wirthschaftlich unselbstständigen Klassen dadurch im Wesentlichen beseitigt werden würden, wenn ein Minimalbetrag festgesetzt würde, unter dem Wechsel nicht ausgestellt werden dürfen. Die Wechsel haben lange aufgehört im kaufmännischen Verkehr als Schuldurkunden zu dienen; sie sind Zahlungsmittel geworden, und als solche in erster Reihe bestimmt, dem Großverkehr zu dienen. Wie den Banken die Ausgabe von Banknoten, die doch schließlich weiter nichts als Sichtwechsel sind, unter einem gewissen Betrage verboten ist, so sollten auch Wechsel unter einem solchen nicht gestattet werden. Eine derartige Beschränkung würde der Verkehr kaum nachtheilig empfinden, wogegen dieselbe das Kleingewerbe vor einer wucherischen Ausbeutung durch das Kapital schützen würde.

gezogenen und eignen Wechseln, von denen erstere eine Zahlungsanweisung, letztere ein Zahlungsversprechen enthalten; die strengere Haftung nach Wechselrecht ist bei beiden Arten die gleiche.

Wenn Handel und Industrie sich zur Befriedigung ihrer Kreditbedürfnisse ausschließlich des gezogenen Wechsels bedienen, so ist dieses durch die Art und Weise ihres Geschäftsbetriebes bedingt. Sowohl beim Einkauf der Rohprodukte und sonstigen Materialien als beim Verkauf der Fabrikate findet, von dem Kleinverkehr abgesehen nur ausnahmsweise eine Baarzahlung des Kaufpreises statt; die Bezahlung geschieht vielmehr fast ausschließlich durch Wechselaccepte, die entweder vom Verkäufer zum Ausgleich seiner Verbindlichkeiten verwandt oder im Falle des Bedürfnisses an die Banken gegen Abzug eines angemessenen Diskonts verkauft werden. In gleicher Weise bedient sich der Handel des Wechsels zum Ausgleich seiner Transaktionen.

Auf diese Weise ist der Wechsel im kaufmännischen Verkehr zu einem Zahlungsmittel geworden, das als Ersatz des baaren Geldes zwischen einer mehr oder minder großen Reihe von Berechtigten und Verpflichteten als Ausgleich zwischen Forderung und Schuld dient, indem der ursprüngliche Schuldner seine Zahlungsverpflichtung auf einen Andern, gegen den ihm eine Forderung zusteht, überträgt. Aus dieser Verwendung des Wechsels folgt, daß ein Jeder, der denselben weiter giebt, für die demnächstige Bezahlung verhaftet ist, weil er seinem Vormanne gegenüber in der Höhe der Wechselsumme verpflichtet ist, und daß somit der letzte Inhaber des Wechsels, also wenn derselbe in den Besitz einer Bank übergegangen ist, diese alle Vormänner in Anspruch nehmen kann.

Die für den gezogenen Wechsel nothwendigen beiden Personen des Ausstellers und des Acceptanten ergeben sich also bei dieser Bestimmung des Wechsels von selbst. Es sind dieses der Verkäufer und der Käufer bezw. einer derselben und die das Geschäft vermittelnde Zwischenperson.

Wenn also das Reichsbankgesetz vorschreibt, daß die Reichsbank nur Wechsel mit drei oder mindestens mit zwei Unterschriften diskontiren darf, so entspricht dieses durchaus den Bedürfnissen des legitimen kaufmännischen Verkehrs. Durch diese Forderung wird demselben kein Hemmnis bereitet, dieselbe ist vielmehr lediglich eine

Anerkennung des thatsächlich bestehenden Zustandes. Nicht weil die Reichsbank die zweite Unterschrift verlangt, wird dieselbe beschafft, sondern umgekehrt, weil sich aus den Bedürfnissen des kaufmännischen Verkehrs zwei Unterschriften von selbst ergeben, werden dieselben von der Reichsbank verlangt.

Völlig anders liegen die Verhältnisse beim landwirthschaftlichen Betrieb. Wir haben bereits darauf hingewiesen, daß der Grundbesitz seine Erzeugnisse fast ausschließlich gegen baar verkauft, und daß für ihn die Nothwendigkeit der Geldbeschaffung im Wege des Personalkredits nur ausnahmsweise in ungünstigen Jahren vorliegt, wenn die Erträgnisse des Grundstücks nicht hinreichen, um die Zinsen der eingetragenen Hypotheken und die Betriebskosten zu bestreiten. Ist der Grundbesitz in solchen Zeiten zur Inanspruchnahme seines Personalkredits genöthigt, so muß er sich direkt an das Kapital wenden; eine zweite Person, die sein Interesse an der Geldbeschaffung theilt, giebt es nicht.

Die Folge davon ist, daß da dem Grundbesitz aus der Verwendungsart und dem Zweck des Wechsels die zum gezogenen Wechsel nothwendige zweite Unterschrift nicht resultirt, er sich dieselbe auf andere Weise beschaffen muß. Dieses geschieht dadurch, daß er entweder die Gefälligkeit von Freunden in Anspruch nimmt, oder daß er sich die verlangte Unterschrift kauft. Beides ist sowohl für den landwirthschaftlichen Personalkredit im Allgemeinen als für die des Kredits bedürftigen Besitzer gleich nachtheilig.

Ein jedes Gefälligkeitsaccept kann der Grund für arge financielle Verlegenheiten ja für eine ernste Gefährdung der wirthschaftlichen Existenz werden. Die nothwendige Voraussetzung eines legitimen Kredits, daß der Schuldner mit annähernder Sicherheit darauf rechnen kann, seinen Verbindlichkeiten gerecht zu werden, trifft hier nur ausnahmsweise zu. Der Umstand, daß der Grundbesitz nicht häufig in die Lage kommt, Wechselverpflichtungen einzugehen, und seine geschäftliche Unerfahrenheit in Geldsachen überhaupt, lassen ihn die rechtlichen Folgen derselben selten richtig erkennen und beurtheilen.

Dazu kommt, daß, wie bereits erwähnt, der Grundbesitz nur zu ganz bestimmten Zeiten auf Einnahmen aus den Erträgnissen des Grund und Bodens rechnen kann, und daß diese Zeiten nicht immer mit der Fälligkeit der Schuld zusammenfallen. Auch sind die Erträgnisse selbst sowie die Preise der landwirthschaftlichen Erzeugnisse höchst ungewiß und entziehen sich einer jeden Voraussicht, da die Höhe der Produktionskosten ohne Einfluß auf dieselben ist.

In Folge dessen ist die Zahl derjenigen Grundbesitzer, welche die Gefälligkeit gegen einen Freund oder Nachbar mit dem Verlust ihres Vermögens und mit ihrem wirthschaftlichen Ruin büßen müssen, keine geringe. Gewiß können dieselben von dem Vorwurf des Leichtsinns nicht frei gesprochen werden, aber im Grunde genommen müssen die meisten Opfer doch darauf zurück geführt werden, daß der Grundbesitz hinsichtlich der Befriedigung seines Kreditbedürfnisses ebenfalls auf die nur für den kaufmännischen Verkehr geeignete Form des gezogenen Wechsels angewiesen ist.

Zwar hat die Zwangslage, in der sich der Grundbesitz dadurch befindet, daß durch die Natur seines Geschäftsbetriebes ihm die Erlangung der für den gezogenen Wechsel nothwendigen zweiten Unterschrift nicht gesichert ist, dazu geführt, daß sich ein besonderer Geschäftszweig entwickelt hat, der gewissermaßen den Verkauf der fehlenden zweiten Unterschrift zum Gegenstande hat. Aber der vom Grundbesitz für dieselbe zu zahlende Kaufpreis ist ein ungemein hoher.

Fast ein jeder Großgrundbesitzer hat in derjenigen Provinzialstadt, in welcher er seine Erzeugnisse zu verkaufen pflegt, einen Kommissionär, der den Verkauf vermittelt, Gelder in Empfang nimmt, Zahlungen leistet, kurz die Geld- und sonstigen Geschäfte desselben besorgt. Dieser Kommissionär befriedigt auch meistens das Kreditbedürfnis seiner Kommittenten, indem er sich von denselben Wechsel acceptiren läßt, die er, nachdem er sie mit seiner Unterschrift versehen hat, an die Reichsbank oder Privatnotenbanken begiebt. Für diese Unterschrift erhält er natürlich eine Entschädigung, die wenigstens in den östlichen Provinzen meistens 1% zu betragen pflegt.

Ein derartiges Geschäft charakterisirt sich also rechtlich und thatsächlich als ein Verkauf der für den Grundbesitz auf andere Weise nicht erhältlichen zweiten Unterschrift. Da der Kommissionär, welcher durch seine Unterschrift den Wechsel bankfähig macht, die Verpflichtung zur Einlösung desselben und somit ein mehr oder minder erhebliches Risiko übernimmt, so ist es wirthschaftlich durchaus berechtigt, daß ihm eine Entschädigung hierfür gewährt wird. Die Aufgabe, welche der befriedigenden Lösung des Personalkreditwesens gestellt ist, besteht aber darin, Fürsorge zu treffen, daß diese Entschädigung den das Risiko eines Verlustes deckenden Betrag nicht überschreitet. Dieses ist gegenwärtig der Fall.

Aus denselben Gründen, aus denen der Grundbesitz bei den eine absolute Realsicherheit nicht mehr bietenden Hypotheken an das Privatkapital, mag dasselbe associirt oder nicht associirt sein, einen höheren Zinsenbetrag zu zahlen genöthigt ist, als mit Rücksicht auf die Gefahr eines Ausfalls der Forderung angemessen sein würde, begnügt sich auch der Kommissionär für das von ihm übernommene Risiko mit einer dasselbe ausgleichenden Entschädigung nicht.

Zunächst ist dort wie hier das geschäftliche Risiko, das der Einzelne zu tragen hat, ein ungleich größeres, als wenn dasselbe für alle Forderungen oder wenigstens für einen großen Theil derselben gemeinschaftlich übernommen werden könnte. Außerdem will der Kommissionär natürlich verdienen und zwar möglichst viel verdienen. Er kann sich deshalb mit einer sein Risiko deckenden Entschädigung nicht begnügen, weil er dann im Ganzen nur genau so viel erhalten würde, als die Gesammtheit der Verluste beträgt, ihm also ein Gewinn nicht verbleiben würde. Dieser Gewinn ist aber der einzige Grund für den Verkauf seiner Unterschrift und die damit übernommene Bürgschaft für die Bezahlung der Schuld. Ohne die Aussicht auf einen solchen würde er überhaupt auf die Ausbeutung dieses Geschäftszweiges verzichten müssen.

Wenn bei einem Bankdiskont von durchschnittlich noch nicht 4½% die Kommissionäre sich 1% für ihr Risiko vergüten lassen, so beweist schon die Thatsache, daß die große Mehrzahl derselben in verhältnismäßig kurzer Zeit wohlhabend wird, ja sogar große Vermögen erwirbt, wie wesentlich dieser Betrag die sie treffenden Verluste übersteigt. Der Grundbesitz ist einfach auf ihre Mitwirkung und Unterstützung angewiesen und muß die Forderungen, die sie stellen, erfüllen. Auch hier zeigt sich wieder die Ungleichheit des Kampfes zwischen dem kreditbedürftigen Grundbesitz und Demjenigen, der über das Kapital verfügt. Ohne die Unterstützung solcher Zwischenpersonen, welche die Wechsel des Grundbesitzes erst bankfähig machen, würde derselbe in den weitaus meisten Fällen überhaupt auf die Inanspruchnahme der Reichsbank verzichten müssen.

Muß also der Großgrundbesitz schon zu gewöhnlichen Zeiten das Geld, das er braucht und durch Vermittelung seines Kommissionärs aus der Reichsbank erhält, mit 20 bis 25 % theurer bezahlen als Handel und Industrie, die durch die Art ihres Geschäftsbetriebes die von der Bank verlangte zweite Unterschrift kostenlos erhalten und demgemäß einer solchen Vermittelung, auf die der Grundbesitz angewiesen ist, nicht bedürfen, so ist derselbe zu noch erheblich größern Opfern genöthigt, wenn in Folge ungünstiger Ernten oder aus andern Gründen das Kreditbedürfnis das durchschnittliche Maß erheblich übersteigt.

Denn in einem solchen Falle reicht der dem Kommissionär eingeräumte Bankkredit nicht aus, um alle Ansprüche des Grundbesitzes zu befriedigen. Letzterer ist daher genöthigt, entweder direkt oder durch Vermittelung seines Kommissionärs sich an das Privatkapital zu wenden. Muß die wesentlich gesteigerte Nachfrage schon an sich den zu zahlenden Zinssatz in die Höhe treiben, so vermag in solchen Zeiten das Kapital die Nothlage des Grundbesitzes ungehindert auszubeuten. Ebenso befindet sich der Kommissionär in der Lage, seinen Bankkredit höher zu verwerthen. Das eine Procent genügt ihm dann nicht mehr. Je höher das Privatkapital seine Forderungen stellt, desto höher ist der Preis, der ihm dafür, daß er die Wechsel des Grundbesitzes bankfähig macht, bewilligt werden muß.

Tritt die Nothwendigkeit der Geldbeschaffung durch Inanspruchnahme des Personalkredits im Allgemeinen an den Grundbesitz nur heran, wenn die Erträgnisse des Grund und Bodens zur Bestreitung der Zinsen sowie der Betriebs- und Unterhaltungskosten nicht ausreichen, und pflegt die hierdurch geschaffene Nothlage sich meistens auf größere Gebiete zu erstrecken, so folgt hieraus, daß in allen denjenigen Fällen, in denen nicht blos einzelne Grundbesitzer von Unglücksfällen betroffen werden, sondern es sich um einen allgemeinen Nothstand handelt, der Grundbesitz stets der Gefahr einer wucherischen Ausbeutung ausgesetzt ist.

In noch ungünstigerer Lage als der Großgrundbesitz befindet sich der kleine Grundbesitz bei der Inanspruchnahme seines Personalkredits. Ist es dem erstern wenigstens in gewöhnlichen Zeiten noch möglich, das benöthigte Geld durch Vermittelung des Kommissionärs aus der Reichsbank zu erhalten, so existirt für den Kleingrundbesitz, den Bauer, die Reichsbank überhaupt nicht. Auch die Konkurrenz des Privatkapitals setzt seiner Ausbeutung keine Schranken. Auf wenige Geldvermittler der nächsten Stadt angewiesen, befindet sich der Kleingrundbesitz völlig in ihrer Hand, und muß alle Forderungen bewilligen, wenn die Erträgnisse des Grund und Bodens nicht zur Bezahlung der Hypothekenzinsen ausreichen. Denn die Zwangsversteigerung seines Eigenthums, der wirthschaftliche Ruin steht im Hintergrunde.

Folgen auf einzelne ungünstige Jahre wieder Jahre mit reicher Ernte, so ist es wol möglich, auch diese exorbitant hohen Zinsen zu bezahlen und die persönlichen Schulden zu tilgen. Aber wehe dem Grundbesitz, wenn in mehreren Jahren hinter einander die Erträgnisse nicht ausreichen, um Zinsen und Betriebskosten bestreiten zu können. Die Zinsforderungen steigern sich dann und in kurzer Zeit ist die Schuldforderung lawinenartig angewachsen, hat sich verdoppelt, verdreifacht, sodaß an eine Rückerstattung derselben aus den Erträgnissen des Grundstücks nicht mehr zu denken ist. Immer enger und enger werden die Maschen vom Gläubiger gezogen, bis endlich, wenn für den Schuldner kein Ausweg mehr möglich ist, die Kündigung der ganzen Forderung erfolgt, und dadurch der Grundbesitzer um die Resultate jahrelanger Arbeit und Anstrengung gebracht wird.

Sollen die der Reichsbank von der Gesammtheit und auf Kosten derselben ertheilten Privilegien nicht blos einzelnen Berufsklassen zu Gute kommen, soll insbesondere der Grundbesitz die gleichen Vortheile von der Reichsbank haben wie Handel und Industrie, so ist es nothwendig, daß ihm die Inanspruchnahme derselben ohne weitere Vermittelung ermöglicht und demgemäß die Bestimmung des Reichsbankgesetzes, wonach die Reichsbank nur Wechsel diskontiren darf, aus denen drei oder mindestens zwei als zahlungsfähig bekannte Verpflichtete haften, aufgehoben wird.

Wenn diese Bestimmung bezweckt, die Reichsbank auf diejenigen Geschäfte zu beschränken, mit denen nach menschlicher Voraussicht die Gefahr eines Verlustes nicht verbunden ist, so wird, abgesehen davon, daß wir den dieser Auffassung zu Grunde liegenden prinzipiellen Standpunkt für einen durchaus ungerechtfertigten halten, dieser Zweck damit keineswegs erreicht. Denn nach dem Geschäftsbericht der Reichsbank hat dieselbe im Jahre 1881 einen Ausfall von etwa ¼ Million Mark erlitten und sich außerdem genöthigt gesehen, gegen 3 Millionen Mark für zweifelhafte Wechselforderungen zu reserviren.

Geht aber hieraus hervor, daß die Vorschrift des Gesetzes, welche mindestens zwei sichere Unterschriften verlangt, gar nicht strenge inne gehalten und die zweite Unterschrift als ein genügender Schutz gegen Verluste überhaupt nicht angesehen werden kann, so entbehrt dieselbe auch von diesem Standpunkt aus der Berechtigung. Wollte die Reichsbank nur Wechsel mit den Unterschriften solcher Personen diskontiren, die in der That zahlungsfähig sind, so würde eine Unterschrift vollständig genügen, denn von einem Zahlungsfähigen kann eben nur dann die Rede sein, wenn die Schuld zurückgezahlt wird, und somit die Gefahr eines Verlustes als ausgeschlossen angesehen werden muß.

Also nicht die Anzahl der Unterschriften sondern die Bonität derselben schützt in erster Reihe vor Verlusten. Die Unterschrift eines Rothschilds gewährt eine größere Garantie vor Ausfällen als die von zehn oder hundert anderen Personen, deren Unterschrift die Reichsbank als sicher honorirt. Wenn trotzdessen auch selbst die Wechsel Rothschilds noch einer zweiten Unterschrift bedürfen, damit sie von der Reichsbank angekauft werden können, so beweist dieses wol zweifellos, wie wenig sich die erwähnte Bestimmung der Reichsbank von dem Gesichtspunkt eines Schutzes derselben vor Verlusten aus rechtfertigen läßt.

Thatsächlich kennen denn auch die Banken anderer Länder eine derartige Bestimmung nicht. Insbesondere werden von der Englischen Bank anstandslos Wechsel mit einer Unterschrift diskontirt, vorausgesetzt natürlich, daß dieselbe als eine unbedingt sichere angesehen wird. Allerdings wird durch eine solche Erweiterung der Befugnisse der Bankbeamten die Verantwortlichkeit derselben wesentlich erhöht, aber dieses kann kein Grund sein, Beschränkungen einzuführen, die für große Kreise die Inanspruchnahme der Reichsbank unmöglich machen bezw. wesentlich vertheuern. Wenn die Englische Bank eine zweite Unterschrift für die von ihr diskontirten

Wechsel nicht verlangt, so hat die Reichsbank ebenfalls keine berechtigte Veranlassung dazu.

Ist also aus allgemeinen bankpolitischen Gründen eine derartige Beschränkung nicht geboten, so sind die Vortheile, welche der Reichsbank aus derselben erwachsen, bei der Art und Weise wie sie vom Grundbesitz in Anspruch genommen zu werden pflegt, besonders gering. Wenn die Reichsbank einen Kommissionär, der die Geschäfte einer größern Anzahl von Grundbesitzern vermittelt, einen bestimmten Bankkredit bewilligt, so rechnet sie hierbei in erster Reihe auf die Zahlungsfähigkeit der Letztern, nicht auf die des Kommissionärs. Dieser ist vielfach mittellos, oder er besitzt ein so geringes Vermögen, daß dasselbe eine hinreichende Sicherheit für den gewährten Bankkredit nicht zu bieten vermag.

Dagegen wird die Reichsbank keinen Wechsel diskontiren, wenn sie nicht die Grundbesitzer, die dieselben acceptirt haben, für völlig sicher hält. Da die Einkommens- und Vermögensverhältnisse derselben ungleich leichter erkannt werden können als die der Kaufleute und der Industriellen, so wird sich die Bank nicht leicht über die ihr gebotene Sicherheit täuschen können. Die Vermögensverhältnisse des Grundbesitzes haben mehr oder minder den Charakter der Oeffentlichkeit. Ueber die hypothekarischen Belastungen, von der dieselben am meisten abhängen, geben die Grundbücher Aufschluß. Während der Kaufmann und der Industrielle durch ihren Geschäftsbetrieb genöthigt sind, zahllose Verpflichtungen einzugehn, die sich der Kenntnis der Reichsbank entziehen, beschränken sich die Verpflichtungen des Grundbesitzes fast ausschließlich auf Darlehnsschulden, die kontrahirt werden müssen, wenn vorübergehend die Erträgnisse des Grund und Bodens zur Bestreitung der Zinsen und der Betriebskosten nicht ausreichen.

In welchem Umfange dieses bei den einzelnen Grundbesitzern nothwendig ist, darüber ist eine zuverlässige Information nicht schwer. Der Grundbesitz ist bezüglich des Absatzes seiner Produkte auf einen bestimmten Markt angewiesen; höchstens handelt es sich um zwei oder drei Städte, nach denen der Absatz überhaupt möglich ist. Der Bauer verkauft seine Erzeugnisse fast ausnahmslos in der nächst gelegenen Stadt entweder direkt an die Konsumenten oder an die wenigen Zwischenhändler, die sich in derselben niedergelassen haben. Der Großgrundbesitz bedient sich in der Regel der Vermittelung seines Kommissionärs. Für beide gehen die Preise, die sie für die landwirthschaftlichen Erzeugnisse erhalten und erhalten können, aus den Börsenberichten hervor.

Während die geschäftlichen Transaktionen des Handels und der Industrie vielfach in fernen Provinzen, ja in überseeischen Ländern sich vollziehen, und ihre Ausdehnung sowohl wie der Nutzen, den sie bringen, sich einer jeden Prüfung und Kontrole seitens der Organe der Reichsbank entziehen, betreibt der Grundbesitz seine Geschäfte fast unmittelbar unter den Augen derselben. Beim Handel und bei der Industrie kann die Reichsbank den Umfang und den Grund ihrer Verpflichtungen fast nie, beim Grundbesitz fast stets feststellen. Sie kann ziemlich genau berechnen, wie viel Geld der von einer Mißernte oder einem sonstigen Unglücksfall betroffene Grundbesitzer zur Bezahlung seiner Zinsen und zur Bestreitung seiner Betriebskosten nöthig hat; sie weiß auch, ob das Kreditbedürfnis derselben in derartigen Unglücksfällen oder etwa in Verlusten bei Spekulationen seinen Grund hat.

Ist es der Reichsbank aus diesen Gründen möglich, sich bei dem an den Grundbesitz gewährten Kredit im Allgemeinen mehr vor Verlusten zu schützen als bei dem an Handel und Industrie bewilligten, so ist die gesetzliche Beschränkung, daß nur Wechsel mit zwei sicheren Unterschriften diskontirt werden dürfen, durch das Interesse derselben nicht nothwendig bedingt. Wie bei der englischen Bank müssen auch bei der Reichsbank Wechsel mit einer Unterschrift bankfähig sein, d. h., das wechselmäßige Zahlungsversprechen (der eigne Wechsel) muß für die Inanspruchnahme des Bankkredits als genügend angesehen werden. Hat sich diese Forderung im kaufmännischen und industriellen Verkehr nicht als nothwendig oder dringlich ergeben, so mögen Handelsstand und Industrie auf dieselbe verzichten. Der Grundbesitz muß diese Forderung erheben, damit er unabhängig von Kommissionären und Vermittlern an den Vortheilen der Reichsbank Theil nehmen kann.

Der Nutzen, der hieraus dem Grundbesitz erwachsen würde, besteht nicht allein in der Ersparung der von den Vermittlern erhobenen Provision, die, wie wir oben dargethan, vielfach 20 bis 25 % der zu zahlenden Zinsen beträgt, sondern vor Allem auch darin, daß die wirthschaftliche und financielle Abhängigkeit des Grundbesitzes von Kommissionären und ähnlichen Zwischenpersonen beseitigt wird. Diese Abhängigkeit schädigt den Grundbesitz vielfach noch mehr als das eine Procent, das er für die die zweite Unterschrift zu gewähren genöthigt ist.

Ein jeder Grundbesitzer, der auf die Unterstützung und Mitwirkung derartiger Zwischenpersonen bei der Geldbeschaffung angewiesen ist, verliert damit einen mehr oder minder großen Theil seiner geschäftlichen Selbstständigkeit, und die Abhängigkeit wird desto größer, je weniger demselben die Befriedigung seines Kreditbedürfnisses auf andere Weise möglich ist. Diese Abhängigkeit äußert sich darin, daß der Grundbesitz genöthigt ist, den Verkauf seiner Erzeugnisse dem betreffenden Kommissionär zu überlassen und sich seiner Vermittelung auch bei andern Geschäften zu bedienen, bei denen dieselbe an sich nicht nothwendig ist und ihm keinen Vortheil bringt. Er kann nicht mehr kaufen, wo er die benöthigten Waaren am billigsten bekommt, und an denjenigen seine Erzeugnisse verkaufen, der die höchsten Preise bewilligt, sondern der Kommissionär besorgt den Einkauf und Verkauf für ihn.

Dieses ist gewissermaßen das erste Stadium der Abhängigkeit. Hat der Grundbesitz den Kredit in einem solchen Umfange in Anspruch genommen, daß er nicht hoffen kann, im Falle einer Kündigung desselben seitens des Kommissionärs das benöthigte Geld von einem Andern zu erhalten, so beginnt vielfach das zweite Stadium der Abhängigkeit. Dann werden die gelieferten Produkte bemängelt, unberechtigte Ausstellungen erhoben und auf diese Weise der Preis derselben ungebührlich herabgedrückt. Muß der Grundbesitz in Folge einer Mißernte Saatgetreide kaufen, so wird ihm schlechte Qualität geliefert und zu hohen Preisen in Rechnung gestellt. Auf diese Weise wird der Grundbesitzer, der sich in den Händen des Kommissionärs befindet, ausgepreßt. Dieser Ausbeutung fällt jährlich eine große Anzahl von Grundbesitzern zum Opfer.

Naturgemäß ist vorzugsweise der Kleingrundbesitz, der Bauer der Gefahr einer solchen Ausbeutung ausgesetzt, da es für ihn am schwersten ist, sich das benöthigte Geld durch Inanspruchnahme des Personalkredits zu verschaffen. Auch bieten die Vermittler, auf welche er beim Verkauf seiner Erzeugnisse und bei der Geldbeschaffung angewiesen ist, eine geringere Garantie für Solidität und Ehrenhaftigkeit als die größern Kommissionsgeschäfte der Provinzialstädte, deren Vermittelung der Großgrundbesitz vorzugsweise in Anspruch nimmt.

Ist die Annahme von Wechseln mit einer Unterschrift seitens der Reichsbank auch die nothwendige Voraussetzung dafür, daß der Grundbesitz bezüglich der Befriedigung seines Kreditbedürfnisses nicht mehr auf die überaus kostspielige Vermittelung von Kommissionären und Zwischenpersonen angewiesen ist, so genügt dieselbe doch keineswegs, um insbesondere auch den kleinen Grundbesitz aus den Händen des Privatkapitals zu befreien und vor einer wucherischen Ausbeutung wirksam zu schützen. Dieses ist aber die Aufgabe, die der Reform des landwirthschaftlichen Personalkredits gesteckt ist, Nur dann, wenn es gelingt, dem Grundbesitz die Befriedigung seines Kreditbedürfnisses zu einem Zinssatz zu ermöglichen, der mit Rücksicht auf die von demselben gebotene größere oder geringere personelle Sicherheit angemessen ist, kann diese Aufgabe als gelöst angesehen werden.

Der oberste Verwaltungsgrundsatz der Reichsbank ist der, Kredit nur zu gewähren, wenn die Rückzahlung der Forderung nach menschlicher Voraussicht unbedingt gesichert ist. Die Reichsbank steht also bezüglich des Personalkredits auf demselben Standpunkt, den die landschaftlichen Kreditinstitute bezüglich des Realkredits einnehmen. Wenn dieselbe für die von ihr zu diskontirenden Wechsel drei oder mindestens zwei sichere Unterschriften verlangt, so thut sie dieses lediglich aus dem Grunde, um sich nach Möglichkeit vor Verlusten zu schützen, also in Konsequenz ihres obersten Verwaltungsgrundsatzes.

Hält die Reichsbank an diesem Princip fest, so beschränken sich die Vortheile der Annahme von Wechseln mit nur einer Unterschrift auf diejenigen Grundbesitzer, deren Unterschrift allein eine genügende Garantie für die Erfüllung der eingegangenen Verbindlichkeiten zu bieten vermag. Dagegen würde die große Masse der Grundbesitzer einen Nutzen von dieser Maßregel nicht haben, da die wirthschaftliche Lage derselben insbesondere auch der bäuerlichen Besitzer keine solche ist, daß man eine völlige Sicherheit für die Bezahlung der von ihnen ausgestellten Wechsel anzunehmen berechtigt ist. Der Grund hierfür liegt vorzugsweise in den die landwirthschaftlichen

Produktions- und Absatzverhältnisse ungünstig beeinflussenden allgemeinen Faktoren sowie auch in der übermäßigen hypothekarischen Verschuldung des Grundbesitzes.

Sind die aus dem Wechsel Verpflichteten nicht zweifellos zahlungsfähig, so wird allerdings durch Vermehrung der Zahl derselben die Sicherheit der Rückzahlung erhöht, da nach den Grundsätzen der Wahrscheinlichkeitsrechnung nicht anzunehmen ist, daß alle Verpflichteten zu gleicher Zeit zahlungsunfähig werden. Soll also auch in diesem Falle die Reichsbank genöthigt sein, Wechsel mit nur einer Unterschrift anzunehmen, so muß ihr auf andere Weise für den Verzicht auf die zweite Unterschrift ein Ersatz geschaffen werden, da sonst ihre Verluste eine entsprechende Steigerung erfahren würden.

Diesen Ersatz finden wir darin, daß für Wechsel, die nur eine und zwar nicht absolut sichere Unterschrift tragen, der Zinssatz um so viel erhöht wird, als das gesteigerte Risiko der Reichsbank bedingt, daß die Reichsbank also zugleich mit der Gewährung von Darlehnen auch die Versicherung derselben gegen Ausfall zu einem dem übernommenen Risiko entsprechenden Prämiensatz übernimmt.

Wenn die Reichsbank nach den bisherigen Verwaltungsgrundsätzen bereits nicht unerhebliche Ausfälle zu erleiden hat, und diese Ausfälle nicht auf einmalige unvorhergesehene Ursachen zurückzuführen, sondern die nothwendige Folge davon sind, daß sie ihren Geschäftsbetrieb nicht auf absolut sichere Geschäfte zu beschränken vermocht hat, so liegt hierin bereits thatsächlich die Uebernahme einer Versicherung gegen Ausfälle. Die Reichsbank hat ihren Geschäftskreis über die absolut sicheren Geschäfte hinaus erweitert, und ohne Gefahr erweitern können, weil die ihr hierdurch erwachsenden Verluste durch den Gewinn, den sie aus diesen Geschäften zieht, mehr als gedeckt worden.

Daß der Procentsatz, zu dem die einzelnen Wechsel diskontirt werden, nicht stets nach Maßgabe der größeren oder geringeren Sicherheit derselben ein verschiedener ist, ändert den Charakter der Versicherung gegen Verluste nicht. Bei keiner Versicherung ist es möglich, die Prämie stets in ein absolut richtiges Verhältnis zu dem Risiko zu bringen, da naturgemäß die Anzahl der Gefahrenklassen eine beschränkte ist und sein muß. Würde also auch die Reichsbank alle Wechsel zu dem gleichen Procentsatz diskontiren, so könnte hieraus nur gefolgert werden, daß keine so erhebliche Verschiedenheiten bezüglich der Sicherheit derselben bestehen, daß es möglich und angemessen wäre, denselben durch die Erhebung besonderer Versicherungsprämien Rechnung zu tragen.

Thatsächlich macht jedoch die Reichsbank bereits einen sehr erheblichen Unterschied zwischen den einzelnen Wechselkategorieen bezüglich des Diskontosatzes. Es ist bekannt, daß die Reichsbank seit etwa zwei Jahren das früher ausnahmslos festgehaltene Princip, lediglich zu dem öffentlich bekannt gemachten Procentsatz zu diskontiren, aufgegeben hat und seit dieser Zeit auch Wechsel unter diesem Procentsatz ankauft, wenn die Konkurrenz des Privatkapitals und der Privatdiskont es bedingen. Jedoch bewilligt die Reichsbank diesen niedrigen Diskontosatz nur Wechseln erster Güte, zu denen diejenigen gerechnet werden, die die Unterschrift einer mindestens zu 300000 Mark normirten Firma tragen.

Werden diejenigen Wechsel, bei denen die Gefahr eines Verlustes als absolut ausgeschlossen erachtet werden muß, zu einem geringeren Procentsatz diskontirt, als die andern, bei denen dieses nicht der Fall ist, so treten die Voraussetzungen der Versicherung auch äußerlich zur Erscheinung. Denn wenn überhaupt, so kann diese verschiedene Behandlung der Wechsel nur von dem versicherungstechnischen Standpunkt aus gerechtfertigt werden, daß das größere Risiko auch eine höhere Prämie zahlen muß. Daß die für die Hergabe der Darlehnssumme zu leistende Entschädigung in einer Summe mit der Versicherungsprämie zur Hebung gelangt, ändert nichts an den Voraussetzungen und der rechtlichen Natur des Geschäfts.

Wenn also die Reichsbank trotz ihres obersten Verwaltungsgrundsatzes, ihre Thätigkeit auf die nach menschlicher Voraussicht unbedingt sicheren Geschäfte zu beschränken, dennoch thatsächlich Geschäfte macht, bei denen von ihr ein gewisses Risiko übernommen wird, so beweist dieses die Schwierigkeit, ja wir möchten sagen die Unmöglichkeit, die Darlehnsgewährung von der Uebernahme eines Risikos zu trennen. Anderseits geht aber auch hieraus hervor, daß unsere Forderung, die Reichsbank solle allgemein die Versicherung gegen Verluste mit der Darlehnsgewährung verbinden, keineswegs eine durchgreifende Aenderung ihrer bisherigen Verwaltungspraxis bedingt, sondern nur die rechtliche Anerkennung und weitere Ausdehnung des gegenwärtig bereits bestehenden thatsächlichen Zustandes enthält.

Würde die konsequente Durchführung des Prinzips, nur absolut sichere Wechsel zu diskontiren, schon an sich den Geschäftskreis der Reichsbank in einer Weise einengen, daß die Ueberschüsse derselben zum Nachtheil der Aktionäre eine erhebliche Einbuße erleiden müßten, so widerspricht dieses Prinzip auch den Aufgaben, die eine mit wichtigen Privilegien ausgestattete Reichsanstalt zu erfüllen berufen ist.

Nicht diejenigen, welche sich in einer so günstigen Vermögenslage befinden, daß die von ihnen ausgestellten Wechsel eine unbedingte Sicherheit genießen, sondern diejenigen, welche eine solche Sicherheit nicht zu bieten vermögen, haben in erster Reihe Anspruch auf staatliche Unterstützung bezüglich der Befriedigung ihres Kreditbedürfnisses. Ersteren steht das Privatkapital zu den günstigsten Bedingungen zur Verfügung; der Gefahr der Ausbeutung sind lediglich die Letztern ausgesetzt, wenn es ihnen überhaupt gelingt, die benöthigten Gelder von dem Privatkapital zu erhalten. Die erst in neuerer Zeit auf andern Gebieten bereits zur allgemeinern Anerkennung gelangte Auffassung, daß die Unterstützung der wirthschaftlich Schwächern eine der höchsten und edelsten Aufgaben des Staats ist, muß auch die staatliche Bankpolitik beherrschen.

Man wird hiergegen nicht einwenden dürfen, daß die Reichsbank da weder Staat noch Reich an dem Bankkapital betheiligt sind, sondern dasselbe ausschließlich von Privatpersonen aufgebracht ist, überhaupt eine Reichs- oder Staatsanstalt in dem Sinne, daß ihr in erster Reihe die Förderung der allgemeinen Interessen obliege, gar nicht sei. Denn dieser Einwand würde lediglich gegen die Berechtigung einer Betheiligung des Privatkapitals bei der Reichsbank sprechen; er würde die Nothwendigkeit beweisen, die Reichsbank zu einer ausschließlichen Reichs- oder Staatsanstalt zu machen.

Denn darüber kann kein Zweifel sein, daß die der Reichsbank ertheilten Privilegien insbesondere das derselben eingeräumte Recht zur Ausgabe ungedeckter Noten, die von allen Reichs- und Staatskassen statt baaren Geldes in Zahlung genommen werden, sich nur rechtfertigen lassen, wenn dieselbe die dem Staat bezüglich der Regelung des Geldverkehrs obliegenden allgemeinen Pflichten in vollem Umfange übernimmt. Soweit die Interessen der Bankantheilsinhaber mit diesen Pflichten kollidiren, müssen dieselben nachstehen, oder es muß eine derartige Kollision dadurch unmöglich gemacht werden, daß das Privatkapital von der Betheiligung an der Reichsbank überhaupt ausgeschlossen wird.

Uebrigens enthält unsere Forderung keineswegs eine Schädigung der Interessen der Bankantheilsinhaber. Wir verlangen nicht, daß das von der Reichsbank zu tragende Risiko ohne Entschädigung übernommen wird. Liegt es vielmehr im Wesen der Versicherung, daß das größere Risiko durch eine entsprechend höhere Prämie ausgeglichen wird, so soll auch der Reichsbank die Erhebung höherer Zinsen für diejenigen Wechsel, welche eine völlige Sicherheit nicht bieten, im Prinzip nicht verwehrt werden.

Die Vortheile, welche durch diese Erweiterung des Geschäftsbetriebes der Reichsbank für den landwirthschaftlichen Personalkredit erreicht werden, liegen auf der Hand; es sind genau dieselben, welche dem Grundbesitz bezüglich des Realkredits aus der Ausdehnung des Geschäftsbetriebes der Landschaften auf die Hypothekenversicherung erwachsen, und die wir oben ausführlich erörtert haben.

Der Grundsatz, daß derjenige, der für die Erfüllung seiner Verbindlichkeiten keine völlige Sicherheit zu bieten vermag, dem Gläubiger für das von demselben zu übernehmende Risiko eine dasselbe ausgleichende Entschädigung zu leisten verpflichtet ist, findet auf den Personalkredit ebenso Anwendung als auf den Realkredit. Wird demselben von der Reichsbank bei dem dem Grundbesitz gewährten Wechselkredit Rechnung getragen, so handelt es sich nicht um eine ungebührliche Bevorzugung desselben, nicht um ein Geschenk, welches ihm gewährt wird, sondern der Grundbesitz bezahlt dann bei Inanspruchnahme des Bankkredits genau das, wozu er nach allgemeinen wirthschaftlichen Grundsätzen verpflichtet ist, aber nicht mehr.

Wir würden uns im Wesentlichen in Wiederholungen ergehen müssen, wollten wir die Vortheile, die dem Grundbesitz daraus erwachsen, daß ihm die Befriedigung seines Kreditbedürfnisses durch Inanspruchnahme der Reichsbank zu einem Zinssatz ermöglicht wird, der das von derselben zu tragende Risiko nicht übersteigt, hier nochmals im Einzelnen darlegen. Nur auf einen Unterschied müssen wir noch hinweisen, der zwischen den landschaftlichen Kreditinstituten und der Reichsbank in ihrer gegenwärtigen Organisation besteht, obwohl wir denselben bereits angedeutet haben. Die landschaftlichen Kreditinstitute sind genossenschaftliche Verbände der Kreditbedürftigen, deren Verwaltungsüberschüsse diesen selbst zu Gute kommen, wogegen die Ueberschüsse der Reichsbank, soweit nicht das Reich an denselben Theil nimmt, unter die Antheilsbesitzer vertheilt werden.

Hieraus folgt die Nothwendigkeit einer genaueren und zuverlässigeren Berechnung des von der Reichsbank bei der Diskontirung nicht völlig sicherer Wechsel zu tragenden Risikos, da die Erhebung zu hoher Prämien die Schuldner, zu niedrigerer Prämien dagegen die Antheilsbesitzer schädigen würde. Wir geben zu, daß hierin eine gewisse Schwierigkeit liegt, das Prinzip der Versicherung bei dem Bankkredit zur Anwendung zu bringen, die bei der landschaftlichen Hypothekenversicherung nicht in dem Maße besteht. In keinem Falle sind jedoch diese Schwierigkeiten so groß, daß deshalb überhaupt die ganze Reform unterbleiben müßte.

Der Grundbesitz hat bis jetzt lediglich für die Erlangung der von der Bank verlangten zweiten Unterschrift 20 bis 25 % des Zinsbetrages zahlen müssen, und wäre es für ihn schon eine außerordentliche Erleichterung, wenn auch die von der Reichsbank erhobenen Versicherungsprämien etwas mehr betragen sollten als die Ausfälle, von denen sie in Folge der veränderten Verwaltungsgrundsätze betroffen wird.

Daß es aber der Bankverwaltung möglich sein würde, eine Schmälerung der Erträgnisse und der an die Antheilsinhaber zu vertheilenden Dividende durch zu niedrige Bemessung der Versicherungsprämien zu vermeiden, darf nicht bezweifelt werden. Weder die Privatbanken noch das Privatkapital überhaupt beschränken den von ihnen gewährten Kredit auf völlig sichere Persönlichkeiten, bei denen die Gefahr eines Verlustes vollständig ausgeschlossen ist. Sie sind also genöthigt, die Chancen des Verlustes zu berechnen und sich für denselben durch entsprechende Normirung des Zinsbetrages schadlos zu halten.

Uebrigens würden die Erfahrungen weniger Jahre ausreichen, um mit annähernder Sicherheit die Größe des Risikos, welches von der Reichsbank zu tragen ist, und demgemäß die Höhe der mit Rücksicht auf dasselbe zu erhebenden Versicherungsgebühr feststellen zu können. Der Grundbesitz soll nicht mehr aber auch nicht weniger für die Inanspruchnahme des Bankkredits zahlen als Handel und Industrie. Werden die eignen Wechsel des Grundbesitzes getrennt von den andern Wechseln zur Erscheinung gebracht, so läßt sich leicht übersehen, ob der Grundbesitz gegenüber Handel und Industrie bevorzugt oder benachtheiligt ist, und ob demgemäß die Bedingungen für ihn zu verschärfen oder zu mildern sind. Der Durchschnitt der vom Grundbesitz für seine Wechsel bezahlten Zinsen darf nach Abzug der auf dieselben entfallenden Verluste nicht höher aber auch nicht geringer als der der andern Wechsel sein.

Daß die im kaufmännischen Verkehr üblichen kurzen Zahlungsfristen den Bedürfnissen des Grundbesitzes nicht entsprechen, liegt auf der Hand. Wenn das Bankgesetz der Reichsbank den Ankauf von Wechseln, die eine längere Verfallzeit als drei Monate haben, untersagt, so werden dadurch die Interessen von Handel und Industrie nicht geschädigt. Im Gegentheil würde eine wesentliche Verlängerung der Verfallzeit auch zu einer Verlängerung der Kreditfristen im kaufmännischen Verkehr führen und dadurch das Unwesen des Kreditirens, unter dem das solide Geschäft schon jetzt außerordentlich zu leiden hat, noch mehr verschlimmern.

Ganz anders liegen die Verhältnisse beim Grundbesitz und dem von ihm in Anspruch genommenen Kredit. Dient derselbe vorzugsweise dazu, um die Ausfälle ungünstiger Jahre zu decken und die Bestreitung der Betriebs- und Unterhaltungskosten sowie die Bezahlung der Zinsen zu ermöglichen, so können vielfach auch nur aus den Erträgnissen des nächsten Jahres die Mittel zur Tilgung der Schuld gewonnen werden. Während also Handel und Industrie durch die Beschränkung des Bankkredits auf drei Monate ebenfalls zu einer entsprechenden Einschränkung ihres Kredits genöthigt sind, und demgemäß nach Ablauf der Frist die Bezahlung der Bankwechsel zu geschehen pflegt, weiß der Grundbesitzer bereits bei der Kontrahirung der Bankschuld in den weitaus meisten Fällen, daß die Rückzahlung derselben ihm binnen drei Monaten nicht möglich ist.

Unter diesen Umständen würde das ausnahmslose Festhalten an der durch das Gesetz normirten dreimonatlichen Verfallzeit dem Grundbesitz die Inanspruchnahme der Bank vielfach unmöglich machen. Allerdings könnte durch eine Prolongation der Wechsel d. h. dadurch, daß die Bankschuld nach Ablauf der Frist wiederum mit einem Wechsel beglichen wird, Abhülfe geschaffen werden, wie es auch jetzt häufig geschieht. Abgesehen jedoch davon, daß hierdurch dem Grundbesitz Kosten für Stempel, Porto u. s. w. entstehen, so erscheint es auch nicht angemessen, zu einem derartigen Auskunftsmittel, das für Ausnahmefälle durchaus seine Berechtigung hat, seine Zuflucht zu nehmen, wenn die dauernden Bedürfnisse des Grundbesitzes die Beseitigung der dreimonatlichen Verfallzeit für die von ihm ausgestellten Wechsel erheischen.

Wenn die Bank von London schon gegenwärtig Wechsel mit sechsmonatlicher Verfallzeit zuläßt, ja sogar die überseeischen Wechsel fast ausnahmslos eine sechsmonatliche Verfallzeit haben, so liegt kein Grund vor, der eine derartige Verlängerung der gesetzlichen Verfallzeit nicht auch bei uns zulässig erscheinen läßt. Aber auch gegen die der Reichsbank zu ertheilende Ermächtigung, ausnahmsweise Wechsel mit einjähriger Verfallzeit annehmen zu dürfen, möchten ernstere bankpolitische Bedenken nicht wol zu erheben sein, wenn dieselbe auf die eignen Wechsel des Grundbesitzes beschränkt wird. Denn selbst bei einer wesentlich gesteigerten Inanspruchnahme der Reichsbank seitens des Grundbesitzes würden die Fälle, in denen die Bewilligung einer einjährigen Verfallzeit durch die besondern Verhältnisse des landwirthschaftlichen Betriebes bedingt ist, und einem dringenden Bedürfnis des Grundbesitzes entspricht, verhältnismäßig selten vorkommen und sicherlich einen ganz geringen Procentsatz des gesammten Wechselverkehrs der Reichsbank ausmachen.

Der Grundbesitz ist zu der Forderung berechtigt, daß ihm die Inanspruchnahme des Bankkredits in der seinen Bedürfnissen entsprechenden Art und Weise ermöglicht wird. Der Reichsbank liegt also die Verpflichtung ob, diesen Bedürfnissen, zu denen auch eine entsprechende Verlängerung der gesetzlichen Verfallzeit für die von derselben zu diskontirenden Wechsel gehört, Rechnung zu tragen.

Sichert die vorgeschlagene Umgestaltung des landwirthschaftlichen Personalkreditwesens dem Grundbesitz die Befriedigung seines

Kreditbedürfnisses zu angemessenen Bedingungen insbesondere zu einem Zinssatz, der das von dem Gläubiger zu tragende Risiko nicht übersteigt, so sind die berechtigten Forderungen desselben im Wesentlichen erfüllt. Dagegen ist der Anspruch auf einen absolut niedrigen Zinssatz unberechtigt und kann ebensowenig wie bezüglich der Hypothekenforderungen erfüllt werden.

Die Reform des Personalkreditwesens soll den Grundbesitz aus den Händen des Privatkapitals befreien, ihn vor der wucherischen Ausbeutung seitens desselben schützen. Nicht eine jede den allgemein üblichen Zinssatz erheblich übersteigende Zinsforderung charakterisirt sich aber als Wucher. Ist durch die allgemeine Erfahrung festgestellt, daß bei einer gewissen Kategorie von Forderungen durchschnittlich 10 % ausfallen, so ist für diese ein Zinssatz von 15 % genau ebenso angemessen wie bei absolut sicheren Forderungen ein solcher von 5 %, weil die übrigen 10 % zur Deckung des vom Gläubiger zu tragenden Risikos und um denselben vor Verlusten zu schützen, nothwendig sind. Also nicht die Höhe der Zinsen an sich bedingt den Wucher, derselbe liegt vielmehr darin, daß diese Höhe nicht durch das vom Gläubiger zu tragende Risiko bedingt ist, sondern daß das Risiko und der Zinsbetrag zu Ungunsten des Schuldners in einem argen Mißverhältnis zu einander stehen.

Soweit der Grundbesitz eine völlige Sicherheit nicht zu bieten vermag, kann er sich den Konsequenzen, die sich hieraus für seinen Personalkredit ergeben, nicht entziehen. Die Versicherungsprämie, die in einem solchen Falle nach allgemeinen wirthschaftlichen Grundsätzen gezahlt werden muß, vermag ihm Niemand abzunehmen. Gelingt es der staatlichen Fürsorge, zu verhindern, daß diese Prämie den mit Rücksicht auf das Risiko angemessenen Betrag erheblich übersteigt und dem Grundbesitz in geeigneten Fällen die Befriedigung seines Kreditbedürfnisses überhaupt zu ermöglichen, so hat der Grundbesitz keine Ursache mehr zu Klagen und Beschwerden: der Staat hat seine Pflicht ihm gegenüber in vollem Maße erfüllt.

Wenn das Reichsbankgesetz der Reichsbank die Aufgabe zugewiesen hat, „den Geldumlauf im gesammten Reichsgebiet zu regeln", so sollte man hieraus zwar folgern, daß es nicht die Absicht der Gesetzgebung gewesen sein kann, die Wirksamkeit der Reichsbank auf den kaufmännischen Kredit und seine Förderung zu beschränken, und den landwirthschaftlichen Kredit von den Vortheilen, welche die Gründung der Reichsbank dem gesammten Geldverkehr hat bringen sollen, auszuschließen. Die völlig ungenügende Rücksichtnahme auf die Bedürfnisse des landwirthschaftlichen Kredits sprechen jedoch für das Gegentheil.

Der schwere Vorwurf, den der Abgeordnete Lasker gegen die Gesetzgebung erhob*), daß das beschränkte Bankwesen und dessen vorwiegende Tendenz, welche den Grundbesitz an den Krediterleichterungen nur wenig Theil nehmen ließe, den Personalkredit der Grundbesitzer über Gebühr hemme, trifft also sowohl die Gesetzgebung als die Ausführung derselben. Unsere obigen Ausführungen beweisen, wie zutreffend jener Ausspruch Laskers ist, „der Personalkredit der Grundbesitzer ist vernachlässigt, bis zu einem gewissen Umfang sogar durch die Gesetzgebung unterdrückt". Dieser Vorwurf aus dem Munde eines Mannes, der nichts weniger als den landwirthschaftlichen Interessen zugethan ist, enthält eine schwere Anklage gegen die Gesetzgebung und deren Ausführung. Wer kann die Berechtigung dieser Anklage bezweifeln, wenn sogar Lasker, der der agrarischen Bewegung fast am feindlichsten gegenübersteht, und einen wesentlichen vielleicht den hervorragendsten Antheil an dieser Gesetzgebung gehabt hat, dieselbe zu erheben keinen Anstand nimmt.

Ist die allgemeine wirthschaftliche Lage des Grundbesitzes und zwar ohne sein Verschulden eine überaus ungünstige, wird es ihm am schwersten, sein Kreditbedürfnis zu befriedigen, und ist dieses Kreditbedürfnis fast stets die Folge elementarer Unglücksfälle, so ist der Grundbesitz mehr noch wie Handel und Industrie zu der Forderung berechtigt, daß der Staat seine positive Mitwirkung zum Zweck der Erleichterung des Kredits eintreten läßt. Den Grundbesitz auf den Weg der Selbsthilfe zu verweisen, dagegen die werthvollsten staatlichen Privilegien den auf die Förderung der Interessen des kaufmännischen Verkehrs beschränkten Bankinstituten zu ertheilen, das ist keine paritätische Gesetzgebung.

Wir haben nichts dagegen, daß die Reichsbank den Interessen des Großkapitals dient, aber sie darf dieses nicht unter Ausschließung und auf Kosten des kleinen Kapitals thun. Das Großkapital

*) Vergl. S. 116 u. 117.

bedarf dieser Unterstützung am wenigsten, sie darf demselben also nur in so weit zu Theil werden, als es ohne Schädigung der auf die staatliche Hilfe am meisten angewiesenen, wirthschaftlich schwächern Kreise angängig ist.

Soll die Reichsbank den Interessen des Grundbesitzes dienstbar gemacht werden, so muß ferner die Organisation derselben eine Erweiterung erfahren. Wenn das Reichsbankgesetz der Reichsbank das Recht einräumt, „aller Orten im Reichsgebiet Zweiganstalten zu errichten“, so folgt hieraus auch die Verpflichtung derselben zur Errichtung solcher Zweiganstalten, soweit es zur Regelung des Geldverkehrs im gesammten Reichsgebiet nothwendig ist. Die Verwaltungsorganisation der Reichsbank wird also dafür Sorge zu tragen haben, daß dem Grundbesitz die Inanspruchnahme derselben, die Befriedigung seines Kreditbedürfnisses in derselben Weise ermöglicht und erleichtert wird, wie dem Handel und der Industrie. Die Nebenstellen und Agenturen der Reichsbank werden also nicht blos auf die Centren des Handels und des Verkehrs und auf die größern Mittelstädte zu beschränken, sondern überall da zu errichten sein, wo die Bedürfnisse des landwirthschaftlichen Kredits es bedingen.

Wie die Post- und Telegraphenverwaltung derartig organisirt ist, daß alle Gebiete des Deutschen Reichs nach Maßgabe ihres Bedürfnisses an den durch dieselbe gebotenen Verkehrserleichterungen Theil nehmen können, so bedarf auch die Reichsbank einer erheblichen Erweiterung ihrer Einrichtungen, wenn die Vortheile derselben Allen in gleicher Weise zu Gute kommen sollen. Zwar lassen die gemachten Erfahrungen die Annahme berechtigt erscheinen, daß die hierdurch entstehenden Kosten nicht immer durch die in Folge des erweiterten Geschäftsbetriebes eintretende Steigerung der Einnahmen Deckung finden. Aber ebensowenig wie die Post die durch das öffentliche Verkehrsbedürfnis bedingte Erweiterung ihrer Anlagen von dieser Voraussetzung abhängig macht, so darf es auch nicht seitens der Reichsbankverwaltung geschehen. Sollte ein Unterschied in dem Umstande gefunden werden, daß die Reichsbank keine Reichsanstalt ist, so würde die Beseitigung des Privatkapitals bei derselben verlangt werden müssen. Die Rücksichten des allgemeinen Verkehrs dürfen den Privatinteressen der Bankantheilsinhaber nicht untergeordnet werden.

Endlich sollte auch dem Grundbesitz eine geeignete Mitwirkung bei der Verwaltung der Reichsbank nicht versagt werden. Wenn gegenwärtig der Zentralausschuß sowohl wie die Bezirksausschüsse durch die Bankantheilsinhaber bezw. aus dem Kreise derselben gewählt werden, so kann, da die Bankantheile sich überwiegend in den Händen des Großkapitals und zwar zum nicht geringen Theil des ausländischen befinden, der Grundbesitz überhaupt eine Vertretung in denselben nie erlangen.

Glaubt man den eigentlichen Eigenthümern der Reichsbank, den Antheilsbesitzern, eine Theilnahme an der Verwaltung derselben nicht vorenthalten zu dürfen, so erscheint eine Mitwirkung derjenigen Kreise, deren Interessen die Reichsbank zu dienen bestimmt ist, ebenfalls unentbehrlich. Denn lediglich in dieser Mitwirkung kann eine genügende Garantie dafür gefunden werden, daß diese Interessen die gebührende Berücksichtigung erfahren, und die Verwaltung der Reichsbank vor einer ungerechtfertigten Bevorzugung der finanziellen Interessen der Bankantheilsbesitzer gegenüber den Anforderungen und den Bedürfnissen des allgemeinen Verkehrs bewahrt wird.

Die geeignetsten Vertreter des Grundbesitzes möchten in erster Reihe die Leiter der landschaftlichen Kreditinstitute sein, die sich am besten in der Lage befinden, die Bedürfnisse desselben bezüglich des Personalkredits übersehen und richtig würdigen zu können.

Jedenfalls werden alle diese Fragen bereits vor Ablauf des zwischen dem Reiche und der Reichsbank bestehenden Vertragsverhältnisses erwogen und entschieden werden müssen.

Wenn wir oben darauf hingewiesen haben, daß die Nothwendigkeit der Inanspruchnahme des Personalkredits für den Grundbesitz nur ausnahmsweise hervortritt, und daß eine wesentliche Erleichterung dieser Inanspruchnahme eine ernste Gefahr für denselben sein würde, und gleichwohl eine Erweiterung der Einrichtungen der Reichsbank zu dem Zweck empfohlen haben, um auch den Grundbesitz an den durch dieselbe gebotenen Vortheilen und Verkehrserleichterungen in viel erheblicherem Umfange Theil nehmen zu lassen, so darf der Unterschied, der zwischen der Reichsbank und andern Vereinigungen des Kapitals zur möglichst günstigen Verwerthung desselben besteht, nicht ignorirt werden. Die Reichsbank dient allein den öffentlichen Interessen, diese Vereinigungen dagegen ausschließlich ihren Privatinteressen.

Die Reichsbank soll ihre Wohlthaten dem Grundbesitz nicht aufdrängen, ihn nicht in Zeiten des Geldüberflusses zu einer übermäßigen Inanspruchnahme seines Kredits nöthigen, sondern sie soll nur eintreten, wo es nothwendig ist. Die Reichsbank soll nicht Kredit gewähren, wenn derselbe gefordert, sondern nur, wenn er gebraucht wird. Wie die Reichsbank durchaus mit Recht den Kredit versagen würde und auch thatsächlich vielfach versagt, wenn sie weiß, daß derselbe lediglich Spekulationszwecken dienen soll, so würde sie das Gleiche thun, wenn die Voraussetzungen fehlen, welche die Inanspruchnahme des landwirthschaftlichen Personalkredits berechtigt erscheinen lassen. Ist diese Inanspruchnahme auch nur ausnahmsweise bei Mißernten oder sonstigen Unglücksfällen nothwendig und gerechtfertigt, so kann doch nur durch dauernde Einrichtungen der Reichsbank dieselbe in geeigneten Fällen gesichert werden.

III. Der Lombardkredit.

Mehr noch als zur Befriedigung des eigentlichen Personalkredits ist eine über den ganzen Staat sich erstreckende Verwaltungsorganisation der Reichsbank, die dem Grundbesitz die leichte und kostenlose Inanspruchnahme derselben ermöglicht, zu dem Zweck nothwendig, um ihm eine Kreditart dauernd und gleichmäßig nutzbar zu machen, die bisher ungünstig behandelt und unterdrückt, eine ganz untergeordnete Bedeutung für die Geldbeschaffung des Grundbesitzes gehabt hat, nämlich den „Lombardkredit".

Zwar gestattet das Reichsbankgesetz der Reichsbank, zinsbare Darlehne auf nicht länger als drei Monate gegen Verpfändung von im Inlande lagernder Kaufmannswaaren höchstens bis zu zwei Dritttheilen ihres Werths zu gewähren, jedoch ist die ganze Tendenz der Bankverwaltung eine der Entwickelung des Lombardverkehrs in hohem Maße ungünstige, und insbesondere der Grundbesitz hat aus diesem Grunde fast ganz auf diese Art der Kreditbefriedigung verzichten müssen.

Daß die Lombardirung lediglich auf „Kaufmannswaaren" beschränkt ist, hat einen Einfluß hierauf nicht gehabt, da man die landwirthschaftlichen Erzeugnisse ebenfalls darunter zu verstehen genöthigt gewesen ist. Charakteristisch für den Geist des Reichsbankgesetzes ist diese Bezeichnung jedoch immerhin; sie beweist die Richtigkeit unserer Ausführungen, daß dasselbe auf die Kreditbedürfnisse des Grundbesitzes gar keine Rücksicht genommen und lediglich dem kaufmännischen Verkehr Rechnung getragen hat.

Der Grund für die überaus geringe Inanspruchnahme des Lombardkredits seitens des Grundbesitzes liegt nicht blos in den im Vergleich zu dem Wechselkredit sehr ungünstigen Darlehnsbedingungen, sondern auch in der Schwierigkeit, den Forderungen der Bankverwaltung in formeller Beziehung Genüge leisten zu können.

Während die voll eingezahlten Stamm- und Stammprioritätsaktien und Prioritätsobligationen Deutscher Eisenbahnverwaltungen, deren Bahnen im Betrieb befindlich sind, mit drei Viertel des Kurswerthes beliehen werden dürfen, ist die Beleihung der Kaufmannswaaren ohne Ausnahme nur bis zu zwei Drittheil ihres Werthes gestattet. Wir wollen nicht bestreiten, daß viele Waaren so erheblichen Werthschwankungen ausgesetzt sind, daß ohne Gefahr für die Sicherheit der Forderung die Beleihungsgrenze nicht weiter erhöht werden kann, ja daß dieselbe vielleicht die Grenze der Sicherheit bereits überschreitet, aber ist dieses etwa weniger bei den erwähnten Eisenbahnaktien der Fall?

Von allen Produkten sind es gerade die landwirthschaftlichen, welche von plötzlichen Werthschwankungen am wenigsten betroffen werden. Zwar können auch die Preise dieser durch Spekulationskäufe oder Verkäufe an einzelnen Orten vorübergehend in die Höhe geschnellt oder über die Gebühr gedrückt werden, aber nach verhältnismäßig kurzer Zeit kehren dieselben doch in normale Grenzen zurück. Der die Preise der landwirthschaftlichen Erzeugnisse am meisten beeinflussende Faktor sind der Umfang der neuen Ernte bezw. die Erwartungen, die von derselben gehegt werden. Gestattet aber bereits der Stand der Saaten einen im Allgemeinen um so zutreffenderen Schluß auf die Ernteergebnisse, je näher die Erntezeit herangerückt ist, so sind plötzliche und erhebliche Werthschwankungen nur ausnahmsweise zu erwarten. Gegen die Gefahr eines Verlustes in Folge einer allmähligen Entwerthung der landwirthschaftlichen Erzeugnisse wird die Reichsbank durch die Bestimmung geschützt, daß sie im Falle derselben eine Verstärkung der Sicherheit zu verlangen berechtigt ist.

Bei Kaufmannswaaren, die in verhältnismäßig geringen Quantitäten sich im Handel befinden, ist eine Beeinflussung der Preise durch illegitime Spekulationen ungleich leichter, und sind demgemäß erhebliche Preisschwankungen, die eine niedrige Beleihungsgrenze rechtfertigen, viel häufiger. Dasselbe ist bei denjenigen Waaren der Fall, bei denen der Umfang der Produktion oder der Konsumtion in erheblicherem Maße von Ereignissen abhängig ist, die sich der Voraussicht und annähernden Schätzung entziehen.

Wenn das Reichsbankgesetz bei Eisenbahnaktien und Prioritätsaktien eine höhere Beleihung gestattet als bei Kaufmannswaaren, so sind uns in der That die Gründe hierfür unerfindlich. Die landrechtliche auch von der neuern Gesetzgebung acceptirte Bestimmung, nach welcher bei Grundstücken die Beleihung nur bis zu zwei Drittheil bezw. bis zur Hälfte des Werthes, bei beweglichen Gegenständen dagegen bis zu drei Viertel desselben als eine genügende Sicherheit bietend angesehen wird*), würde eher das umgekehrte Verhältnis rechtfertigen, da der Werth der Eisenbahnen vorzugsweise in den Immobilien liegt. Keinesfalls rechtfertigen die Erfahrungen, welche auf Grund der Bestimmungen des A.L.R.'s bezüglich der Verpfändung beweglicher Gegenstände und der durch dieselbe gebotenen Sicherheit gemacht sind, eine Einschränkung der zulässigen Beleihungsgrenze durch das Reichsbankgesetz.

Dazu kommt, daß der Kursstand der Aktien einen sehr wenig zuverlässigen Maßstab für den Werth derselben bietet, da der Kurs vielfach von der Spekulation beeinflußt und künstlich gehalten wird. Bei vielen Eisenbahnaktien und Prioritätsaktien findet der Kurs keineswegs in den nach menschlicher Voraussicht gesicherten Erträgnissen der betreffenden Eisenbahnen, sondern in dem Interesse einzelner Spekulanten, welche sich im Besitz des größten Theils derselben befinden, seinen Grund. Wer will es unternehmen, den reellen Werth dieser oder jener Eisenbahnaktien zu bestimmen. Ja viele derselben haben überhaupt gar keinen Ertragswerth, weil sie

*) Vergl. z. B. §§ 188 u. 190 Th. I. Tit. 14 d. A.L.R.'s.

voraussichtlich nie oder wenigstens nicht in absehbarer Zeit eine Dividende erwarten lassen, und trotzdessen haben sie einen Kurs und können demgemäß bis zu drei Viertel desselben von der Reichsbank beliehen werden.

Endlich beeinflußt noch ein Moment ungünstig den Verkaufswerth der Effekten im Vergleich zu dem der landwirthschaftlichen Erzeugnisse. Es ist dieses der Druck, der durch ein plötzlich gesteigertes Angebot größerer, den gewöhnlichen Umsatz erheblich übersteigender Massen, auf den Kursstand der Effekten ausgeübt wird. Die landwirthschaftlichen Erzeugnisse gehören zu den nothwendigsten Lebensbedürfnissen, die an jedem Ort und zu jeder Zeit Käufer finden. Die Zahl derjenigen, welche Effekten zumal in größern Massen zu erwerben geneigt und im Stande sind, ist dagegen eine sehr beschränkte. Welchen Kursrückgang würden nicht selbst sichere Eisenbahnaktien erleiden, wenn ein Paar Millionen davon zum zwangsweisen Verkauf durch die Reichsbank kämen. Noch schlimmer würde es jenen Eisenbahnaktien gehen, deren Werth nicht durch die Erträgnisse der Eisenbahnen gesichert, sondern lediglich ein spekulativer ist.

Man wird einwenden, daß die Reichsbank nur berechtigt, nicht aber verpflichtet ist, gewisse Effekten bis zu drei Viertel ihres Kurses zu beleihen, und daß sie selbstverständlich die Höhe der Beleihung von der Bonität derselben abhängig machen und die Chancen eines Kursrückganges ebenfalls in Berücksichtigung ziehen wird. Gewiß ist dieses richtig; wenn man jedoch der Bankverwaltung die Bestimmung darüber, ob die gesetzliche Beleihungsgrenze angemessen und richtig ist, überlassen will, so hätte es überhaupt einer gesetzlichen Beschränkung der Beleihung gar nicht bedurft und die Entscheidung, in wie weit das gebotene Pfand eine genügende Sicherheit gewährt, der Bankverwaltung allgemein übertragen werden können.

Die wesentlichste Benachtheiligung und Beschränkung des Lombardverkehrs liegt aber darin, daß der Bankdiskont bei Lombarddarlehnen fast ausnahmslos ein Procent höher ist als bei Wechseln. Der Grund für diese ungünstigere Behandlung des Lombardverkehrs liegt zum geringsten Theil in der verminderten Sicherheit, die verpfändete Waaren gegenüber einem Wechsel mit zwei sicheren

Unterschriften zu bieten vermögen. Vorzugsweise sind es allgemeine bankpolitische Erwägungen, aus denen das übermäßige Anschwellen des Lombardverkehrs für bedenklich erachtet und demgemäß gehemmt wird, weil durch denselben die Fonds der Bank in höherem Maße festgelegt und der jederzeitigen Disposition entzogen werden, als dieses beim Wechselverkehr der Fall ist.

Die Gefahr einer Werthminderung ist nicht das einzige Risiko, das die Bank bei der Gewährung von Darlehnen gegen Verpfändung von Effekten oder Kaufmannsgütern zu tragen hat. Erstere können entwendet oder sonst vernichtet werden, was meistens ein umständliches und zeitraubendes Aufgebotsverfahren zur Folge hat, letztere unterliegen dem Verderben und der Beschädigung oder Vernichtung durch elementare Ereignisse, gegen die nur zum Theil ein Schutz durch Versicherung möglich ist.

Aber dieses Risiko ist doch ein verhältnismäßig so geringes, daß zur Deckung desselben eine ganz unbedeutende Prämie als Zuschlag zu den Zinsen genügen würde, wenn solche überhaupt nothwendig sein sollte. Zwar geht aus den Geschäftsberichten der Reichsbank nicht hervor, wie sich die Verluste, von denen sie betroffen ist, auf den Lombard- und auf den Wechselverkehr vertheilen. Diese Verluste sind jedoch im Vergleich zu dem kolossalen Umsatz im Ganzen so überaus gering, daß schon hieraus hervorgeht, wie klein thatsächlich das Risiko ist, welches die Reichsbank auch im Lombardverkehr zu tragen hat.

Wenn übrigens die Reichsbank, obschon ganz vereinzelt, sich im Lombardverkehr mit einem Diskontosatz begnügt hat, der den für Wechsel um nicht mehr als ein halbes Procent überstiegen, so beweist dieser Umstand ebenfalls, daß die Erhöhung des Diskonts für Lombardgeschäfte nicht sowohl in dem mit denselben verbundenen größern Risiko als in allgemeinen bankpolitischen Rücksichten seine Ursache findet.

Wird dem Grundbesitz durch die verhältnismäßig niedrige Beleihung der landwirthschaftlichen Erzeugnisse und durch die Erhöhung des Zinssatzes für Lombarddarlehne die Ausnutzung dieser Kreditart erschwert, so verliert dieselbe für ihn jeden Werth durch die formellen Bedingungen, von denen die Reichsbank die Gewährung von Lombarddarlehnen auf Waaren abhängig macht. Beanspruchst dieselbe im Interesse der Sicherheit ihrer Forderung, daß dem Schuldner die Disposition über die verpfändeten Waaren vollständig entzogen ist, so kann der Grundbesitz seine Erzeugnisse nur lombardiren, wenn sich dieselben in Lagerhäusern befinden, die unter öffentlicher Kontrole und Verwaltung stehen. Hierdurch wird der Transport dieser Erzeugnisse nach Orten nothwendig, in denen derartige Lagerhäuser sind, oder sich wenigstens eine Bankanstalt befindet, die dieselben unter Kontrole und Mitverschluß nehmen kann. Die hierin liegende Erschwerung und weitere Vertheuerung der Lombardgeschäfte nöthigt den Grundbesitz, auf eine ausgedehntere Ausnutzung dieser Kreditart überhaupt zu verzichten.

Haben wir oben darauf hingewiesen, daß von besonders ungünstigen Jahren abgesehen, die Erträgnisse der Grundstücke die Mittel gewähren müssen, um die auf denselben lastenden Ausgaben insbesondere die Zinsen der eingetragenen Kapitalien, die Betriebs- und Unterhaltungskosten, zu bestreiten, so geht schon hieraus hervor, daß die landwirthschaftlichen Erzeugnisse die naturgemäße Deckung für die von dem Grundbesitz in Anspruch zu nehmenden Kredite bilden. Wie die Sicherheit für den Realgläubiger in dem Werth des Grundstücks, so liegt die Sicherheit für den Personalgläubiger in dem Werth der Erträgnisse desselben. Die hypothekarische Verpfändung des Grundstücks verschafft dem Grundeigenthümer das nöthige Kapital, dessen er zum Erwerb desselben sowie zu etwaigen Meliorationen der Substanz bedarf, die Lombardirung der Erträgnisse bietet dagegen die Mittel zur Bezahlung der Zinsen und der anderen laufenden Ausgaben.

Darf der eigentliche Personalkredit nur in besondern Ausnahmefällen von dem Grundbesitz in Anspruch genommen werden, so ist der Lombardkredit die geeignetste und aus der Natur der Verhältnisse sich ergebende Art der Geldbeschaffung in denjenigen Fällen, in denen die nothwendigen Voraussetzungen des Realkredits nicht vorliegen.

Da die Ausgaben des Grundbesitzes zum größten Theil an gewisse Zeiten gebunden sind, so ergiebt sich für ihn die Nothwendigkeit, seine Erzeugnisse vorher zu veräußern. Hieraus entsteht für den Grundbesitz der große Nachtheil, den Verkauf nicht in der für denselben günstigsten Zeit bewirken zu können. Nicht die allgemeine Lage des Getreidemarkts, die Bedürfnisse des Konsums, sondern allein das momentane Geldbedürfnis sind entscheidend für den Verkaufstermin.

Die ungünstige Lage, in die der Grundbesitz als Verkäufer hierdurch gegenüber dem Käufer gebracht wird, erfährt dadurch noch eine wesentliche Verschärfung, daß die Zahlungstermine für alle Grundbesitzer im Wesentlichen zusammenfallen und demgemäß alle zu einer gleichzeitigen Veräußerung ihrer Produkte genöthigt sind. Unmittelbar nach Bestellung der Wintersaaten wird mit dem Dreschen des Getreides begonnen und dasselbe mit Energie befördert, um die zu Weihnachten fälligen Zinsen der eingetragenen Hypotheken sowie die sonstigen Rechnungen bezahlen zu können. Mit den sich von Tage zu Tage steigernden Zufuhren werden die Käufer zurückhaltender. Die Preise gehen in Folge dessen immer mehr und mehr zurück. Dieser Rückgang erweckt und steigert wiederum die Besorgnis vor einem noch weitern Sinken der Preise. Jeder ist bestrebt, mit seinem Getreide der erste an dem Markt zu sein, um von dem Preisrückgang am wenigsten betroffen zu werden. Dadurch wird die Lage der Käufer immer günstiger, und eine stetig zunehmende Entwerthung des Getreides unvermeidlich.

Die wesentlichen Differenzen, die im Allgemeinen zwischen den Preisen der landwirthschaftlichen Erzeugnisse in den drei letzten Monaten des Jahres und denen der Sommermonate bestehen, finden jedoch nicht ausschließlich in dem Verhältnis, in dem Angebot und Nachfrage zu einander stehen, ihre Erklärung und Rechtfertigung. Auch die Art und Weise, wie die Vermittelung zwischen Produktion und Konsumtion bewirkt wird, hat auf diese Differenzen einen erheblichen und bestimmenden Einfluß.

Der Bauer verkauft sein Getreide an den Händler des nächstgelegenen Ortes, von dem es auf den Speicher gebracht und in vollen Eisenbahnwagenladungen an den Großhändler versandt wird. Von diesem wird das Getreide meistens wiederum entladen und so lange aufgespeichert, bis ein günstiger Zeitpunkt für den Verkauf gekommen zu sein scheint. Dann geht dasselbe an den in den konsumirenden Provinzen vorhandenen Großhändler über, von welchem es erst durch die Hand des Kleinhändlers an den Konsumenten gelangt, nachdem beide es wiederum eine Zeit lang haben lagern lassen.

Der Großgrundbesitz pflegt allerdings die Vermittelung des Kleinhändlers beim Verkauf seiner Erzeugnisse nicht in Anspruch zu nehmen, sondern direkt mit dem Großhändler seiner Provinzialstadt abzuschließen, da er in Quantitäten zu liefern vermag, die eine volle Ausnutzung der Eisenbahntransportmittel und damit die Erlangung der billigsten Frachten sichern. Desgleichen kaufen die großen in den westlichen Provinzen gelegenen Mühlen auch vielfach direkt die benöthigten Produkte von den Großhändlern der producirenden Gebiete. Aber in jedem Falle stehen zwischen dem Producenten und dem Konsumenten eine Reihe von Zwischenhändlern, die für ihre Arbeit durch den höhern Preis des Getreides entschädigt sein wollen.

Zu dem hierdurch bedingten Preisaufschlag treten die Kosten, welche das wiederholte Auf- und Abladen, der mehrfache Transport von und zu den Bahnhöfen sowie das Lagern des Getreides verursachen. Diese Kosten sind natürlich recht beträchtlich und bedingen eine wesentliche Steigerung der von den Konsumenten zu zahlenden Preise. Hierin liegt die Erklärung für die Thatsache, daß trotz der billigen Preise, die der Grundbesitz für seine Produkte erhält, der Konsument doch von denselben einen verhältnismäßig nur geringen Vortheil hat.

Gelingt es nun, den Grundbesitz in die Lage zu versetzen, den Verkauf seiner Produkte so lange hinausschieben zu können, bis der Konsum derselben benöthigt ist, so kommt nicht blos ein Theil des durch die dargelegte Art des Zwischenhandels bedingten Preisaufschlages ihm zu Gute, sondern das anderweite Verhältnis, in dem Angebot und Nachfrage sich zu einander stellen, bedingt auch eine Steigerung des Preises der landwirthschaftlichen Erzeugnisse überhaupt.

Dieses läßt sich dadurch erreichen, daß dem Grundbesitz die Beschaffung der zu seinen Zahlungen nothwendigen Gelder durch Lombardirung seines Getreides in formloser Weise und zu einem billigen Zinssatz ermöglicht wird. Wenn für den Grundbesitz der Zwang, zu gewissen Zeiten zum Zwecke der Geldbeschaffung verkaufen zu *müssen*, beseitigt wird, so ist seine Lage dem Käufer seiner Produkte gegenüber mit einem Schlage eine andere und zwar ungleich günstigere. Er ist dann nicht zum Verkauf gedrängt, sondern er kann abwarten, bis die Bedürfnisse des Konsums dringlich werden, und der Käufer angemessene Forderungen zu bewilligen geneigt ist.

Werden viele Grundbesitzer durch die Erfahrung, daß die Preise, insbesondere wenn die Bestände an altem Getreide nicht übermäßig groß sind, unmittelbar nach der neuen Ernte sich am höchsten stellen und mit dem sich steigernden Angebot stetig und zum Theil sehr rapide zurückgehen, veranlaßt, noch ehe die Ernte und die Bestellung der Wintersaaten beendigt ist, mit dem Dreschen des Getreides zu beginnen und dasselbe nach Möglichkeit zu forciren, so bedarf es keiner weitern Erläuterung, welche Verluste ein derartiger Wirthschaftsbetrieb zur Folge haben kann. Es ist ja möglich, daß die Ernte, auch wenn sie durch die Versendung des Getreides in dieser und jener Woche um einige Tage verzögert wird, keine Einbuße erleidet, aber ebenso möglich ist es — und die Erfahrungen dieses Jahres haben es bestätigt — daß derartige Verzögerungen für die ganze Ernte durch Eintritt ungünstiger Witterung geradezu verhängnisvoll werden können.

Ebenso können Verzögerungen in der Bestellung der Wintersaaten einen erheblichen Ausfall der nächstjährigen Ernte zur Folge haben, und wenn auch der ursächliche Zusammenhang hier weniger klar zu Tage tritt und positiv nachgewiesen werden kann, so ist doch der nachtheilige Einfluß, den eine verspätete Bestellung insbesondere in den von der Ungunst der Witterung vorzugsweise betroffenen östlichsten Provinzen auf den Stand der Saaten und ihre Widerstandsfähigkeit gegen ungünstige Witterung auszuüben vermag, völlig zweifellos.

Durch eine größere Ausgleichung der Getreidepreise wird die Gefahr eines solchen irrationellen Wirthschaftsbetriebes beseitigt oder wenigstens erheblich vermindert, weil die durch einen frühzeitigen Verkauf des Getreides zu erreichenden Vortheile geringer werden. Auch erfahren die Betriebskosten dadurch eine nicht unbeträchtliche Ermäßigung zumal in den östlichen Provinzen, wo die während der Erntezeit zu zahlenden Löhne vielfach das doppelte und dreifache der Löhne der Wintermonate ausmachen. Denn da es dem Grundbesitz in den letztern meistens an ausreichender Beschäftigung für seine ständigen Arbeiter fehlt, wogegen in der Erntezeit die

Heranziehung anderer Arbeiter zu hohen Lohnsätzen nothwendig ist, so verursacht das Dreschen und Verfahren des Getreides in den Wintermonaten fast gar keine, in der Erntezeit dagegen sehr erhebliche Kosten.

Die großen Dampfdreschmaschinen sind vielfach nur zu dem Zweck angeschafft worden, um das Getreide möglichst schnell zu Markt bringen zu können. Sie würden entbehrlich sein und dadurch erhebliche Kosten gespart werden können, wenn sich das Ausdreschen des Getreides ohne besondere Nachtheile auf die ganzen Wintermonate vertheilen ließe.

Durch die dem Grundbesitz gebotene Gelegenheit, sein Getreide jeder Zeit zu einem billigen Zinssatz lombardiren und damit sein momentanes Geldbedürfnis befriedigen zu können, wird derselbe aus der Zwangslage, die ihm die Nothwendigkeit der Geldbeschaffung zu gewissen Zeiten gegenwärtig bereitet, befreit und in den Stand gesetzt, den Zeitpunkt für den Verkauf des Getreides völlig frei und lediglich durch die Rücksichten auf die allgemeine Lage des Getreidemarktes und die Chancen einer Preissteigerung bestimmt, zu wählen.

Die Folge davon ist, daß sich die Zufuhren von Getreide nicht auf bestimmte kurze Zeiten zusammendrängen, daß das Angebot ein gleichmäßigeres wird und sich nicht nach dem Geldbedürfnis des Grundbesitzes sondern nach den Bedürfnissen des Konsums richtet. Hierdurch muß der Preis der landwirthschaftlichen Erzeugnisse eine allgemeine Erhöhung erfahren. Ist der Grundbesitz nicht aus Geldnoth zum Verkauf gezwungen, so befindet er sich dem Käufer seiner Erzeugnisse gegenüber an sich in einer ungleich günstigeren Lage als andere Producenten, weil dieselben zum Lebensunterhalt unentbehrlich sind, und der Konsum demgemäß genöthigt ist, seine Forderungen, soweit dieselben in der allgemeinen Lage des Getreidemarktes und in der Höhe der Produktionskosten ihre Berechtigung finden, zu erfüllen.

Man wird hiergegen einwenden, daß die Konkurrenz des Auslandes mächtig genug sei, um eine wesentliche Preissteigerung der landwirthschaftlichen Erzeugnisse im Inlande zu hindern, und daß die Zurückhaltung der Verkäufer die Einfuhr ausländischen Getreides begünstigen würde. Dieser Einwand wäre berechtigt, wenn ein künstliches Hinaufschrauben der Preise, eine spekulative Ausbeutung der Konsumenten beabsichtigt wäre, wie solche von Börsenspekulanten vielfach ins Werk gesetzt wird. Dieses ist jedoch keineswegs der Fall. Dem Grundbesitz soll nur der Lohn seiner Arbeit gesichert, die Erlangung von Preisen, die im Verhältnis zu den Produktionskosten angemessen sind, erleichtert werden.

Das ausländische Getreide, das durch die angestrebte Preissteigerung auf den inländischen Markt gezogen wird, findet seinen Weg ohnehin zu demselben. Die Getreidepreise sind gegenwärtig zu gewissen Zeiten viel höher als diejenigen, welche dem Grundbesitz demnächst bewilligt werden müßten, ohne daß dieselben ausreichen, um ausländisches Getreide in so großen Massen an den einheimischen Markt zu ziehen, daß dadurch eine erhebliche Entwerthung des Getreides eintritt. Außerdem giebt es im Inlande große Gebiete, die überhaupt von der ausländischen Getreidekonkurrenz keinen Vortheil ziehen können, andere, in denen eine solche Konkurrenz nur bei einer ganz beträchtlichen, über die beabsichtigten Grenzen weit hinausgehenden Preissteigerung möglich wäre.

Uebrigens würde die Zurückhaltung der einheimischen Getreideproducenten beim Verkauf auch die des Auslandes zu gleichem Vorgehen veranlassen. Wie die sich in den Herbstmonaten stetig steigernden Zufuhren immer neue veranlassen, weil die Befürchtung eines weitern Rückganges der Preise Viele zum Verkauf bestimmt, die es zum Zweck der Geldbeschaffung nicht nöthig haben, so vermindert umgekehrt die Zurückhaltung eines Theiles der Verkäufer und die dadurch bewirkte Preissteigerung allgemein die Neigung zum Verkauf und trägt somit wiederum zu einer weitern Befestigung der Preise bei.

Auch der Einwand, daß mit einer mehrmonatlichen Lagerung des Getreides eine gewisse Spekulation verbunden ist, weil der Preis desselben durch die sich für die neue Ernte eröffnenden Aussichten beeinflußt wird, und daß gerade der Grundbesitz sich von einer jeden Spekulation fern halten müsse, ist unzutreffend. Allerdings ist ja die Möglichkeit eines Rückganges der Preise in den Sommermonaten, wenn die Aussichten für die neue Ernte ungewöhnlich günstig sind, nicht unbedingt ausgeschlossen, aber die Uebernahme dieses höchst unbedeutenden Risikos hat nicht den Charakter der Spekulation und demgemäß auch nicht die verderblichen Folgen derselben. Es ist vielmehr der natürliche und wirthschaftlich berechtigte Zustand, daß die Erzeugnisse so lange im Besitz des Producenten verbleiben, bis der Konsum dieselben braucht.

Gerade hieraus erwachsen dem Grundbesitz ganz besondere Vortheile dadurch, daß der durch die gegenwärtige Art des Zwischenhandels bewirkte Preisaufschlag ihm zu Gute kommt. Wir haben oben bereits darauf hingewiesen, wie viel Zwischenhändler in der Regel zwischen dem Producenten und Konsumenten stehen. Das von diesen aufgekaufte Getreide muß auf Lager genommen und bis zur Abgabe an den Konsum bearbeitet werden. Hierzu sind ausgedehnte Lagerräume in allen Städten sowie eine nicht unerhebliche Arbeiterzahl nothwendig. Die Zinsen und Unterhaltungskosten dieser Lagerräume sowie die an die Arbeiter zu zahlenden Löhne werden natürlich auf den Preis des Getreides geschlagen und in demselben vom Konsumenten bezahlt.

Behält dagegen im Allgemeinen der Grundbesitz so lange das Getreide in Besitz und Verwaltung, bis der Konsum desselben bedarf, so verursacht seine Aufbewahrung und Bearbeitung ungleich geringere Kosten und gewährt trotzdessen dem Grundbesitz noch gewisse Vortheile.

Verkauft der Grundbesitz die Masse seines Getreides bereits in den Herbstmonaten, so stehen seine mehr oder minder ausgedehnten Speicherräume den größten Theil des Jahres leer. Während die Städte Millionen auszugeben genöthigt sind, um die zur Lagerung der Getreidemassen nothwendigen Speicher zu erbauen und zu unterhalten, muß der Grundbesitz auf die angemessene Ausnutzung seiner Anlagen, die zur Aufnahme derselben genügen oder ohne große Kosten entsprechend erweitert werden können, verzichten.

Ebenso liegen die Verhältnisse bezüglich der für die Bearbeitung des Getreides nothwendigen Arbeiter. Dieselben sind in den Städten nur gegen hohe Löhne zu erhalten, wogegen dem Grundbesitz vielfach die Möglichkeit fehlt, seine ständigen Arbeiter während der Wintermonate angemessen auszunutzen, weil der landwirthschaftliche Betrieb in der Saat- und Erntezeit insbesondere in den östlichen Provinzen erheblich mehr Arbeiter beansprucht als in den Wintermonaten. In jedem Falle sind die Arbeitskräfte auf dem Lande ungleich billiger als in den Städten.

Liegt also eine erhebliche Ersparnis an Nationalvermögen und nationaler Arbeitskraft darin, wenn der Grundbesitz im Großen und Ganzen die Lagerung und Bearbeitung seiner Erzeugnisse so lange übernimmt, bis der Konsum derselben benöthigt ist, so befindet sich auch der Grundbesitz in der Lage, wenigstens einen Theil der bisher durch diese Lagerung in den Städten entstandenen Kosten bei dem demnächstigen Verkauf seiner Produkte auf den Preis derselben aufschlagen zu können. Denn dieser Preis hängt nicht blos von Angebot und Nachfrage, sondern auch von den auf die Erhaltung der Erzeugnisse verwandten Kosten ab. Auch demnächst wird ein großer Theil des Getreides, insbesondere des aus dem Auslande bezogenen vom Händler im Herbst aufgekauft und allmählig an den Konsum abgegeben werden. Die für die Lagerung und Bearbeitung desselben entstandenen Kosten muß der Händler auf den Preis aufschlagen, wenn er überhaupt existiren will. Der Grundbesitz kann also das Gleiche thun.

Die Vortheile, die hieraus dem Grundbesitz erwachsen, sind um so bedeutender, als ihm selbst keine oder nur überaus geringe baare Ausgaben durch die Lagerung und Bearbeitung des Getreides entstehen. Die hierdurch bewirkte Preissteigerung ist also für ihn ganz oder wenigstens fast ausschließlich Reingewinn. Hierdurch wird dem Grundbesitz der Kampf mit der ausländischen Konkurrenz wesentlich erleichtert, da dieselbe sich den theuren Speichermiethen und Arbeitslöhnen der Großstädte nicht entziehen kann und durch diese Ausgaben nicht unerheblich belastet wird.

Auch in landwirthschaftlichen Kreisen beginnt die Ueberzeugung, daß das gesteigerte Angebot der landwirthschaftlichen Erzeugnisse in gewissen Zeiten den Preis derselben in hohem Maße nachtheilig beeinflußt, und ohne dem Konsumenten wesentliche Vortheile zu bringen, dem Zwischenhandel allein in ungerechtfertigter Weise zu Gute kommt, Eingang zu finden. So beabsichtigen die Pommerschen Spiritusproducenten Associationen zu dem Zweck zu bilden, das Angebot von Spiritus in den Wintermonaten dadurch zu beschränken, daß die producirten Quantitäten auf Lager genommen und erst in den Sommermonaten, in denen erfahrungsgemäß die Preise dieses Artikels erheblich höher stehen, zu Markt gebracht werden.

Gerade bei Spiritus tritt die schwere Schädigung, welche die einheimische Landwirthschaft durch das gesteigerte Angebot erleidet, besonders scharf hervor. Dasselbe verursacht regelmäßig in den Wintermonaten eine ganz wesentliche Preisermäßigung und erst, wenn die Brennperiode beendigt, und die Vorräthe zum größten Theil aus der Hand des Producenten in die des Händlers übergegangen sind, kehren die Preise wiederum in angemessene Grenzen zurück.

Diese Associationen beweisen die Nothwendigkeit einer anderweiten Regulirung des Angebots der landwirthschaftlichen Erzeugnisse. Bezwecken sie dem Grundbesitz, auf die von ihm gelieferten Spiritusquantäten Vorschüsse zu gewähren, um ihn überhaupt in den Stand zu setzen, den Verkauf derselben hinausschieben zu können, so würde das Bedürfnis, auf diesem Wege sich gegen die Ausbeutung zu schützen, ein weniger dringliches sein, wenn dem einzelnen Grundbesitzer und Spiritusproducenten die Lombardirung seines Spiritus, ohne auf die Unterstützung und Mitwirkung eines Zwischenhändlers angewiesen zu sein, ermöglicht wird. So berechtigt diese Associationen gegenwärtig sind, so verursacht die Herstellung gemeinsamer Lagerräume doch nicht unerhebliche Kosten, die ganz oder zum Theil vermieden werden könnten, wenn die Reichsbank darauf verzichten würde, daß die lombardirten Waaren der Disposition des Eigenthümers entzogen werden.

Aus unseren obigen Darlegungen geht die Bedeutung des Lombardkredites für den Grundbesitz und die Förderung seiner Interessen hervor. Ihm die Ausnutzung desselben zu günstigen Bedingungen zu ermöglichen und zu sichern, ist ein kaum minder dringliches Bedürfnis als die Beschaffung der nothwendigen Kapitalien zu einem angemessenen Zinssatz und seitens des Gläubigers unkündbar. Sichert ihm diese Ausnutzung die Erlangung höherer und zu den Produktionskosten in einem angemesseneren Verhältnis stehender Preise für seine Erzeugnisse, so rechtfertigt die allgemeine Lage des Grundbesitzes gewiß die Forderung, daß die Reichsbank bei der Festsetzung der Bedingungen für den Lombardverkehr den Bedürfnissen des Grundbesitzes Rechnung tragen und diese Kreditart demselben möglichst nutzbar machen soll.

Haben wir bereits oben die einzelnen Punkte berührt, die dem

Grundbesitz die Inanspruchnahme des Lombardverkehrs erschweren, ja unmöglich machen, so wird die anzustrebende Erleichterung sich vorzugsweise auf diese erstrecken müssen. Eine Aenderung der Lombardbedingungen in diesem Sinne ist aber angängig und mit den Interessen der Reichsbank völlig vereinbar.

Wird daran festgehalten, daß die Verpfändung von Waaren lediglich ein Mittel ist, um die Rückzahlung einer persönlichen Forderung zu sichern, so ist es klar, daß dieselbe an Werth und Bedeutung für den Gläubiger verliert, je weniger die Forderung mit Rücksicht auf die Persönlichkeit des Schuldners oder auf sonstige Sicherungsmittel gefährdet ist. Als das bei weitem wichtigste Sicherungsmittel im Bankverkehr gilt aber der Wechsel, und wenn die Reichsbank Darlehne gegen Wechsel zu einem billigern Zinssatz gewährt als gegen Verpfändung von Waaren, so geht hieraus hervor, daß der Wechsel, sei es aus allgemeinen bankpolitischen Gründen oder wegen der größern Sicherheit für das vortheilhaftere Sicherungsmittel einer Forderung angesehen wird.

Die Gründe, welche dem Wechsel diese Bevorzugung sichern, treffen jedoch im Allgemeinen nicht blos bei dem gezogenen, sondern auch bei dem eigenen Wechsel zu. Unterscheidet sich der eigne Wechsel von dem gezogenen im Wesentlichen nur dadurch, daß bei dem ersteren ein, bei dem letzteren dagegen zwei wechselmäßig Verpflichtete vorhanden sein müssen, so kann, wie wir oben dargelegt haben, die aus der geringeren Anzahl der Verpflichteten resultirende geringere Sicherheit durch die Erhebung einer angemessenen Versicherungsprämie ausgeglichen werden. Alle übrigen Vortheile des Wechsels: die leichte Uebertragbarkeit, die Beschränkung der Einreden auf die aus dem Wechsel selbst originirenden, das beschleunigte Proceß- und Exekutionsverfahren u. s. w. theilt der eigne Wechsel mit dem gezogenen.

Gelingt es also, die in der geringeren Sicherheit des eignen Wechsels liegenden Nachtheile dadurch zu beseitigen, daß diese Sicherheit auf andere den Interessen des Gläubigers gerecht werdende Weise gewährleistet wird, so würde der eigne Wechsel die gleiche Stellung und Berücksichtigung im Bankverkehr und vor Allem den gleichen Zinssatz beanspruchen können wie der gezogene Wechsel. Wird diese Sicherheit durch die Verpfändung der landwirthschaftlichen Erzeugnisse geboten, so folgt hieraus, daß die Lombardirung derselben unter gleichzeitiger Ausstellung eines eignen Wechsels die den Interessen des Grundbesitzes am meisten entsprechende Art der Befriedigung seines Kreditbedürfnisses ist, da sich diese beiden Sicherungsmittel der persönlichen Forderungen gegenseitig ergänzen.

Ob im Wechselverkehr allgemein ein geringerer Zinssatz berechtigt und nothwendig ist als im Lombardverkehr, wird mindestens bezweifelt werden müssen. Gewiß verbietet es das Interesse der Bank, einen zu großen Theil ihrer Fonds in Lombarddarlehnen festzulegen, da sie jeder Zeit sich in der Lage befinden muß, ein aus Anlaß von Krisen oder sonstigen unerwarteten Ereignissen plötzlich hervortretendes Geldbedürfnis wenigstens in einem gewissen Umfange befriedigen zu können. Wenn der Reichsbank dieses jedoch bei einer wesentlich größeren Inanspruchnahme des Lombardkredits nicht möglich sein würde, so beweist dieses nur, daß die Mittel derselben zur Befriedigung aller berechtigten Kreditbedürfnisse unzureichend sind.

Verlangen die Rücksichten des kaufmännischen Verkehrs, daß die Reichsbank eine bestimmte Reserve, in baar oder in jeder Zeit veräußerlichen Wechseln besitzt, um einer beginnenden Krisis mit außerordentlichen Mitteln entgegen treten zu können, so läßt sich dieses durch eine Erhöhung des Bankkapitals erreichen. Werden die Betriebskapitalien der Bank um die entsprechenden Beträge erhöht, so ist eine wesentliche Verstärkung der für den Lombardverkehr disponiblen Mittel angängig.

Uebrigens darf nicht übersehen werden, daß durch eine intensivere Ausnutzung des Lombardkredits seitens des Grundbesitzes die Inanspruchnahme des Wechselkredits eine entsprechende Einbuße erleiden würde. Denn die Käufer der landwirthschaftlichen Erzeugnisse verfügen keineswegs über genügende Mittel, um mit eignem Gelde den Kaufpreis für dieselben bezahlen zu können, sondern sie sind selbst auf den Kredit angewiesen. Ebenso verkauft der erste Käufer die Produkte wiederum gegen Kredit u. s. w., sodaß eine Reihe von Wechselverbindlichkeiten aus diesen Geschäften originirt. Verbleibt dagegen das Getreide bis zum Uebergang in den Konsum im Besitz des Grundeigenthümers, so vermindert sich zugleich mit den geschäftlichen Transaktionen das durch dieselben hervorgerufene

Kreditbedürfnis. Ob dem Grundbesitz oder dem Händler die Aufbewahrung der landwirthschaftlichen Erzeugnisse bis zu ihrem Verbrauch obliegt, in jedem Falle muß der Konsument die auf denselben lastenden Zinsbeträge im Preise bezahlen.

Fallen also bei einer angemessenen Erhöhung des Bankkapitals die aus allgemeinen bankpolitischen Gründen hergeleiteteten Bedenken gegen die prinzipielle Gleichstellung des Zinssatzes im Wechsel- und im Lombardverkehr, wenigstens soweit es sich um die Verpfändung landwirthschaftlicher Erzeugnisse handelt, fort, so muß die doppelte Sicherheit, die in der Verpfändung unter gleichzeitiger Ausstellung eines eignen Wechsels liegt, die Verluste der Bank im Lombardverkehr auf ein Minimum reduziren und dieselbe somit in die Lage versetzen, zu dem denkbar billigsten Zinssatz das Kreditbedürfnis des Grundbesitzes befriedigen zu können, zumal die Reichsbank für die mit ihrem Giro versehenen eignen Wechsel ebenfalls Käufer finden würde.

Die in der Gewährung der doppelten Sicherheit des Unterpfandes und des Wechsels liegende Gefahr, daß der Gläubiger über beide gleichzeitig zum Nachtheil des Schuldners verfügen könnte, ist bei der Reichsbank ausgeschlossen. Der Wechsel sichert der Reichsbank die leichte Feststellung der Schuld und die schleunige Beitreibung derselben, desgleichen die Möglichkeit, sich selbst Geld durch seine Veräußerung zu verschaffen, die Verpfändung sichert ihr dagegen ein geeignetes Exekutionsobjekt und schützt sie somit vor Verlusten.

Mit Rücksicht auf diese doppelte Sicherheit erscheint eine wesentliche Erhöhung der im Lombardverkehr zulässigen Beleihungsgrenze, soweit es sich um landwirthschaftliche Erzeugnisse handelt, ohne Beeinträchtigung der Reichsbank angängig und bei dem großen Interesse, welches der Grundbesitz an einer möglichst ausgedehnten Ausnutzung dieser Kreditart hat, auch geboten. Wir möchten glauben, daß sich die Festsetzung einer Beleihungsgrenze durch das Gesetz überhaupt nicht empfiehlt, daß es vielmehr am zweckentsprechendsten wäre, die Beurtheilung darüber, ob nach Lage der ganzen Verhältnisse ein Unterpfand eine völlig genügende Sicherheit bietet, dem Ermessen der Bankbeamten zu überlassen. Wir glauben, daß diese Beamten ein solches Vertrauen verdienen und auch rechtfertigen würden.

Der Grund, weshalb es für das Gesetz außerordentlich schwierig wenn nicht unmöglich ist, eine Beleihungsgrenze festzusetzen, die dem Grundbesitz die Ausnutzung des Lombardkredits soweit, als es mit den Interessen der Reichsbank vereinbar ist, gestattet, liegt darin, daß das Gesetz die thatsächlichen Verhältnisse des konkreten Falles nicht berücksichtigen kann und sich demgemäß zum Schutz der Bank genöthigt sieht, Kautelen zu schaffen und auf den ganzen Verkehr auszudehnen, die vielleicht nur bei einzelnen Waaren oder unter ganz besonders ungünstigen Umständen berechtigt und nothwendig sind. Das Gesetz muß also die ungünstigsten Verhältnisse bei Normirung der Beleihungsgrenze zu Grunde legen. Hierin liegt ein Unrecht gegen den Grundbesitz, weil die landwirthaftlichen Erzeugnisse ohne Gefahr bis zu einem höheren Werthbetrage beliehen werden dürfen als andere Kaufmannsgüter.

Die Rücksichtnahme auf die thatsächlichen Verhältnisse erscheint aber um so mehr geboten, als dieselben wesentliche Verschiedenheiten bezüglich der Sicherheit und der beleihungsfähigen Werthgrenze bedingen. Ist z. B. durch die allgemeine Erfahrung dargethan, daß die Preise des Spiritus zum Schluß des Jahres am niedrigsten zu stehen, und bis zum Beginn der neuen Kampagne stetig zu steigen pflegen, um dann einen wesentlichen Preisrückgang zu erfahren, so würde die Zeit der Lombardirung auch vorzugsweise für die Angemessenheit der Beleihungsgrenze bestimmend sein. Eine Beleihung im August bis zu zwei Drittel des dann vielleicht am höchsten stehenden Preises würde unter Umständen eine geringere Sicherheit bieten als eine solche im April bis zum vollen Werth.

Glaubt man jedoch die Festsetzung einer Beleihungsgrenze durch das Gesetz nicht entbehren zu können, so erscheint eine solche von 80 % des Werths angemessen, um die Bank vor Verlusten zu schützen, und dem Grundbesitz die in hohem Grade wünschenswerthe Erleichterung in der Ausnutzung des Lombardkredits zu gewähren. Durch die außerdem aufzunehmende Bestimmung, daß bei einem wesentlichen Rückgang des Preises der verpfändeten landwirthschaftlichen Produkte die Bank eine anderweite Verstärkung der Sicherheit zu verlangen berechtigt ist, würden die Interessen derselben durchaus gewahrt werden.

Schwieriger ist die Forderung zu erfüllen, dem Grundbesitz den Besitz und die Verwaltung der verpfändeten Produkte zu belassen. Sollen jedoch die oben dargelegten erheblichen Vortheile erreicht werden, die die Ausnutzung des Lombardkredits dem Grundbesitz bietet, so darf dieselbe nicht versagt werden.

Das Verlangen der Reichsbank, daß die verpfändeten Gegenstände der Disposition des Schuldners entzogen sein sollen, entspringt der Befürchtung, daß alle Schuldner auch zugleich Betrüger sind oder wenigstens sein können. Wir wissen nicht, ob die bisher im kaufmännischen Verkehr gemachten Erfahrungen diese Befürchtung rechtfertigen, vermögen es jedoch um so weniger anzunehmen, als die Reichsgesetzgebung, selbst in solchen Fällen, in denen eine gewisse Vorsicht viel mehr berechtigt sein würde, von einem gleichen Mißtrauen gegen die Ehrlichkeit der großen Masse der Bevölkerung nicht beeinflußt worden ist.

Denn wenn die Civilproceßordnung vom 30. Januar 1877 im § 712 bestimmt:

> Die Pfändung der im Gewahrsam des Schuldners befindlichen körperlichen Sachen wird dadurch bewirkt, daß der Gerichtsvollzieher dieselben in Besitz nimmt.
>
> Im Gewahrsam des Schuldners sind die Sachen nur, wenn der Gläubiger einwilligt, oder wenn ein anderes Verfahren mit erheblichen Schwierigkeiten verbunden ist, zu belassen. In demselben Falle ist die Wirksamkeit der Pfändung dadurch bedingt, daß durch Anlegung von Siegeln oder auf sonstige Weise die Pfändung ersichtlich gemacht ist.

so ist dieses der untrüglichste Beweis dafür, wie eine erhebliche Gefahr, daß der Gläubiger durch die Belassung der gepfändeten Gegenstände in dem Besitz des Schuldners in seinen Interessen geschädigt werden könnte, nicht besteht.

Gewiß kommt es auch vor, daß der Schuldner über die in seinem Besitz verbliebenen Pfandobjekte zum Nachtheil des Gläubigers betrügerischer Weise verfügt, und der letztere dann überhaupt nichts erhält, weil andere Werthobjekte nicht vorhanden sind; aber diese Fälle sind doch so vereinzelt, daß selbst die Civilproceßordnung sich durch dieselben nicht hat abhalten lassen, vorzuschreiben, daß die gepfändeten Gegenstände nur dann dem Besitz des Schuldners entzogen werden sollen, wenn dieses ohne erhebliche Schwierigkeiten geschehen kann. Auf Grund dieser Bestimmung bildet die Belassung der Pfandobjekte im Besitz des Schuldners bei den gegen den Grundbesitz vollstreckten Exekutionen bei weitem die Regel, weil andernfalls erhebliche Schwierigkeiten fast stets entstehen würden.

Noch mehr wie die Civilrechtsgesetzgebung sollte die Bankgesetzgebung auf derartige „erhebliche Schwierigkeiten" Rücksicht nehmen und denselben Rechnung tragen. Bei der fraglichen Bestimmung der Civilproceßordnung stehen sich das formale Recht des Gläubigers und allgemeine wirthschaftliche Interessen gegenüber, und wenn dieselbe trotzdessen in denjenigen Fällen, in denen die Bedeutung dieser Interessen es rechtfertigt, das formale Recht zurückstehen läßt, so hat die Reichsbank überhaupt keine andere Aufgabe, als den wirthschaftlichen Interessen der Gesammtheit zu dienen, ist also schon mit Rücksicht hierauf verpflichtet, die Bedingungen für die Inanspruchnahme des Kredits so zu normiren, wie es diesen Interessen am meisten entspricht.

Aber auch in jeder andern Beziehung kann von der Reichsbank eine dem Schuldner günstige Auffassung mit viel größerem Recht beansprucht werden als von der Civilgesetzgebung. Werden wirklich durch eine fraudulöse Verfügung des Schuldners über die in seinem Besitz verbliebenen Pfandobjekte ausnahmsweise die Interessen des Gläubigers verletzt, so handelt es sich bei der Zwangsvollstreckung in einem Rechtsstreit um einen einzelnen Privatgläubiger, der geschädigt wird, und unter Umständen um einen nicht wieder gut zu machenden Schaden, wenn der Schuldner im Uebrigen vermögenslos ist, wogegen, wenn ein solcher Fall im Lombardverkehr der Reichsbank eintritt, der Verlust ein Institut trifft, dem jährlich durch das von der Gesammtheit der Staatsangehörigen und auf Kosten derselben ertheilte Banknotenprivilegium Millionen geschenkt werden, und das aus der Uebernahme des in einem jeden Darlehnsgeschäft liegenden Risikos ein Gewerbe macht und demgemäß in dem durch die Ausdehnung seines Geschäftsbetriebes erzielten Gewinn eine Entschädigung für etwaige Verluste findet.

Außerdem ist die Gefahr, die für den Gläubiger in der Belassung der Pfandobjekte im Besitz des Schuldners liegt, bei der Zwangsvollstreckung eine ungleich größere als beim Lombardverkehr. Bei der erstern handelt es sich im Allgemeinen um einen Schuldner, der fast ganz oder ganz vermögenslos ist, dessen wirthschaftliche Existenz ohnehin vernichtet ist, dem vielleicht das Nothwendigste zum Lebensunterhalt fehlt, bei dem letztern dagegen besitzt der Schuldner fast ausnahmslos noch ein mehr oder minder bedeutendes Kapitalvermögen, das dem Gläubiger ebenfalls verhaftet ist, und befindet sich in geordneten Vermögensverhältnissen. Dort liegt eine Pfändung gegen den Willen des Schuldners vor, der häufig nur durch die Schnelligkeit des Gerichtsvollziehers an der vorherigen Beiseiteschaffung der betreffenden Vermögensobjekte gehindert ist, hier bestellt der Schuldner freiwillig das Pfand, um sich die benöthigten Gelder zu einem billigeren Zinsfuß zu sichern.

Unterliegt es also nach den bei der Zwangsvollstreckung gemachten Erfahrungen schon an sich keinem wesentlichen Bedenken, den Grundbesitz im Besitz und in der Verwaltung der an die Reichsbank verpfändeten Produkte zu belassen, so hat die letztere es in der Hand, dadurch daß sie diesen Lombardkredit auf diejenigen Grundbesitzer beschränkt, deren Persönlichkeit eine Garantie dafür bietet, daß sie nicht um ihres Vortheils willen ein Verbrechen begehen werden, sich vor Verlusten völlig zu schützen.

Es mag vielleicht nicht zweifellos sein, ob nach Lage der Gesetzgebung eine kriminell strafbare Handlung darin zu erblicken ist, wenn Jemand über die an die Reichsbank verpfändeten, in seiner Gewahrsam verbliebenen Produkte zum Nachtheil derselben anderweit verfügt, da der § 289 des Reichsstrafgesetzbuchs ein „Wegnehmen" voraussetzt. Da jedoch nach allgemeinen Rechtsgrundsätzen der Besitz auch durch eine symbolische Uebergabe, ja sogar durch eine bloße Willensäußerung übertragen werden kann, so möchten wir glauben, daß in einer solchen Verfügung, durch die das Pfandobjekt der Reichsbank entzogen wird, ein Wegnehmen im Sinne des § 289 des Reichsstrafgesetzbuchs gefunden werden muß*). Sollten

*) Der § 289 des Reichsstrafgesetzbuches lautet:

„Wer seine eigne bewegliche Sache, oder eine fremde bewegliche Sache zu Gunsten des Eigenthümers derselben, dem Nutznießer, Pfandgläubiger oder demjenigen, welchem an der Sache ein Gebrauchs- oder Zurückbehaltungsrecht jedoch irgend Zweifel in dieser Beziehung bestehen, so würde es nur einer Aenderung der Gesetzgebung bedürfen — die wir übrigens in diesem Falle für nothwendig erachten — um zum Schutz der Reichsbank und der Gläubiger überhaupt eine solche Verfügung unter Strafe zu stellen. Jedenfalls entspricht die kriminelle Strafbarkeit einer solchen fraudulösen Handlungsweise dem allgemeinen Rechtsbewußtsein.

Sollte man aber auch in allen diesen Kautelen in Verbindung mit dem vom Schuldner gleichzeitig auszustellenden eignen Wechsel einen genügenden Schutz der Reichsbank vor Verlusten nicht erblicken, so könnte dieselbe höchstens beanspruchen, für das größere Risiko, welches in der Belassung der verpfändeten Produkte im Gewahrsam des Schuldners liegt, durch eine angemessene den Zinsen hinzutretende Prämie entschädigt zu werden. Wir glauben bestimmt annehmen zu dürfen, daß diese Verluste den im Wechselverkehr bisher entstandenen Betrag nicht wesentlich übersteigen werden. Erweist sich jedoch durch die Erfahrungen diese Annahme als unzutreffend, so würden die Vortheile, die in der Ausnutzung des Lombardkredits für den Grundbesitz liegen, durch die jedenfalls ganz minime Versicherungsprämie kaum vermindert werden.

Daß die Bestimmung des Reichsbankgesetzes, nach welcher die Frist für den Lombardkredit gleichfalls auf längstens drei Monate festgesetzt ist, für die dem Grundbesitz gewährten Darlehne zu beseitigen ist, folgt aus dem Zweck derselben. Besteht dieser vorzugsweise darin, den Grundbesitz in den Stand zu setzen, den Verkauf der landwirthschaftlichen Erzeugnisse so lange aufzuschieben, bis der Konsum derselben benöthigt ist, so erscheint eine dreimonatliche Kreditfrist durchaus unzureichend, und die für den Wechselverkehr

---

zusteht, in rechtswidriger Absicht wegnimmt, wird mit Gefängnis bis zu drei Jahren oder mit Geldstrafe bis zu neunhundert Mark bestraft.

Die §§ 61 u. 71 Th. I. Tit. 7 des A.L.R.'s bestimmen in Bezug auf die Besitzübertragung:

Die Uebergabe kann nicht nur körperlich, aus Hand in Hand, sondern auch durch Zeichen (symbolisch) geschehen.

Auch alsdann ist die Uebergabe für vollzogen zu achten, wenn der bisherige Besitzer seinen Willen, die Sache nunmehr für einen Andern in seiner Gewahrsam zu halten, rechtsgültig erklärt hat.

befürwortete Verlängerung der zulässigen Kreditfrist beim Lombardkredit ebenfalls angemessen und geboten.

In welcher Weise dafür Sorge getragen wird, daß die Verpfändung der in der Gewahrsam des Grundbesitzes verbliebenen Produkte an die Reichsbank auch nach außen hin kenntlich ist, um dieselben der Beschlagnahme anderer Gläubiger zu entziehen, ist Sache der praktischen Erfahrung. Sollten die symbolischen Zeichen der Besitzübertragung (Anlegung von Siegeln u. s. w.) nicht für genügend erachtet werden, so würde in Erwägung zu ziehen sein, ob nicht dem Gerichtsvollzieher die Verpflichtung aufzuerlegen ist, vor einer jeden Zwangsvollstreckung in landwirthschaftliche Erzeugnisse sich bei der Bankverwaltung darüber Gewißheit zu verschaffen, daß dieselben nicht lombardirt sind. Bei der von uns befürworteten anderweiten Organisation der Reichsbank würde eine solche Informirung keine Schwierigkeiten bieten.

Desgleichen würde diese Organisation eine jederzeitige Freigabe der lombardirten Produkte zum Zweck der Veräußerung derselben gestatten. Wenn die Reichsbank gegenwärtig die Disposition über dieselben dem Schuldner bis zur völligen Bezahlung der Bankschuld vorenthält, so entspricht dieses durchaus ihren allgemeinen Verwaltungsgrundsätzen. Die Verpfändung der Waaren ist das einzige Sicherungsmittel der persönlichen Schuldverbindlichkeit; die Reichsbank will sich also der Gefahr, daß ihr dieses Exekutionsobjekt fraudulöser Weise entzogen werden könnte, nicht aussetzen.

Hat die Lombardirung der landwirthschaftlichen Erzeugnisse den Zweck, dem Grundbesitz die Wahl des für den Verkauf derselben günstigsten Zeitpunkts zu sichern, so wird ihm die jederzeitige Verfügung über dieselben zu diesem Zweck nicht vorenthalten werden dürfen. Eine solche Verfügung ist aber auch unter völliger Wahrung der Rechte und der Interessen der Reichsbank angängig.

Wird dem Schuldner von der betreffenden Bankstelle die Genehmigung ertheilt, die lombardirten Erzeugnisse zum Zweck der Veräußerung an einen andern Ort bringen zu dürfen, so verbleiben dieselben trotzdessen während des Transports und bis zum Verkauf im Besitz und im Pfandrecht der Reichsbank. In dem Verhältnis zwischen dem Schuldner und der Reichsbank tritt also überhaupt eine Aenderung nicht ein. Dieselben Gründe, die den Schuldner bisher abgehalten haben, über die in seiner Gewahrsam befindlichen Pfandobjekte zum Nachtheil der Reichsbank zu verfügen, werden es auch fernerhin thun. Ebensowenig darf die Befürchtung gehegt werden, daß der Schuldner dem Spediteur oder dem Kommissionär, durch den der Verkauf bewirkt werden soll, das Pfandrecht der Reichsbank verheimlichen und ihr den Erlös entziehen wird.

Wir sind am Ende unserer Ausführungen. Vermag der Grundbesitz allein in einer Organisation der Reichsbank, durch die ihm die Inanspruchnahme und angemessene Ausnutzung derselben ermöglicht wird, sowie in der dargelegten Aenderung der Bedingungen für den Wechsel- und den Lombardverkehr die Befriedigung seiner berechtigten Ansprüche in Bezug auf den landwirthschaftlichen Personalkredit zu erblicken*), und stehen derselben andere gleichberech-

*) Wenn in der Wissenschaft neben dem Real- und dem Personalkredit noch ein besonderer landwirthschaftlicher Kredit genannt wird, dessen Eigenthümlichkeit darin bestehn soll, daß die zu Meliorationszwecken zu verwendenden Beträge in verhältnismäßig kurzen Fristen zurückgezahlt werden müssen, so vermögen wir diese Ansicht nicht zu theilen.

Gewiß kommt es auch beim landwirthschaftlichen Betriebe vor, daß einzelne Meliorationen nach einer Reihe von Jahren ihre Wirksamkeit einbüßen, und daß demgemäß die Tilgung der auf dieselben verwandten Kapitalien in dieser Frist bewirkt sein muß, wenn nicht eine sich stetig steigernde Belastung des Grundbesitzes mit unproduktiven Schulden eintreten soll, aber diese Fälle sind beim landwirthschaftlichen Betriebe ungleich seltener als beim industriellen. Schon der Umstand, daß die Industrie überwiegend mit Maschinen, der Grundbesitz vorzugweise mit Menschenkräften arbeitet, nöthigt die erstere zu einer stärkern und vielfach regelmäßigen Amortisation der auf die Verbesserungen der Betriebseinrichtungen verwandten Beträge.

Beim Grundbesitz handelt es sich dagegen vorzugsweise um Meliorationen, die entweder eine dauernde Verbesserung der Substanz oder nur eine Steigerung der Erträgnisse auf ein oder wenige Jahre bezwecken und zur Folge haben. Die Mittel für erstere müssen durch Kapitalaufwendungen also im Wege des Grundkredits, die für letztere aus diesen Erträgnissen selbst also im Wege des Personalkredits aufgebracht werden. Denn wenn auch die Wirkung der letztern wie z. B. bei Verwendung künstlicher Dungmittel oder bei Moder- und Mergelmeliorationen sich auf mehrere Jahre erstreckt, so wiederholen bei einem geordneten Wirthschaftsbetriebe sich diese Meliorationen in annähernd dem gleichen Umfange fast jedes Jahr, so daß auch die Bestreitung der Kosten derselben aus den jährlichen Erträgnissen des Grundstücks geboten und angängig ist.

Die für den Grundbesitz vorzugsweise in Frage kommenden Bewässerungs- und Entwässerungsmeliorationen sind dagegen in den überwiegend meisten

tigte Interessen nicht entgegen, so darf er die Erfüllung seiner Forderungen mit Bestimmtheit erwarten. Der Grundbesitz hat einen Anspruch darauf, daß Alles geschieht, was seine bedrängte Lage günstiger zu gestalten und ihm den Kampf mit der ausländischen Konkurrenz zu erleichtern geeignet ist, zumal wenn seine Forderungen nicht auf eine außergewöhnliche Begünstigung, sondern lediglich auf eine paritätische Behandlung gegenüber den andern Erwerbsgruppen gerichtet sind.

Noch weniger wie die Befriedigung des eigentlichen, nur ausnahmsweise in Anspruch zu nehmenden Personalkredits würde die Befriedigung des Lombardkredits, wenn durch die Inanspruchnahme desselben eine wesentliche Steigerung der Preise der landwirthschaftlichen Erzeugnisse erreicht werden soll, durch genossenschaftliche Kreditinstitute nach dem Vorschlage Schmollers bewirkt werden können. Denn diese Befriedigung würde Mittel beanspruchen, die weit über die disponiblen Fonds der Gemeinden und Kreise hinausgehen.

Tritt die Nothwendigkeit der Geldbeschaffung durch den eigentlichen Personalkredit nur verhältnismäßig selten aber dann mit um so größerer Intensivität auf, so handelt es sich bei dem Lombardkredit um die dauernde und regelmäßige Ausnutzung einer neuen bisher völlig vernachlässigten Kreditart durch den Grundbesitz.

Die Pflicht und die Aufgabe hierzu hat die Reichsbank schon wegen der Privilegien, die sie vom Staat erhalten hat, und die sich

---

Fällen dauernde Verbesserungen der Substanz. Es ist deshalb gerechtfertigt, daß die Kosten derselben event. durch hypothekarische Verpfändung des Grundstücks aufgebracht, und in derselben Frist wie die übrigen Hypotheken getilgt werden.

Wenn das Gesetz über die Errichtung von Landeskulturrentenbanken bei Dränagedarlehnen eine vierprocentige Amortisation vorschreibt, so wäre dieses wirthschaftlich nur dann berechtigt, wenn einerseits die Vortheile der Dränage nicht dauernde sind sondern nach einer Reihe von Jahren verschwinden, und wenn ferner die durch diese Melioration bewirkte Steigerung der Erträgnisse eine so erhebliche ist, daß außer den Zinsen auch die vierprocentige Amortisationsrate aus denselben bestritten werden kann. Beide Voraussetzungen werden jedoch nur ausnahmsweise zutreffen. Jedenfalls wäre es für den deutschen Grundbesitz ein großes Armuthszeugnis, wenn in erheblichem Umfange noch dauernde Verbesserungen des Grund und Bodens unausgeführt sein sollten, die eine so beträchtliche Steigerung der Erträgnisse erwarten lassen.

nur rechtfertigen lassen, wenn auch dem Grundbesitz durch ihre Organisation und die zweckentsprechende Normirung der Darlehnsbedingungen die Inanspruchnahme derselben in einer seinem Kreditbedürfnis genügenden Weise ermöglicht und gesichert ist. Möge die Reichsbank bald sich dieser Pflicht gegen den Grundbesitz bewußt werden und ihre Aufgabe erfüllen!

Zum Schluß noch eine Bemerkung. Wir haben zum Beginn unserer Abhandlung darauf hingewiesen, daß in der deutschen Wissenschaft unverkennbar ein Umschwung der Ansichten zu Gunsten der nationalen Landwirthschaft und ihres Schutzes eingetreten sei. Nach dem Ausfall der Landtagswahlen und einzelnen Vorgängen im Landtage selbst halten wir uns zu der Annahme berechtigt, daß auch in parlamentarischen Kreisen die Ueberzeugung von der Nothwendigkeit einer intensiveren Fürsorge für den Grundbesitz immer mehr an Boden gewinnt. Der Antrag von Oetker betreffend die Herabsetzung des Immobiliarstempels sowie die Anregungen, welche der Abgeordnete Rumpff wegen Nutzbarmachung der Kalidungsalze für die einheimische Landwirthschaft gegeben, lassen erkennen, daß die nationalliberale Partei positive Maßnahmen zu Gunsten des Grundbesitzes zu unterstützen geneigt ist. Der günstige Augenblick, mit solchen vorzugehn, scheint also gekommen. Möge man denselben nicht ungenutzt vorüber gehen lassen.

Kolibri 360 GmbH
Ferdinand-Jühlke-Straße 7
99095 Erfurt, Deutschland
produktsicherheit@kolibri360.de